UBOOTE GEGEN ENGLAND   J. P. MALLMANN-SHOWELL

UBOOTE GEGEN ENGLAND

J. P. MALLMANN-SHOWELL

Kampf und Untergang der deutschen Uboot-Waffe 1939-1945

Einbandkonzeption: Siegfried Horn

Fotos und Zeichnungen: Aerofilms Ltd. 1, Deutsches Museum 1, Drüppel 11, J. F. van Dulm 2, Imperial War Museum 55, F. Köhl 5, »The Motor Ship« 8, L. L. von Münching 4, The Royal Institution of Naval Architects 6, J. Stans 3. Alle übrigen Fotos stammen von Kapitän zur See Otto Köhler und von Jak P. Mallmann Showell.

»Uboot« ist nach Gutachten sprachwissenschaftlicher Institute so sehr in den täglichen Sprachgebrauch eingegangen, daß es im Deutschen in *einem* Wort zu schreiben ist.

Copyright © 1973 by J. Mallmann Showell.
Die Originalausgabe ist erschienen bei Ian Allan Ltd., Shepperton, unter dem Titel U-BOATS UNDER THE SWASTIKA.

Die Übertragung ins Deutsche besorgte

Hans Dehnert.

ISBN 3-87943-343-7 (1. – 3. Auflage)
ISBN 3-613-01009-7 (ab 4. Auflage)

8. Auflage 1992
Copyright © by Motorbuch Verlag, Postfach 10 37 43, 7000 Stuttgart 10.
Ein Unternehmen der Paul Pietsch-Verlage GmbH & Co.
Sämtliche Rechte der Speicherung, Vervielfältigung und Verbreitung in deutscher Sprache sind vorbehalten.
Satz: Vaihinger Satz und Druck GmbH, 7143 Vaihingen/Enz
Druck: Philipp Reclam jun., 7257 Ditzingen
Bindung: Karl Dieringer, 7016 Gerlingen
Printed in Germany

Inhalt

Dank des Verfassers	6
Rang- und Dienstgradvergleich	8
Die Geburt der Uboot-Waffe	9
Der Krieg beginnt	24
Das Wesentliche über die Schlacht im Atlantik	42
Fern den Geleitzugwegen	47

Das Schwarze Meer / Das Mittelmeer / »Paukenschlag« gegen Amerika / Der Südatlantik / In arktischen Gewässern / Der Ferne Osten

Aufgebrachte Uboote	71
Die Organisation der Uboot-Waffe	82

Vor dem Kriege / Die wichtigsten Kriegsjahre / Ausbildungsverbände und -einheiten / Ausbildungsflottillen / Die Uboot-Flottillen

Radar	93
Zusammenstellung technischer Daten	105
Die Boote	112

Der Anfang / Neuentwicklung seit 1943 / Bewaffnung / »Besetzt«? – Der Abort / Kleinst-Uboote und Kleinkampfmittel / In großen Serien hergestellte Kleinkampfmittel / Versuchskommando 456

Die Männer	151
Das Sterben der Uboot-Waffe	158
Zeittafel der Uboote	169
Uboot-Kriegführung Anfang der 40er Jahre	174
Abzeichen	181
Abkürzungen und Fachausdrücke	185
Literaturverzeichnis	188

Dank des Verfassers

An erster Stelle möchte ich Kapitän zur See *Otto Köhler* aufrichtig danken für alle Hilfe und Unterstützung, die er mir hat zuteil werden lassen. Ebenso bin ich *Fritz Köhl*, der auf U 765 und U 1203 gefahren ist, besonders dankbar, daß er mir Pläne, technische Angaben, hunderte von Fotos und außergewöhnlich eingehende Erfahrungsberichte zur Verfügung gestellt hat. Ohne ihre Hilfe wäre dieses Buch niemals zustande gekommen.

Mein herzlicher Dank gilt ebenso den folgenden Personen, die mir freundlicherweise bei diesem Buch geholfen haben:

Buckinghamshire Public Liberary Service, insbesondere Miß *Iris Loe* und Miß *Margaret Mackenzie* von der Beaconsfield Branch.

Michael P. Cooper für die Nachprüfung zahlreicher Sachverhalte sowie für Durchsicht eines Teiles des Manuskriptes. Admiral a.D. *Godt* und Korvettenkapitän a.D. *Adalbert Schnee* danke ich für ihre Korrespondenz mit Mr. Cooper zur Klarstellung verschiedener Fragen.

Großadmiral a.D. *Karl Dönitz* dafür, daß er die Korrekturbogen gelesen und zu ihnen äußerst wertvolle Anmerkungen gemacht hat.

Roel Diepeveen, der freundliche Hilfe bezüglich des »Schnorchels« und über »Holländische Uboote« geleistet hat. Ihm möchte ich ebenso für die Auswahl einiger Fotos aus niederländischen Archiven danken.

Ray A. Freeman vom *Imperial War Museum* dafür, daß er mir das Fotografieren einer »Dräger-Lunge« gestattete und zu einigen anderen Punkten behilflich war.

Hanni Fletcher für das Beschaffen von sehr viel Informationen.

Jack Fletcher für Durchsicht des Manuskriptes.

Heinz Kurt Gast, der mir eine lange Liste solcher Stellen zusandte, bei denen ich Informationen über Uboote einholen könnte.

Ilse Hegewald für Auskünfte über ihren Mann *Wolfgang Hegewald*, der als Kommandant von U 671 gefallen ist.

Bodo Herzog für seine freundliche Hilfe bei der Klärung einiger Einzelheiten über die Boote der Typen VII D und VII F.

Dem *Imperial War Museum;* insbesondere Mr. *M. Brennan*, Mr. *R.E. Squires*, den Mitarbeitern der *Photographic Library*, den Mitarbeitern der *Reference Library* und den Mitarbeitern der *Documents Section*.

Fregattenkapitän a.D. *Max Kaluza* für seinen Briefwechsel mit *Fritz Köhl* und für die Mitteilung von Einzelheiten über U 995.

Friedrich Kiemle für Auskünfte über die Grundausbildung und die letzten Tage der deutschen Stützpunkte in Frankreich.

Dem *National Maritime Museum;* insbesondere Dr. *M.W.B. Sanderson*, Mr. *Stonham* und Mr. *G.A. Osbon*.

Fregattenkapitän *K.H. Nitschke* für Auskünfte über U 377 und für seine Hilfe bei der Identifizierung von Fotos.

Mr. *A. Pitt*, einem früheren britischen Uboot-Kommandanten, für seine Hilfe bei der Auswahl vieler wichtiger Fragen zur Uboot-Kriegführung.

Karl, *Adele* und *Heidi Prawitt* für die Behandlung zahlreicher Probleme, die in Deutschland auftraten.

Kapitän zur See *K.T. Raeder*, dem Marineattaché der Bundesrepublik Deutschland in London, für seine Hilfe und seinen Rat.

Christiane Ritter, die freundlicherweise mit mir über ihren verstorbenen Mann (Oberleutnant Ritter)

korrespondierte, der an der Einrichtung der geheimen Wetterstationen in der Arktis mitwirkte.
Dr. Jürgen Rohwer für Hilfe und Rat.
Colonel *G. Salusbury* für Durchsicht eines Teiles des Manuskriptes.
Science and Industry Museum in Chicago; insbesondere Mr. *J. E. Irwin*, dem Verwaltungssekretär des Leiters, für Übersendung von Auskünften über U 505.
Der *Staatlichen Landesbildstelle* in Hamburg; insbesondere *Dr. Diederich* und seinen Mitarbeitern für das Durchsuchen ihres Archives. (Leider wurden keine Uboot-Fotos gefunden.)
Herrn *J. Staus*, der auf U 377 gefahren ist, für seine Hilfe bei der Identifizierung von Fotos.
Ulfert Tilemann, der auf mehreren Ubooten gefahren ist, dafür, daß er mir einen Nachmittag seines Urlaubs in London widmete, um mit mir über seine Kriegserfahrungen zu sprechen.
Anthony J. Watts, BNRA, für Hilfe und Rat.
Oberleutnant zur See a. D. *Herbert A. Werner* für die Beantwortung einiger Fragen über die letzten Tage der deutschen Stützpunkte in Frankreich.

Mein ganz besonderer Dank gebührt Kapitän zur See a. D. *Hans Dehnert*, der mein Buch ins Deutsche übertrug.

Die folgenden Persönlichkeiten haben freundliche Hilfe geleistet bei der Suche nach Auskünften oder Adressen und deren Weiterleitung an mich; ich möchte ihnen sehr für ihre Unterstützung danken:
R. Anderson vom *Arthur Baker Ltd.*-Verlag
Henry Birkenhagen
Fräulein *M. Elsner*
Dr. *Wolfgang Frank*
Kapitänleutnant a. D. *Wilhelm Spahr*
Commander *G. A. M. van Wermeskerken* (Königlich Niederländische Marine)
George Allen & Unwin Ltd.
Walter Kabisch vom Verlag *Ullstein G.m.b.H.*
Die Reederei *Schulte & Bruns*, Emden
Herr *G. Vannotti*.

Ich möchte betonen, daß alle diese Hilfe leisteten durch Weitergabe von Auskünften, daß aber die Meinungsäußerungen und Fehler in diesem Buche meine eigenen sind.

J. P. M. S.

Rang- und Dienstgradvergleich

Deutsch	Britisch	Heer und Luftwaffe
Großadmiral	*Admiral of the Fleet*	Generalfeldmarschall
Generaladmiral	(nicht eingeführt)	Generaloberst
Admiral	*Admiral*	General
Vizeadmiral	*Vice Admiral*	Generalleutnant
Konteradmiral	*Rear Admiral*	Generalmajor
Kommodore (Kapitän zur See in Konteradmiralstelle)	*Commodore*	(nicht eingeführt)
Kapitän zur See	*Captain*	Oberst
Fregattenkapitän	*Captain (Junior grade)*	Oberstleutnant
Korvettenkapitän	*Commander*	Major
Kapitänleutnant	*Lieutenant Commander*	Hauptmann
Oberleutnant zur See	*Lieutenant-Senior*	Oberleutnant
Leutnant zur See	*Lieutenant-Junior*	Leutnant
Oberfähnrich zur See	*Sub-Lieutenant*	Oberfähnrich
Fähnrich zur See	*Midshipman*	Fähnrich

Nach den Vergleichsmöglichkeiten, die sich anläßlich der internationalen Flottenparade in Spithead nach der Krönung Georgs VI. zum König 1937 boten, wurde der Fregattenkapitän von den Engländern nicht mehr als dem Junior Captain protokollarisch gleichstehend anerkannt, sondern als älterer »Commander« betrachtet. Entsprechend verschoben sie auch die übrigen Dienstgrade darunter um eine Stufe nach unten. Obgleich Protokolldinge während des Krieges keine Rolle spielten, schloß sich die deutsche Marine der englischen Ansicht an und gab den nach einem festgesetzten Zeitpunkt zum Fregattenkapitän beförderten Offizieren nur noch die Rangabzeichen eines Korvettenkapitäns (3 goldene Streifen) auf den Uniformärmeln. Erst gegen Ende des Krieges wurde den Fregattenkapitänen als Kompromiß ein schmaler Streifen zwischen dem zweiten und dritten (mittelbreiten) Ärmelstreifen verliehen.

In der heutigen Zeit ist im Rahmen der Organisation des Nordatlantikpaktes der protokollarische Vergleich sämtlicher militärischen Dienstgrade sehr genau festgelegt. Zwar haben die deutsche und andere Marinen dem Fregattenkapitän wieder einen schmalen Streifen, diesmal oberhalb des dritten Korvettenkapitänsstreifens, verliehen. Im Vergleich mit den angelsächsischen Marinen wird der Fregattenkapitän jedoch als dem *Commander* gleichstehend gewertet.

Die Geburt der Uboot-Waffe

Deutschland wurde 1918 nach dem Abdanken des Kaisers und der Beendigung des Ersten Weltkrieges eine Republik. Die Weimarer Republik, wie sie genannt wurde, war den Bestimmungen unterworfen, die im Vertrag von Versailles niedergelegt waren und Deutschland schwere finanzielle Belastungen aufbürdeten. Dieser Vertrag wurde nicht ausgehandelt, sondern von den Siegern des Krieges diktiert, die auch den Streitkräften eine große Anzahl von Beschränkungen auferlegten. Zum Beispiel wurde in vielen Fällen die Gesamtstärke der Truppen festgelegt; es war Deutschland untersagt, Truppen westlich des Rheins zu stationieren; ebenso war es ihm nicht erlaubt, schwere Artillerie, Panzer, Militärflugzeuge, Flugzeugträger oder *Uboote* zu bauen oder zu besitzen. Alle vorhandenen Waffen dieser Art wurden nach dem Ersten Weltkrieg auf Befehl der Alliierten verschrottet. Diese Tatsache erwies sich als ein vorteilhafter Beitrag zu Hitlers Streitkräften: sie wurden dadurch die meisten alten Waffen los, und er konnte ohne Vorbelastung mit dem Aufbau einer neuen und modernen Rüstung anfangen. So war Deutschland bei Beginn des Zweiten Weltkrieges nicht in der gleichen mißlichen Lage wie die britische *Royal Navy*, die »einen Haufen völlig veralteter Pötte herumschwimmen« hatte.

Von ihrer Gründung an hatte Hitlers Partei, die »Nationalsozialistische Deutsche Arbeiterpartei« (NSDAP – man bezeichnete die Sozialdemokraten zu dieser Zeit spöttisch als *Sozis*, somit wurden die Nationalsozialisten zu *Nazis*), die Aufhebung des Versailler Vertrages gefordert. Kurz nach seiner Ernennung zum Reichskanzler am 30. Januar 1933 rief Hitler die obersten Führer der Reichswehr zusammen, um ihnen in einer Geheimsitzung seine Gedanken über die künftige Wehrmacht und ihre Rolle darzulegen, die sie nach seinem Willen im neuen Deutschland spielen sollte. Hitler teilte den militärischen Führern mit, daß die Wehrmacht schon in Bälde bei ihrem Aufbau die Fesseln des Vertrages von Versailles unbeachtet lassen könne. Er forderte sie auf, ihre Planungen auf diesen Stärkezuwachs einzustellen.

Im Sommer 1933 wurden die Gewerkschaften aufgelöst und durch eine einheitliche Organisation, die »Deutsche Arbeitsfront«, ersetzt. Jeder werktätige Mensch, ob kleiner Arbeitnehmer oder mächtiger Arbeitgeber, war zwangsweise ihr Mitglied und hatte wöchentlich wenigstens ein paar Mark Beitrag zu zahlen. Auf diese Weise trug er zu beträchtlichen, regelmäßigen Einnahmen der NSDAP bei. Ein Teil dieses Geldes wurde der *Reichsmarine* zugeführt und machte es ihr möglich, ihre Stärke um einige tausend Mann zu erhöhen, ohne daß irgendwer außerhalb der Marineleitung dieses Zuwachses gewahr wurde. Außerdem hatte sich die Marine im Laufe der Jahre einen geheimen Fonds geschaffen, den sie aus überhöhten Mittelzuweisungen für normale Rechnungen und Abschöpfung der eingesparten Kassenausgaben gewonnen hatte.

Als Hitler nur wenig mehr als zwei Jahre Reichskanzler war, wurde der Versailler Vertrag offiziell mit großer Propaganda und Förmlichkeit aufgekündigt. Zum Erstaunen vieler Leute waren aber große Teile der vorher verbotenen Streitkräfte bereits existent. Die »Luftwaffe« war als ziviler Fliegerclub tätig gewesen; Offiziere waren ausgebildet worden in Gruppen, die sich als Sportvereine ausgaben; Kasernen waren in den vorhergehenden Jahren als Fabriken getarnt gebaut worden. Diese Aufkündigung löste auch einen neuen Zeitabschnitt des Ubootbaues in Deutschland aus, aber das war keineswegs der Anfang der Geschichte, da die Ubootentwicklung insgeheim bereits seit 1922 im Gange war – etwa zehn Jahre bevor Hitler an die Macht kam.

Zu dieser Zeit, 1922, hatte die Marineleitung die Gründung eines »Büros für Uboot-Entwicklung« in Holland durch Finanzierung eines großen Firmenanteiles und durch seine Förderung mit Mitteln der Marine unterstützt. Dieses Büro, das die besten deutschen Uboot-Konstrukteure beschäftigte, befand sich in Den Haag, wo es sich den Anschein eines normalen holländischen Schiffbauunternehmens gab und als »Ingenieurskantoor voor Scheepsbouw« firmierte. Es hatte den Auftrag, mit der Ubootentwicklung Schritt zu halten und möglichst sogar Boote für andere Länder zu bauen.

Fregattenkapitän, später Admiral, Canaris hatte persönliche Beziehungen zum König von Spanien, Alfons, und er erreichte, daß das Büro für Ubootentwicklung Auftrag zum Bau eines Ubootes für die spanische Marine in Cadiz erhielt. Diese Pläne wurden allerdings durch den spanischen Bürgerkrieg zunichte gemacht, obgleich das Büro tatsächlich die Bauaufsicht über ein Hochsee-Uboot in Cadiz ausübte, das später an die Türkei verkauft wurde und unter dem Namen »*Gür*« bekannt wurde. Zusätzlich hierzu hatte eine Firma in Finnland, Crichton-Vulcan, die unter deutschem Einfluß stand, unter Benutzung deutscher Pläne und mit Hilfe des Entwicklungsbüros zwei Uboote in Turku konstruiert. Zwei weitere Boote wurden in Holland entwickelt.

Die Männer der neuen Uboot-Flottille Deutschlands waren zu jung, als daß sie noch Teilnehmer des Ersten Weltkrieges hätten sein können, und sie hatten noch keine Erfahrung aus dem Kampf mit Ubooten. Auch diese Lücke wurde vom Entwicklungsbüro geschlossen, indem alle diese Boote von besonders ausgesuchtem Personal, von dem ein Teil später bei Aufstellung der neuen Uboot-Flottille verwendet wurde, überaus langdauernden Erprobungen unterzogen wurden.

Die Einzelteile, die zur Montage von etwa zehn Ubooten benötigt wurden, waren in Spanien, Holland und Finnland gefertigt und bis zum Herbst 1934 in Kiel gelagert worden; etwa fünf Monate vor der »offiziellen« Aufkündigung des Versailler Vertrages fragte Admiral Erich Raeder, Chef der deutschen Marineleitung, Hitler im November nach der Möglichkeit, einige der Bootskörper zusammenzubauen. Hitler untersagte das jedoch, weil er vermeiden wollte, das Ausland zu provozieren. Nach der Aufkündigung wurden die Boote dann aber in einer ungewöhnlich schnellen Folge gebaut. Drei verschiedene Typen, insgesamt reichlich zwanzig Boote, waren bis Ende 1935 auf Kiel gelegt. Die Baupläne waren ein unmittelbares Produkt der Arbeit des Uboot-Entwicklungsbüros. Die ersten Boote vom Typ II waren beispielsweise identisch mit dem finnischen »*Vesikko*«; nur die Kommandotürme waren unterschiedlich. Außerdem wurden die neuen deutschen Boote zur Gewichtersparnis geschweißt statt genietet. Die Boote vom Typ I basierten auf dem türkischen »*Gür*«, das in Spanien gebaut worden war. Das war aber eine schwache Konstruktion; nur zwei Boote dieses Typs, U 25 und U 26, wurden jemals gebaut. Der dritte Uboottyp wurde aus einem erfolgreichen Weltkrieg I-Boot entwickelt, von dem ein Prototyp in Finnland gebaut worden war.

Einige dieser neuen Uboote wurden in einer Lehrgruppe zusammengefaßt und der Ubootschule zugeteilt, die anderen bildeten Deutschlands erste neue Operationsflottille, die als U-Flottille »Weddigen« bekannt wurde, benannt nach Otto Weddigen, einem berühmten Uboot-Kommandanten des Ersten Weltkrieges.

Zu dieser Zeit war es Hitlers Ziel, mit England in einer Art europäischem Verteidigungsbündnis zusammenzugehen, und in diesem politischen Bestreben wurde im Juni 1935 das deutsch-britische Flottenabkommen unterzeichnet. Mit diesem Abkommen hoffte Hitler unter Beweis zu stellen, daß er England ernsthaft als Verbündeten zu gewinnen suchte. Aus diesem Grunde begrenzte Deutschland freiwillig seine Marine auf etwa ein Drittel der Gesamtstärke der britischen Marine. (Die Stärke wurde nach Verdrängungstonnage berechnet.) Es wollte seine Ubootstärke bis auf etwas weniger als die Hälfte derer der *Royal Navy* anwachsen lassen. Die Möglichkeit, sie später in gegenseitigem Einver-

Die ersten Tender

Die ersten Uboot-Tender waren aus dem Ersten Weltkrieg übriggebliebene Boote, die nicht unter die Vorschriften des Vertrages von Versailles gefallen und verschrottet worden waren. Zu dieser Gruppe gehörten M 61, M 136, T 23, T 156, T 157 und T 158.

»M«-Boote beim Postaustausch in See mit Wurfbeutel.

Uboot-Tender T157 in See.

nehmen auf 100% zu erhöhen – unter entsprechendem Verzicht auf Tonnage bei anderen Schiffstypen – behielt sich Deutschland vor. Heute mag es erstaunlich scheinen, daß die Admiralität in London dem zustimmte. Dazu muß man sich aber einige Tatsachen in Erinnerung rufen.

Einmal bestand zu dieser Zeit die britische Uboot-Flotte aus nur etwa fünfzig Booten. Zweitens sah die britische Admiralität aus zahlreichen Gründen für Uboote in der Zukunft nur geringe Verwendungsmöglichkeiten: Jahre der Tradition und Erfahrung hatten in der Entwicklung der *Royal Navy* Niederschlag gefunden, deren vornehmste Aufgabe von jeher der Schutz der Seehandelswege gewesen war. Deshalb waren die Schiffe, die gebaut wurden, mächtige und eindrucksvolle Schlachtschiffe, unterstützt von Geschwadern schneller, stark armierter Kreuzer. Ubooten gab man keine große Zukunft, weil es schwierig erschien, irgendetwas mit ihnen zu verteidigen; sie waren in erster Linie eine Angriffswaffe. England hatte auch mit einigen fruchtlosen Ideen, etwa dem Einbau von Geschützen mit Schlachtschiffskalibern auf Ubooten oder deren Ausstattung mit Flugzeughallen, herumexperimentiert; und schließlich hatte sich eine ganze Reihe von schweren Unglücken mit Booten der »K«-Klasse ereignet, die Uboote in den Augen der Marinebürokratie als wenig wünschenswert erscheinen ließen.[1] Im gleichen Zeitraum war von England ein neues Unterwasser-Ortungsgerät entwickelt worden und hatte seine Zuversicht gestärkt, daß dieses Gerät den Einsatzwert von Ubooten sehr vermindern würde, da sie – auch unter Wasser – leicht aufzuspüren sein würden.

Im September 1935 wurde Fregattenkapitän Karl Dönitz, Kommandant des Kreuzers »Emden« und Uboot-Kommandant aus dem Ersten Weltkrieg, zum Führer der Uboote ernannt und am 1. Oktober zum Kapitän zur See befördert. Im Gegensatz zu der allgemein herrschenden Lehrmeinung sah er seine Hauptaufgabe darin, mit der U-Flottille Weddigen die Angriffstaktik weiterzuentwickeln. Erst nach Kriegsbeginn wurde er zum Konteradmiral befördert. Seine Ernennung zum Oberbefehlshaber der Kriegsmarine *(Ob.d.M.)* erfolgte erst im Januar 1943. In dieser Anfangszeit war er also keineswegs für die Politik der Uboot-Rüstung oder für den Ubootbau verantwortlich, er hatte vielmehr zahlreiche persönliche Auseinandersetzungen mit dem *Oberkommando der Kriegsmarine (OKM)* über eine Ubootkriegführung.

Deutschland hatte seit Ende des Ersten Weltkrieges keinerlei Uboote besessen, so daß Dönitz bei Übernahme seines Kommandos keine Vorschriften vorfand und Freiheit zur Entwicklung seiner eigenen Ideen hatte. Schon während des Ersten Weltkrieges hatte er die Erfahrung gemacht, daß Uboote bei Verwendung im Flottenverbande nur geringe Erfolgsaussichten hatten, und daß sie besser unabhängig operierend zum Angriff auf Handelsschiffe angesetzt werden konnten. Dönitz war auch einer der ersten Deutschen, die erkannten, daß England Deutschlands künftiger Gegner sein würde. Er nahm als sicher an, daß in diesem Falle die *Royal Navy* zu der gleichen Konvoi-Taktik Zuflucht nehmen würde, die während des letzten Krieges entwickelt worden war. Das bedeutete, daß Handelsschiffe in Gruppen unter Geleitschutz durch Kriegsschiffe der *Royal Navy* fahren würden. Ein einzelnes Uboot hatte nur geringe Aussichten, auf einen solcher Konvois zu treffen, da diese nur schwer zu finden waren. Und selbst wenn die Geleitfahrzeuge das Uboot nicht versenkten, konnten sie es wenigstens in Schach halten, bis der Konvoi mit seiner überlegenen Geschwindigkeit entkommen war.

Um einen solchen Konvoi aufzuspüren, bildete Dönitz Gruppen von Ubooten, die wie ein Wolfsrudel Jagd auf Beute machen sollten. So hatten sie eine große Schlagkraft, während sie gleichzeitig größtmögliche Beanspruchung der Geleitfahrzeuge erreichten. Der Grundgedanke war, daß die Gruppe sich auf die Schiffahrtswege verteilte. Wenn eines der Uboote einen Konvoi sichtete, hängte es sich an diese Schiffe an und funkte seine Position, so daß die anderen Boote heranschließen und in großer Zahl angreifen konnten. Dieses Verfahren erwies sich schon lange vor Kriegsbeginn als erfolgreich, nach-

---

[1] Siehe »Die ›K‹-Boote« von Don Everitt, herausgegeben von George Harrap, London 1963.

Am Anfang...

Die 1. Uboot-Flottille – U-Flottille »Weddigen« – mit dem Begleitschiff »Saar« (2710 t).

Admiral Erich Raeder, Adolf Hitler und Generalfeldmarschall Werner von Blomberg. (Blomberg war Reichskriegsminister und Oberbefehlshaber der Wehrmacht. Er sollte die verschiedenen Wehrmachtteile koordinieren. Der Mangel an solcher Zusammenarbeit trug zu Deutschlands Niederlage bei.)

Kiel im Sommer 1939. Längsseit vom Tender U 33. Rechts neben der Pier U 34, links davon U 27; im Hintergrund ein anderes Boot vom Typ VII A und (wahrscheinlich) U 26. Beachte den »Spatz«, die gestreiften Rettungsbojen mit elektrischen Bojenleuchten: sie sind unmittelbar hinter dem Turm und in geringer Entfernung vor dem 8,8 cm-Geschütz zu erkennen. Auch das Überwasser-Torpedorohr am Heck von U 33 ist zu sehen. (Unterscheidungsmerkmal für den Typ VII A – den einzigen Typ mit einem Torpedorohr über Wasser.)

dem sich herausstellte, daß es relativ leicht war, einen Konvoi anzugreifen. Die Hauptschwierigkeit lag darin, zunächst einen solchen Geleitzug zu finden, da ein brauchbares Radargerät noch nicht vorhanden war und selbst eine Gruppe von Ubooten nur eine sehr begrenzte optische Sichtweite hatte. Die einzige Weise, auf die Uboote ihren Gegner ausmachen konnten, war die Postierung von Ausgucks auf dem Turm, die den Horizont mit Doppelgläsern absuchten. Hier muß besonders unterstrichen werden, daß die deutschen Doppelgläser den britischen Gegenstücken weit überlegen waren – in solch einem Maße, daß die wenigen, die in britische Hand fielen, eine sehr begehrte Kriegsbeute wurden. Donald Macintyre, der nach dem Versenken von U 99 Otto Kretschmer gefangennahm, behielt Kretschmers Glas und zog es den ganzen Krieg hindurch britischen Doppelgläsern vor; in der Tat hat Macintyre es noch heute in Gebrauch.

Zur Zeit des Kriegsbeginns 1939 verfügte Dönitz über einen bestens organisierten Lageraum, in dem die Positionen aller Uboote ebenso wie alle Aufklärungserkenntnisse in großen Karten eingetragen waren. Dieser Raum hatte erstklassige Funkverbindung mit allen Ubooten und hörte auch den Funkverkehr der Alliierten ab, sodaß es möglich war, die Uboote in diejenigen Seegebiete zu dirigieren, in denen sie auf die stärksten Ballungen des Seeverkehrs treffen würden. Dönitz trat über seinen Oberbefehlshaber, Admiral Raeder, an das Oberkommando der Wehrmacht heran mit der Anfrage, ob der Uboot-Waffe einige Langstreckenflugzeuge für Aufklärungszwecke zur Verfügung gestellt werden könnten. Der Antrag wurde von Hermann Göring, dem Oberbefehlshaber der Luftwaffe, prompt zurückgewiesen mit der Begründung, alle *seine* Flugzeuge würden für weit wichtigere Aufgaben anderswo benötigt. Eine von Görings beliebten Bemerkungen war: »Alles, was fliegt, gehört mir.«

Erst viel später während des Krieges gab Hitler, nachdem er von den Uboot-Erfolgen erfahren hatte, einen direkten Befehl, daß Dönitz eigene Flugzeuge haben sollte. Dönitz hatte geschätzt, daß etwa zehn bis zwölf Flugzeuge täglich in der Luft sein müßten, um eine Wirkung von Bedeutung zu erzielen, aber selbst nach Hitlers ausdrücklichem Befehl waren nur zwei für den Einsatz verfügbar. Göring war abwesend zur Jagd, als Hitler diesen Befehl erließ; nach seiner Rückkehr forderte er Dönitz auf, die Flugzeuge an die Luftwaffe zurückzugeben. Als Dönitz das verweigerte, beschritt Göring einen anderen Weg, die Flugzeuge wieder unter seinen Befehl zu bekommen, indem er in der Luftwaffe ein neues Kommando, den »Fliegerführer Atlantik«, schuf. Diese Flugzeuge erbrachten keinen unmittelbaren Aufklärungserfolg. Wenn sie den Gegner sichteten, waren sie nicht immer in der Lage, seine Position auf dem Wasser genau zu bestimmen.

Dieser Mangel an Zusammenarbeit zwischen Dönitz und der Luftwaffe muß besonders erwähnt werden, weil er nicht nur auf dieses Gebiet beschränkt war. Während des ganzen Regimes des *Dritten Reiches* war die so wichtige Zusammenarbeit zwischen den verschiedenen Teilen der Wehrmacht sehr mäßig oder fand überhaupt nicht statt. Das hat sicher zu Deutschlands Niederlage beigetragen.

Görings Haß auf alles, was mit der Marine zu tun hatte, war wahrscheinlich Ausdruck seiner ausgeprägten Eigenliebe und Abneigung gegen alle anderen. Er brachte nie viel Achtung für irgendeinen Wehrmachtteil mit Ausnahme *seiner* Luftwaffe auf. Seine ohnehin geringe Zuneigung zur Kriegsmarine schwand während seiner Teilnahme an Marinemanövern 1934 vollends dahin. Göring war an Bord des Kreuzers »Köln« und litt sehr unter Seekrankheit. Daraufhin betitelte ihn ein Witzbold unter den Offizieren, Leutnant (Ing.) Fischer, unter Anspielung auf Görings Amt als »Reichsjägermeister« als »Reichsfischfuttermeister – mit Berechtigung zum Tragen eines Netzhemdes«. Das brachte Göring gänzlich außer Fassung; er ließ sofort einen Tender herbeirufen, um ihn an Land zu bringen.

Im Herbst 1937 legte Dönitz dem Oberkommando der Kriegsmarine *(OKM)* mehrere wichtige Denkschriften vor. Er schlug im Hinblick auf die Erfolge mit der Rudel-Taktik vor, keine weiteren Boote vom Typ II zu bauen, weil ihr Fahrbereich und ihre Schlagkraft zu gering waren. Drei Viertel der zugestandenen Tonnage sollten für Boote des bewährten

Typs VII in Anspruch genommen werden, der noch reichliche Möglichkeiten für bauliche Änderungen aufwies. Das restliche Viertel der zulässigen Tonnage sollte für große 1000 t-Uboote vorgesehen werden, die zur Verwendung in entfernten Seegebieten in der Lage sein würden. Ohne Dönitz zu dieser Zeit davon Kenntnis zu geben, wurden diese Vorschläge insgesamt vom OKM verworfen, das noch immer nicht überzeugt war, daß das Uboot ein erstklassiger Torpedoträger, als Aufklärer oder als Geschützplattform aber ungeeignet war. Das OKM war der Ansicht, daß die Rudel-Taktik nichts taugte, und daß Uboote zu gemeinsamen Operationen mit der Überwasserflotte in der Lage sein müßten. Die Herren vom OKM behaupteten weiterhin, man brauche schwere Geschütze, da diese wichtiger als Torpedos wären. Das OKM plante deshalb riesige 2000 t-U-Kreuzer. Aber bevor diese gebaut werden konnten, brach der Krieg aus, und man hat nie etwas von ihnen zu sehen bekommen.

Man muß berücksichtigen, daß Hitler und seine »nächste Umgebung« in Österreich und Bayern aufgewachsen waren, wo sie kein großes Verständnis für maritimes Denken erwerben konnten. Hermann Göring ließ nicht nach, Hitler einzuschärfen, daß jeder zukünftige Krieg in der Luft gewonnen werden würde. So sah Hitler keine Notwendigkeit, eine Uboot-Flotte zu schaffen, zumal eindrucksvolle Schlachtschiffe sich ihm weit mehr als hervorragende Symbole seiner Macht darstellten. Großadmiral Raeder betonte Hitler gegenüber immer wieder eindringlich, daß der Aufbau der Marine zu langsam vonstatten ginge, aber Hitler beschied ihn, daß die Kriegsmarine nicht vor frühestens 1946 gebraucht werden würde. Hitler hatte dem »Z«-Plan erst etwa neun Monate vor Kriegsbeginn höchste Priorität zuerkannt, aber dieser Aufbauplan konnte ohnehin nicht vor 1948 vollendet werden. Die Gesamtzahl der Uboote, die bis dahin fertiggestellt sein würden, mag eindrucksvoll aussehen, aber sie stellten nur einen sehr kleinen Teil der Kosten für die Kriegsmarine dar. »Bismarck« und »Tirpitz« kosteten je etwa 200 Millionen Reichsmark, wogegen nur 4 Millionen RM für den Bau eines Typ VII-Ubootes benötigt wurden. Das bedeutete, daß rund 100 U-boote für den Preis dieser beiden Schlachtschiffe hätten gebaut werden können. Aber nach dem Beginn des Krieges gab es einen dramatischen Meinungsumschwung in der Marine, und der gesamte »Z«-Plan wurde zu den Akten gelegt. Schiffe, die kurz vor der Fertigstellung standen, wurden zu Ende gebaut; die übrigen wurden abgewrackt, sodaß alle Energie auf die Produktion von Ubooten konzentriert werden konnte.

Der »Z«-Plan

Dieser Plan wurde aufgestellt für die 10 Jahre 1938–1948

Typ	Geplante Anzahl	Bei Kriegsbeginn fertig oder kurz vor Fertigstellung	Bei Kriegsbeginn im Bau
Flugzeugträger	4	Graf Zeppelin	Entwurf »B«
Schlachtschiffe und Schlachtkreuzer	10	Tirpitz Bismarck Scharnhorst Gneisenau	»H« »I«
Schwere Kreuzer/ Panzerschiffe	20	Admiral Scheer Admiral Graf Spee Deutschland Blücher Admiral Hipper Prinz Eugen Seydlitz Lützow	
Leichte Kreuzer	48	Nürnberg Leipzig Köln Karlsruhe Königsberg Emden	»M« »N« »O« »P« »Q« »R«
Spähkreuzer oder große Zerstörer	22	keine	
Uboote	249	57	
Zerstörer	68	30	
Torpedoboote	90	35	
Minensuchboote	10	3 oder 4	
Kleine Einheiten	über 300	190	

Während Dönitz in diesen Jahren die Rudel-Taktik entwickelte und versuchte, seine Vorgesetzten zu der Einsicht zu bewegen, daß eine völlig neue Ära der Uboot-Kriegführung im Anbruch war, versuchte auch die britische Marine herauszufinden, welche Bedeutung Uboote künftig für die Nation haben würden. Manöver großen Stiles wurden abgehalten zu dem Zwecke, den Wert von Ubooten zu beweisen. Während dieser Versuche kam England zu der Annahme, daß Uboote der Zukunft selbständig einzeln auf Jagd gehen und über Wasser angreifen würden. Das führte zu einer Erklärung des Beirates für Verteidigungsangelegenheiten (*Defence Advisory Committee*), daß England nie wieder durch Uboote abgeschnürt werden würde, wie es während des Ersten Weltkrieges beinahe der Fall gewesen war. Als der Zweite Weltkrieg begann, wurde England vollständig von der Rudel-Taktik und von der Tatsache überrascht, daß die Uboote bei Nacht über Wasser wie Torpedoboote angriffen. Beides trug in hohem Maße zu den anfänglichen Ubooterfolgen bei.

Gleichzeitig mit der Ubootentwicklung ergab sich für Deutschland die Notwendigkeit, den für den Unterhalt dieser Flotte erforderlichen Apparat aufzubauen. Die ersten Uboote konnten sich nicht gegen Angriffe aus der Luft verteidigen. Sie hatten auch keine Bewaffnung dazu, sodaß sie während ihrer Hafenliegezeit besonderen Schutzes bedurften. Zu diesem Zwecke wurden in den wichtigeren Stützpunkten im Kriege riesige Hafenanlagen gebaut. Schließlich entwickelten sich diese Uboot-Bunker zu ungeheuren Betonbauten, von denen einige zu dieser Zeit die größten Steinbauwerke von Menschenhand auf der Erde wurden. Die Decken und Wände waren zwischen fünf und acht Metern dick und, aus stark bewehrtem Eisenbeton bestehend, fähig jedem Luftangriff standzuhalten. Erst kurz vor Kriegsende konnten diese Festungen angeschlagen werden, als das RAF-(*Royal Air Force*) Geschwader 617 mit den speziellen »Blockbuster«- (*Blocksprenger*) oder »Earthquake«-(*Erdbeben*) Bomben, einer Konstruktion von Barnes Wallis, ausgestattet wurde.

Dönitz bedachte, in Voraussicht eines Krieges gegen England, daß für die Uboote ein Operieren weit draußen im Atlantik möglich sein müßte. Um eine möglichst große Wirkung zu erreichen, würden sie dort für lange Zeit bleiben müssen und nicht zu viel Zeit für den Aus- und Rückmarsch zwischen ihren Stützpunkten und dem Operationsgebiet verlieren dürfen. Deshalb war es nötig, gute Versorgungsmöglichkeiten zu schaffen. Die Uboote machten Versuche mit verschiedenen Verfahren, ein Boot durch ein anderes zu versorgen, aber sie hatten bis zum Ende des Krieges noch keine wirklich brauchbare Methode herausgefunden. Zunächst wurden einige noch aus dem Ersten Weltkriege vorhandene Boote zu Tendern umgebaut und der Uboot-Waffe zugeteilt. Die »Memel«, etwas unter 1000 t, lief 1937 vom Stapel, und als neuer, eigens dazu konstruierter Versorger wurde sie Mutterschiff der U-Flottille Weddigen. Später, Anfang 1939, wurden einige Troßschiffe mit großem Fahrbereich von etwa 3000 t fertiggestellt, um als Versorger für Hilfskreuzer und Uboote eingesetzt zu werden.

Dönitz war mit *Überwasser*-Versorgern nicht einverstanden, aber erst die Kriegsereignisse veranlaßten das OKM, mit *Uboot*-Versorgern Versuche anzustellen. Der erste dieser Uboot-Versorger wurde 1940 fertig; er war eigens nicht für Kampfaufgaben, sondern für Versorgung von Front-Ubooten mit Nachschub und Munition gebaut worden. Diese Boote faßten etwa 440 Tonnen Öl, um fünf bis zwölf Hochsee-Uboote für zusätzliche vier bis acht Wochen in See zu halten; auf diese Weise konnten sie den Fahrbereich der Kampf-Uboote so vergrößern, daß diese leicht vor der amerikanischen Küste und in der Karibischen See operieren konnten. Diese »Milchkühe«, wie sie genannt wurden, hatten den großen Vorteil der Tauchfähigkeit und der Unsichtbarkeit für den Gegner. Sie hatten die Möglichkeit, den geheimen Treffpunkt völlig unbemerkt anzusteuern. Unglücklicherweise hatten sie nur eine kurze Lebensdauer, da alle zehn, die je gebaut wurden, sehr schnell versenkt wurden, bevor die geplanten Versuche zur Brennstoffabgabe unter Wasser in nennenswertem Umfange hatten durchgeführt werden können.

Verschiedene politische Vorgänge in Europa zwischen der Aufkündigung des Versailler Vertrages und dem Kriegsbeginn hatten Einfluß auf die Uboot-Waffe. Im Februar 1938 machte sich Hitler, Gefreiter im Heere des Ersten Weltkrieges, zum Oberbefehlshaber der *gesamten* deutschen Wehrmacht und alleinigen Führer des Deutschen Reiches.

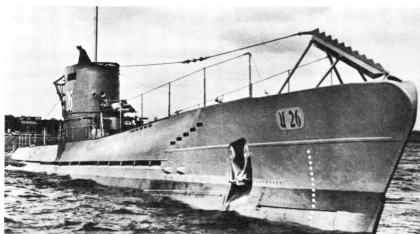

Oben links: Vermutlich das holländische Uboot O 25, das 1940 in deutsche Hände fiel und als UD 3 für die Kriegsmarine in Dienst gestellt wurde.

Oben: Eines der Uboote, die die Deutschen von Italien erhielten, UIT 21. Beachte die Schiffsbilder, die als versenkt beanspruchte Schiffe darstellen sollen.

Links Mitte: Typ I. U 26. Dieser Typ erwies sich als nicht seetüchtig; nur zwei Boote wurden fertiggestellt. Vor dem Turm eine 10,5 cm-Schnellfeuerkanone (SK).

Unten links: Typ II A. U 3. Von diesem Typ wurden nur sechs Boote gebaut.

Die Angehörigen der Wehrmacht hatten einen neuen Eid zu schwören: einen Eid, mit dem sie gelobten, *einem* Mann die Treue zu halten – Adolf Hitler; nicht dem deutschen Volke, der Regierung oder der Verfassung, sondern allein Adolf Hitler. Als Oberster Befehlshaber der Wehrmacht hatte er die Gesamtführung und konnte direkte Befehle an einzelne Einheiten der Kriegsmarine erteilen. Diese Befehle widersprachen häufig den Absichten Admiral Raeder's und brachten ihn in schwierige Situationen. Dönitz war ebenfalls verpflichtet, den Wünschen des *Führers* nachzukommen, der bei zahlreichen Gelegenheiten den Ubooten die Durchführung von Aufgaben übertrug, für die sie gänzlich ungeeignet waren. Zum Beispiel wurden einige Uboote in See geschickt, um als ozeanische Wetterstationen für die Marine und die Luftwaffe zu fungieren; andere wurden zum Transport von Menschen und Material angefordert, während wieder andere Langstreckenflugzeuge in See mit Treibstoff zu versorgen hatten – lauter Aufgaben, für die Uboote höchst ungeeignet sind und für deren Ausführung sie niemals vorgesehen worden waren.

Hitlers aggressives Vorgehen in Europa kurz vor Kriegsbeginn hatte für die Uboote so weitgehende Auswirkungen, daß sie sich schon im September 1938 auf einen Krieg einzustellen hatten, ein Jahr, bevor der Zweite Weltkrieg tatsächlich begann. Die Uboot-Kommandanten wurden unterrichtet, daß Hitler sich zu einer wichtigen Konferenz mit anderen Staatsmännern nach München begeben werde. Es bestehe eine Möglichkeit, daß diese Konferenz nicht zu einer friedlichen Übereinkunft gelangen werde. Für diesen Fall hatten sie sich auf einen Konflikt mit Großbritannien einzustellen. Die Kommandanten erhielten versiegelte Umschläge mit geheimen Anweisungen und wurden auf ihre Ausgangspositionen für einen Krieg befohlen, sodaß sie jederzeit bereit waren, auf ein Stichwort loszuschlagen. In den Zeitungen wurde das als ein groß angelegtes Manöver der Marine angekündigt. Dies war die Konferenz, von der der britische Premierminister, Neville Chamberlain, triumphierend mit einem kleinen Zettel winkend nach England zurückkehrte und die berühmt gewordene Ankündigung machte: »Frieden in unserer Zeit.«

Nach dem friedlichen Ausgang der Münchener Konferenz wurden die Uboote über ihren leistungsfähigen Funkverkehrskreis zurückgerufen. Nach Rückkehr in die Stützpunkte befahl Dönitz den Kommandanten, ihre Geheimanweisungen zu öffnen und sie mit ihren Offizieren durchzusprechen. Die allgemeine Ansicht war, daß die meisten dieser Anweisungen zu schwer zu befolgen seien, da sie eine Aufstellung zu nahe vor den britischen Häfen und zu dicht an den bedeutendsten Knotenpunkten des Seeverkehrs vorsahen. Es wurde befürchtet, daß England nicht nur einige leistungsfähige Unter- und Überwasser-Ortungsgeräte besitze, sondern daß diese Seegebiete auch sehr stark überwacht würden. Anscheinend haben sich auch Dönitz und das OKM dieser Ansicht angeschlossen, weil sie den Z-Plan erst über Bord warfen, als sie zu der Überzeugung kamen, daß England nicht im Besitz einer solchen Waffe sei.

Im Frühjahr 1939 war die Uboot-Waffe zu einem kampfkräftigen Verband zusammengeschweißt, aber sie war in keiner Weise stark genug, es mit England aufnehmen zu können. Nur sehr wenige Leute im OKM waren zu der Erkenntnis gelangt, daß es zum Kampf mit England kommen könnte, und die Kriegsmarine war auf diesen Fall nicht vorbereitet. Hitler hatte Admiral Raeder immer wieder nachdrücklich eingeprägt, daß Deutschland *nicht* gegen England Krieg führen würde, und erst 1938 ließ er andeutungsweise erkennen, daß die Marine möglicherweise in einer fernen Zukunft in die Lage kommen könnte, sich mit der *Royal Navy* im Kampf auf hoher See zu messen. Die Offiziere der Uboot-Waffe waren besorgt über deren geringe Stärke, und obgleich Dönitz nur den Dienstgrad eines Kapitäns zur See hatte, bat er darum, daß diese Besorgnisse Hitler zur Kenntnis gebracht würden. Dönitz meldete, daß die Uboote nicht in der Lage seien, England irgendeinen Schaden von Bedeutung zuzufügen. Am 22. Juli, nur etwa sechs Wochen vor Kriegsbeginn, trafen die höheren Offiziere der Uboot-Waffe an Bord des Avisos »Grille« mit Raeder zusammen. Dabei wurden sie von Hitlers

Boote vom Typ II B. Sie gingen aus dem geänderten Typ II A hervor. Von links nach rechts: U 23, U 15, U 16, U 12, U 14. Im Hintergrund, eben rechts vom Turm von U 12, U 20. U 12 ist mit einer runden Funkpeil-Antenne ausgestattet. Die »Hufeisen« an den Türmen sind Rettungsringe.

Blick von achtern auf Boote vom Typ II B. Von links nach rechts: U 9, U 8 und U 11.

Typ VII A-Boote. (Die Nummern an den Türmen und der größte Teil der Relings wurden nach Kriegsbeginn von Einsatzbooten entfernt.)

Links U 873 (Typ IX D$_2$). Rechts U 234 (Typ X B). U 873 war eines der großen Boote für den Einsatz in entfernten Seegebieten. Typ X B war ein großer Minenleger. Drei der seitlichen Minenluken sind eben vor dem Turm zu sehen. Der erhöhte Teil, auf dem die Männer sitzen, enthielt sechs weitere Minenschächte. (Das Foto wurde nach dem Kriege aufgenommen, nachdem die Boote ausgeliefert waren.)

U 47 (Typ VII B), unter dem Kommando von Günther Prien, bei Rückkehr in den Hafen von seinem berühmten Scapa Flow-Angriff.

U 570 (Typ VII C) unter der britischen Kriegsflagge als HMS »Graph«. Dieses Boot wurde im Nordatlantik aufgebracht.

Der Turm von U 377 (Typ VII C) ist weiß gemalt zum Einsatz in der Arktis. Auf der achteren Geschützplattform (»Wintergarten«) eine 2 cm-Einzelflak. Die kleine Erhöhung auf dem Oberdeck an der Vorkante des Turmes enthält einen Magnetkompaß. Der vorstehende Saum oben am Turm hieß »Windabweiser«, der in halber Höhe »Spritzwasserabweiser«.

Oben: U 377. Das Metallgestell oben auf dem Turm und die Mulde im Vordergrund dienen zur Torpedoübernahme. Sie wurden nach Gebrauch entfernt. Das Geschütz hat das Kaliber von 8,8 cm.

Oben links: 1. Kapitänleutnant Otto Köhler (Kommandant). Der Kommandant war gewöhnlich der einzige auf dem Boot, der einen weißen Mützenbezug trug.
2. Leutnant (Ing.) Karl-Heinz Nitschke (L.I.)
3. Stabsobermaschinist Jak Mallmann (Dieselmaschinist). 4. Leutnant zur See Langenberg (II.W.O) Später Kommandant von U 336.
5. (?) 6. Stabsobermaschinist Rienecker (?)
7. Oberleutnant zur See Pietschmann (?) (I.W.O.) Später Kommandant von U 762 und U 712.
8. Oberbootsmann Albert Jungclaus.

Links: U 377 in Norwegen. Die Mulde zur Torpedoübernahme ist vor dem Geschützrohr zu erkennen. Der ›T‹-förmige Stiel (auf den der Pfeil hinweist) am Bug des Bootes ist der Kopfteil des Unterwasser-Horchgerätes.

Äußerung unterrichtet, daß Deutschland unter *keinen* Umständen gegen England Krieg führen würde. Vier Wochen später wurde Dönitz aus dem Urlaub zurückgerufen, um die Kriegsvorbereitungen gegen England persönlich leiten zu können!

Die Panzerschiffe »Deutschland« und »Graf Spee« waren ebenso wie 21 Uboote in der ersten Augusthälfte 1939 zum Kriege auslaufbereit. Die deutsche Flotte lief tatsächlich dann zwischen dem 19. und 31. August aus, sodaß zur Zeit des Kriegsausbruches etwa 40 Uboote auf ihren Wartestellungen rund um die britischen Inseln standen. Wegen der gleichgültigen Haltung des Oberkommandos der Wehrmacht gegenüber Ubooten hatte Deutschland insgesamt nur 57 Uboote, von denen nur die Hälfte zum Einsatz im Atlantik geeignet war.

Was England anbelangte, so hatte seine Admiralität seit dem Ende des Ersten Weltkrieges mehr neue Schiffe gefordert, aber nur ein Bruchteil dieser Forderungen war erfüllt worden. Es erscheint heute als äußerst befremdlich, daß es trotz Hitlers Mißachtung mehrerer von ihm unterzeichneter Verträge und trotz seiner zahlreichen aggressiven Maßnahmen in England immer noch hochstehende Persönlichkeiten gab, die fest daran glaubten, daß Hitler es nicht zum Kriege kommen lassen würde. Erst im Frühjahr 1939, nur etwa sechs Monate vor dem Kriege, nachdem Hitler das deutsch-britische Flottenabkommen gekündigt und der Wehrmacht Befehl zum Einmarsch in die Tschechoslowakei erteilt hatte, wurden diese Leute überzeugt, daß England etwas für seine Wiederaufrüstung tun mußte.

Die *Royal Navy* befand sich zu dieser Zeit in einem jämmerlichen Bereitschaftszustand. Sie war nicht nur weit unter ihrer Sollstärke, sondern auch mit alten Schiffen und veralteten Bewaffnungen ausgestattet. England hat für diese Vernachlässigung seiner *Royal Navy* einen hohen Preis zahlen müssen, weil, als dann der Krieg ausbrach, die moderne deutsche Rüstung sich allzu viele siegreiche Erfolge zurechnen konnte. Während des August 1939 übernahm die Admiralität die Lenkung der gesamten Handelsschiffahrt in britischen Gewässern und befaßte sich mit Plänen zur Wiedereinführung des Konvoi-Systems. Rund fünfzig Passagierschiffe wurden für den Umbau zu bewaffneten Hilfskreuzern beschlagnahmt, sodaß sie die Kreuzerflotte der *Royal Navy* ergänzen konnten; es standen aber nur Geschütze und Ausrüstungsteile zur Verfügung, die von veralteten, nach dem Ersten Weltkrieg verschrotteten Fahrzeugen stammten, wodurch die Schiffe für ihre Aufgabe gänzlich ungeeignet waren. Viele von ihnen wurden während der ersten Monate des Krieges versenkt, die übriggebliebenen wurden später zur Verwendung als Truppentransporter umgebaut. England machte sich zu dieser Zeit keine Sorgen um *fremde* Handelsschiffe in seinen Gewässern, weil man annahm, daß Hitler aus Furcht, mehr Länder in den Konflikt hineinzuziehen, den Angriff auf diese nicht gestatten würde.

Ende August 1939 standen die beiden Marinen geduldig auf Wartestellungen auf hoher See; dann fielen am 1. September die deutschen Truppen nach Polen ein. England war durch Vertrag verpflichtet, Polen beizustehen. Damit sah es sich gezwungen, Deutschland den Krieg zu erklären – so brach am 3. September 1939 der Zweite Weltkrieg aus.

Der Krieg beginnt

Was die Männer auf den Ubooten anbetraf, so verschmolz der 3. September 1939 ebenso mit den vorhergehenden Tagen wie ein jeder andere Tag des Jahres. Jedenfalls sind *Tage* an Bord eines Ubootes belanglos, weil solche Boote ständig voll einsatzklar bleiben müssen; darum schliefen die Männer während ihrer wachfreien Stunden, zu welcher Tageszeit auch immer das war. Die meisten Uboote hatten bereits über eine Woche auf ihren Wartestellungen für einen Krieg gestanden. Nur sehr wenige Leute rechneten wirklich mit einem Krieg. Es hatte schon bei vielen früheren Gelegenheiten politische Krisensituationen in Europa gegeben, und die Uboote waren früher sogar schon mit Anweisungen für den Kriegsfall ausgelaufen. Jedesmal hatten aber die europäischen Mächte Hitlers Forderungen nachgegeben, und nichts hatte sich ereignet. Keines der Uboote war in wirkliche Kampfhandlungen verwickelt gewesen. Einige wenige hatten während des spanischen Bürgerkrieges Kämpfe gesehen, aber niemand wußte wirklich, was Krieg bedeutete. Sie hatten jedoch bei vielen Übungen Krieg *gespielt*, und die Tage bis zum 3. September wurden von vielen nur als ein weiteres derartiges Manöver angesehen – und als ein langweiliges noch dazu: da die Boote keine bestimmten Operationsaufgaben mitbekommen hatten, konnten sie nichts tun als in der unermeßlichen Weite der See zu stehen und dabei zu versuchen, unentdeckt zu bleiben und möglichst wenig Treibstoff zu verbrauchen. Solch eine abwartende Bereitschaft ist nicht nur eintönig für die Offiziere, sie wirkt auch etwas störend auf die Besatzung, weil die Offiziere in solchen Zeiten bemüht sind, sie außerhalb der Routine mit kleinen Aufträgen zu beschäftigen, die immer zusätzliche Arbeit mit sich bringen.

Die Warterei hörte am Vormittag des 3. September kurz nach 11 Uhr auf, als alle Einheiten der Kriegsmarine einen Funkspruch vom OKM erhielten. Er war nicht sehr dramatisch, sondern besagte nur, daß England Deutschland den Krieg erklärt hätte; alle deutschen Marineeinheiten in See hätten ihre vorher erhaltenen Befehle durchzuführen. Etwa zehn Minuten später folgte ein Funkspruch von Dönitz, der dem vorhergehenden Befehl Nachdruck verlieh und einige Einzelheiten bezüglich Anwendung der Prisenordnung hinzufügte. Danach blieb die Situation die gleiche wie zuvor, nur daß die Offiziere sich jetzt auf ihre neuen Aufgaben vorbereiteten. Jetzt war auch die Zeit für einige Kommandanten gekommen, ihre allgemeinen Anweisungen für die Kriegführung sorgfältig durchzulesen. Trotz ihrer Wichtigkeit hatten sie vorher als belanglos gegolten und waren nur als Pflichtlektüre zur Kenntnis genommen worden. Jetzt erschienen diese Vorschriften auf einmal in einem neuen Licht.

Die wichtigsten von ihnen waren die Befehle zu den Bestimmungen der Prisenordnung. Diese war ein von mehreren Nationen mit Seeinteressen lange vor Kriegsbeginn unterzeichnetes Abkommen, das die Regeln für eine Kriegführung mit Ubooten festlegen sollte. Kurz zusammengefaßt waren die wichtigsten Punkte dieses Abkommens:

Uboote durften keine Handelsschiffe versenken, sofern diese nicht unmittelbar Kriegshandlungen vornahmen. Getauchte Uboote durften Handelsschiffe nicht ungewarnt angreifen; sie mußten auftauchen, ihre Beute anhalten und die Ladungspapiere prüfen. Eine lange Liste von Konterbandegütern war aufgestellt worden, und nur Schiffe, die eine solche Ladung fuhren, durften versenkt werden, dann aber auch nur unter der Voraussetzung, daß die Ubootleute für die Sicherheit der Handelsschiffbesatzung sorgten. Nach dem Abkommen waren Rettungsboote auf hoher See dafür nicht ausreichend: die Schiffsbesatzungen mußten entweder an Bord des Ubootes gebracht oder von einem anderen Schiff übernommen werden. Das war natürlich völlig unmöglich, denn auf den meisten Ubooten reichte der Raum kaum für die eigene Besatzung. Sogar bewaffnete Handelsschiffe mußten nach diesen Bestimmungen behandelt werden. Uboote sollten vor den Geschützrohren der Schiffe auftauchen und sie dann zum Stoppen auffordern! Es gab nur einige wenige Ausnahmefälle, so z.B. Handelsschiffe, die im Konvoi oder unter Geleit von Kriegsschiffen einer kriegführenden Nation fuhren, in denen sie ungewarnt angegriffen werden durften.

Die Regeln dieses Protokolls machten Uboote mehr oder minder nutzlos. Das ganze Abkommen war in der Tat sinnlos und lächerlich, und zwar in einem solchen Maße, daß England davon ausging, es würde von niemandem eingehalten werden. Die Admiralität in London gab daher bereits 1937 Anweisungen heraus, die in krassem Widerspruch zu diesen Regeln standen und die Grundsätze für die Uboot-Kriegführung durchbrachen. Als der Konflikt aber begann, wollte Hitler keine weiteren Staaten in den Krieg verwickeln und gab deshalb strikten Befehl, daß diese Bestimmungen genauestens zu befolgen seien.

Leider fiel das erste Schiff, das von einem Uboot versenkt werden sollte, einem tragischen Fall irrtümlicher Identifizierung zum Opfer. Fritz Lemp, Kommandant von U 30, hielt den Passagierdampfer »Athenia« für einen *Truppentransporter* – ein Schiff einer Klasse, die ohne Warnung versenkt werden konnte! Lemp erkannte erst später, was er angerichtet hatte, und gab bei Rückkehr in den Heimathafen Dönitz gegenüber zu, daß er die »Athenia« versenkt hätte. Einige Wochen waren zwischen der Versenkung und seiner Rückkehr vergangen, in denen sowohl Deutschland als auch England den Zwischenfall für Propagandazwecke ausgeschlachtet hatten. England beschuldigte Deutschland der Aufnahme uneingeschränkter Kriegführung zur See, und das NS-Propagandaministerium, ohne Informationen und über den tatsächlichen Hergang im ungewissen, behauptete, Winston Churchill habe einen geplanten Sabotageakt gegen die »Athenia« veranlaßt, um der *Royal Navy* einen Vorwand zum warnungslosen Angriff auf deutsche Schiffe zu liefern. Dönitz drohte Lemp ein Kriegsgerichtsverfahren an, kam aber nach Anhören von Lemps Bericht zu der Überzeugung, daß U 30 in gutem Glauben gehandelt hätte und daß der Zwischenfall auf einen tatsächlichen Irrtum zurückzuführen sei. Das NS-Propagandaministerium weigerte sich aber, die Verantwortlichkeit des Ubootes öffentlich zuzugeben. Deshalb erhielt Dönitz Befehl, die Angelegenheit geheimzuhalten, indem der Besatzung Schweigen aufzuerlegen und alle anderen Hinweise auf die »Athenia« aus dem Logbuch zu entfernen waren.

Inzwischen war die Admiralität in London mehr oder minder sicher, daß das Schiff von einem Uboot versenkt worden war, und glaubte, daß Deutschland Befehl zur uneingeschränkten Seekriegführung gegeben hätte. Statt dessen legte Hitler den Ubooten noch weitergehende Beschränkungen auf: er verbot ihnen, irgendein Schiff mit dem Aussehen eines Passagierdampfers zu versenken, gleichgültig ob es im Kriegsschiffgeleit fuhr oder nicht. In Unkenntnis dieser deutschen Maßnahmen verschärfte demgegenüber die britische Admiralität den Kampf und hob weitere Beschränkungen auf, um ihren Schiffen bei möglichen Kampfhandlungen mehr freie Hand zu geben.

Einige Uboot-Kommandanten befolgten die Prisenordnung in einem ans Lachhafte grenzenden Maße. Herbert Schultze von U 48 zum Beispiel gab an die Admiralität in London zur Weiterleitung an Mr. Churchill einen Funkspruch ab, in dem er seine genaue Position angab und mitteilte, er habe »soeben den britischen Dampfer »Firby« versenkt, der keine Zeit zur Abgabe eines SOS-Rufes gehabt hatte. Er möge doch so freundlich sein und herkommen, um die Besatzung zu bergen.« Der Notruf »SSS« (»S« für »Submarine«: Uboot) trat übrigens an die Stelle des normalen »SOS«-Rufes, wenn ein Schiff von einem Uboot angegriffen wurde. Auf diese Weise wurden die *Royal Navy* oder die *Royal Air Force* in die Lage gesetzt, schnellstens die Position anzusteuern und dem getroffenen Schiff vielleicht Hilfe zu leisten.

In einem anderen Falle versuchte U 48 den Dampfer »Royal Sceptre« anzuhalten, aber sein Schuß vor den Bug hatte nur den Erfolg, daß das Schiff Fahrt vermehrte und unverzüglich den »SSS«-Notruf sendete. U 48 schoß eine zweite Granate in den Maschinenraum, die das Schiff zum Stoppen brachte. Herbert (Spitzname »Vati«) Schultze wollte Verluste der Besatzung durch weiteres Artilleriefeuer vermeiden. Er wartete, bis alle Mann von Bord waren, und schoß dann einen Torpedo. Inzwischen war aber U 48 in eine äußerst gefährliche Lage geraten, denn der Funkoffizier der »Royal Sceptre« war an Bord geblieben und hatte während der ganzen Zeit weiter »SSS« gefunkt. Das Funken nach dem Anhalten verstieß gegen die Bestimmungen der Prisenordnung, und Schultze hätte das Schiff ohne weiteres versenken können. Die Funksignale zwangen U 48, so rasch wie möglich vom Schauplatz zu verschwinden für den Fall, daß britische Streitkräfte erschienen. Aber Schultze war betrübt beim Anblick all' dieser Männer in den kleinen Rettungsbooten. Kurz danach sichteten die Ausgucks ein anderes Handelsschiff, den Dampfer »Browning«. Ein Schuß vor den Bug brachte ihn zum Stoppen, und die Besatzung rannte über die Decks in die Rettungsboote. Die Männer waren überrascht, als sie sahen, daß das Uboot nahe herankam, aber nicht zum Versenken des Schiffes. Schultze brüllte statt dessen zu ihnen herüber, wieder an Bord zu gehen. Ihnen wurde die letzte Position der »Royal Sceptre« mitgeteilt und gesagt, diese anzusteuern und die Überlebenden zu bergen! Während der ersten Monate des Krieges kam es sehr häufig vor, daß schiffbrüchige Seeleute sich von Ubooten verfolgt sahen, die ihnen Kleidung, Proviant oder Seekarten mitgaben. Leider wurde mit dem weiteren Fortschreiten des Krieges die Luftüberwachung zu stark, und diese humanen Aktionen mußten aufgegeben werden.

Die Royal Navy sperrte den englischen Kanal durch Minensperren und regelmäßigen Vorpostendienst, so daß die Durchfahrt deutscher Schiffe verhindert wurde. Das bedeutete, daß der einzige Weg in den Atlantik sie durch die Nordsee und nördlich um Schottland herum führte. Die Royal Air Force nahm sehr bald regelmäßige Aufklärungsflüge über diesen Seegebieten auf, wodurch sie deren Befahren gefährlich machte. Für die deutsche Marine wurde die »Nordsee« wieder eine »Mordsee«. (Es gab auch eine britische Minensperre zwischen Schottland und Norwegen, ihr fiel aber nur ein einziges deutsches Schiff zum Opfer.)

Trotz des weiten Weges um den Norden Schottlands gelang es den Ubooten, im Atlantik weiter westlich zu operieren als die Royal Navy Geleitzüge sichern

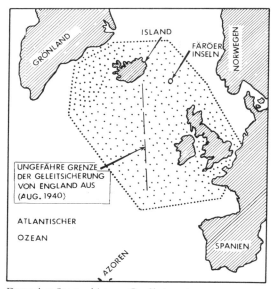

Deutsches Sperrgebiet um Großbritannien

konnte. Eine Luftüberwachung der westlichen Zufahrtwege zu den britischen Inseln (»Western Approaches«) kam erst 1940 zustande und war auch dann noch auf das Küstenvorfeld beschränkt. England benötigte dringend Marinestützpunkte möglichst weit im Westen, um den Seeverkehr in diesem Gebiet zu schützen. Die Royal Navy hatte ihre Stützpunkte Lough Swilly und Berehaven in der Republik Irland 1938 aufgegeben, ohne Vorkehrungen für deren Wiederbesetzung in Kriegszeiten zu treffen, und gerade hier brauchte England jetzt dringend Stützpunkte. Deshalb wurden 1939 Verhandlungen zwischen dem Vereinigten Königreich und Irland aufgenommen, um Stützpunkte an dessen Westküste

Typ VII C-Boote mit 8,8 cm-Geschützen.

U 377 mit ausgefahrener runder Funkpeiler-Antenne. Die weiße Markierung auf der Seite des Turmes ist ein taktisches Zeichen, kein Bootsabzeichen. Vorne, über dem Spritzwasserabweiser, die Funkantennen-Zuführung in das Boot.

Geschützexerzieren auf U 377. Die Bedienung des schweren 8,8 cm-Geschützes war bei starkem Seegang nicht einfach. Wenn das Geschütz nicht gebraucht wurde, war das Rohr mit einem wasserdichten Mündungspfropfen verschlossen, der auf anderen Bildern zu erkennen ist.

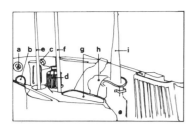

Nahaufnahmen des Turmes von U 377, wie er vor der Grundüberholung 1943 aussah.
A – Kompaßtochter an der Hauptsteuerstelle.
B – Maschinentelegraf-Geber. C – Sprachrohr mit Anrufpfeife. D – Torpedo-Zielapparat (TZA).
E – Aus- und einfahrbare Stabantenne. F – Stock für »Kommandantenwimpel«. G – Eintrittsöffnungen der Zuluftschächte. H – Kompaß (mit einem Mantel überdeckt). I – Angriffsehrohr.

Gegenüberliegende Seite: U 377 nach der Grundüberholung 1943. Das Boot ist bewaffnet mit zwei 2 cm-Zwillingsflak und einer 2 cm-Vierlingsflak. Beachte das Funkmeß-Beobachtungsgerät, das nahe dem Angriffsehrohr zu erkennen ist. Zur Identifizierung anderer wichtiger Merkmale vgl. die Zeichnung eines Typ VII C-Bootes auf Seite 122. Der Kommandant, auf dem Turm ganz links, ist Oblt.z.S. Gerhard Kluth.
Ausschnitt: Die 2 cm-Vierlingsflak von U 377. Die runden Verschlußdeckel der wasserdichten Munitionsbehälter sind vor und hinter dem Geschütz zu sehen.

zu erhalten. Die irische Regierung war jedoch nicht besonders entgegenkommend, und England konnte nur die Stützpunkte in Londonderry und Belfast nutzen. Beide lagen an der irischen Ostseite und nicht sehr viel weiter westlich als die Küsten von Schottland, Wales oder England. Immerhin machten diese beiden Stützpunkte es möglich, die Geleitsicherung von Konvois vom 15. auf den 19. Längengrad auszudehnen; aber die Uboote operierten schon weiter westlich über diesen hinaus. Nach der Niederlage Frankreichs im Juni 1940 nutzten die Uboote sehr bald die französischen Atlantik-Häfen und waren somit in die Lage versetzt, noch weiter draußen auf den westlichen Zufahrtwegen nach England zu operieren.

In dieser Zeit erzielten die Uboote zahlreiche Einzelerfolge, aber diese beeindruckten die Bevölkerung Großbritanniens noch nicht sonderlich. Einmal, weil wegen der geringen Zahl in See befindlicher Uboote die meisten Handelsschiffe ihre Bestimmungshäfen erreichten, zum zweiten gelang es England, Uboote schneller zu versenken als sie von Deutschland ersetzt werden konnten; und drittens schließlich trachtete die Luftwaffe danach, zur Vorbereitung einer Invasion über dem östlichen Teil des Landes die Luftüberlegenheit zu erringen, und das brachte für das Volk in England eine sehr viel größere Beunruhigung mit sich. Die häufigen Luftangriffe auf englische Städte hatten auf die Bevölkerung eine weit verheerendere Wirkung als die wenigen Uboote. In dieser Periode des Krieges war auch die Admiralität in London nicht über die Uboote besorgt, weil sie sich durch die neuen deutschen Magnetminen einem viel gefährlicheren Problem gegenübergestellt sah.

Es gab auch viele Deutsche, einschließlich vieler Angehöriger von Hitlers nächster Umgebung, die die Ubootwaffe mehr als ein neuartiges Spielzeug denn als ein ernstzunehmendes Kampfmittel betrachteten. Um die Uboote in den Brennpunkt der Beachtung zu bringen, plante Dönitz eine besondere Aktion – eine, die nicht unbedingt England einen schweren strategischen Schlag zufügen, aber die Welt merken lassen würde, daß nichts vor seinen Ubooten sicher war. Dieser Angriff war wahrscheinlich der bemerkenswerteste Uboeinsatz des ganzen Krieges; vielleicht war er sogar überhaupt der kühnste Überfall in der Geschichte der Uboote. U 47 durchbrach die Hafenverteidigung von *Scapa Flow* und versenkte das britische Schlachtschiff HMS »Royal Oak«.

Scapa Flow, einer von Englands wichtigsten Flottenankerplätzen mußte zu den am stärksten bewachten Gewässern auf der Erde gerechnet werden. Die passierbaren Zufahrten waren geschützt durch Minen, Netze, versenkte Schiffe, regelmäßige Sicherungsfahrten der *Royal Navy* und schließlich durch ungewöhnlich starke widrige Stromverhältnisse. Diese Strömungen waren stärker als die höchste Unterwassergeschwindigkeit eines Ubootes und machten damit getauchte Angriffe unmöglich. Die Geschichte von Scapa Flow und Ubooten begann in der Tat während des Ersten Weltkrieges, als Kptltl. v. Hennig und Oblt. z. S. Emsmann mit ihren Booten und Besatzungen bei Versuchen, in die Bucht einzudringen, verloren gingen. Schon vor dem Zweiten Weltkrieg hatten einige Uboote (besonders U 16 unter dem Kommando von Kptlt. Wellner) Fahrten in die Gewässer um die Orkney-Inseln unternommen. Dabei war es U 16 gelungen, wertvolle Erkenntnisse über Strömungen, Gezeiten und Sicherungen der *Royal Navy* zu gewinnen, die zusammen mit Luftaufnahmen Dönitz auf den Gedanken brachten, daß ein Uboot durch den schmalen *Kirk Sound* gerade hineinschlüpfen könnte. Dort war das passierbare Fahrwasser eben über 15 Meter breit und an der tiefsten Stelle nur etwa $6^1/_2$ Meter tief, aber es gab keine sichtbaren Hindernisse; es mußte möglich sein, bei Stauwasser hindurchzukommen.[1]

Für U 47 begann die Geschichte, als es auslaufbereit im Hafen lag und nur noch auf die Befehle für seine nächste Unternehmung wartete. Günther Prien, der Kommandant, folgerte, daß etwas im Gange sein mußte, als er an einem Sonntag morgen zur Meldung beim Befehlshaber der Uboote befohlen wurde. Beim Betreten von Dönitz' Raum sah er sich einer

---

[1] Stauwasser ist der Zeitraum zwischen den Gezeiten, wenn nur geringer oder gar kein Strom setzt.

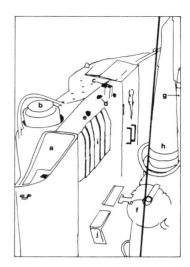

Backbordseite des Turmes von U 377; Blick nach vorne.
Einzelheiten, soweit nicht an anderen Stellen näher beschrieben:
A – Drahtgitter über der Eintrittsöffnung eines Zuluftschachtes.
B – Aufnahmebehälter der ausfahrbaren Stabantenne.
C – Halterung zur Befestigung von Griffen und Geländern (?).
D – Einschußlöcher vom Feuer einer »Liberator«-Bordkanone.
E – Halterungen zum Einpicken von Anschnallgurten.
F – Tragbarer Handsignalscheinwerfer (Varta-Lampe).
G – Funkmeßbeobachtungs-Antenne, zwischen dem Rand des Fotos und dem Sehrohr gerade zu erkennen.
H – Angriffsehrohr. Die schraubenartigen Windungen sind seitlich stark befestigte Drahtseile, die ein Vibrieren des Sehrohrkopfes und eine zu starke Schaumstreifenbildung nach seinem Ausfahren verhindern sollen.
I – Holzleisten an den metallenen Turmwänden. Sie waren beim Gegenlehnen wärmer als der Stahl und machten den Ausgucks das Dasein etwas angenehmer.
J – Fußrasten, darüber Klappsitze.

Karte gegenüber, auf der oben der Name SCAPA FLOW gedruckt stand. Anfangs erfaßte Prien nicht ganz, was gesagt wurde, er vermochte nur seine Aufmerksamkeit auf diesen gut bekannten Namen zu konzentrieren. Nach einigen allgemeinen Worten fragte Dönitz Prien, ob er es für möglich halte, die Verteidigungsanlagen von Scapa Flow zu durchbrechen und Schiffe in der Bucht zu versenken. Dönitz wollte keine sofortige Antwort. Er hieß Prien gehen, die Karten mitnehmen und sich die Sache im Einzelnen überlegen. Er machte es Prien ganz klar, daß ihm nicht der geringste Vorwurf gemacht werden würde, wenn er die Aufgabe als unmöglich ansähe; er wollte von ihm eine aufrichtige und offene Antwort.

Zwei Tage danach kam Prien wieder und sagte: »Jawohl!« Zu diesem Zeitpunkt hatten die Offiziere und die Besatzung von U 47 noch keinen Anhaltspunkt für ihren nächsten Auftrag. Sie müssen vermutet haben, daß sie im Begriffe waren, sich auf einen kurzen Sondereinsatz vorzubereiten, da Treibstoff, Frischwasser und Proviant, die schon sorgfältig für die übliche lange Unternehmung an Bord verstaut worden waren, wieder abgegeben wurden. Schließlich legte U 47 nach einer letzten Kontrolle von seinem Liegeplatz ab und nahm Kurs durch die Nordsee. Die Vermutung der Besatzung, daß ihr etwas Besonderes bevorstand, verdichtete sich, als die Ausgucks ein lohnendes Ziel sichteten und U 47, anstatt anzugreifen, wegtauchte, um unbemerkt zu bleiben. Als U 47 in einer dunklen Nacht aufgetaucht lag, um seine Batterien aufzuladen, fragte der I.W.O. (Erster Wachoffizier), Oblt. z. S. Endraß, ob sie Kurs auf die Orkneys nähmen. »Ja!« antwortete Prien. »Halten Sie sich gut fest, Endraß ... wir gehen rein nach Scapa Flow.«

Einen Augenblick gab es absolutes Schweigen. Endraß sah Prien an; nur das ruhige Brummen der Diesel und das Plätschern des Wassers gegen den Bootskörper waren zu hören. »Oha! – Ja, das geht klar!« sagte Endraß, und dann nach einem kurzen Überlegen: »Das geht klar, Herr Kaleu!«[1]

Später, nach dem Aufladen der Batterien und dem

[1] Kurzform von Kapitänleutnant.

Auffüllen der Preßluftflaschen, gab Prien Befehl zum Tauchen und ließ die ganze Besatzung im Mannschaftswohnraum zusammenrufen, wo er ihr den Auftrag bekanntgab. Er hätte ihr ebenso gut mitteilen können, daß sie sich ein gutes Fußballspiel ansehen würden, mit solcher Begeisterung wurden seine Worte aufgenommen. Jedermann war in den nächsten Stunden bemüht dafür zu sorgen, daß die Anlage, für die er verantwortlich war, störungsfrei funktionierte. U 47 hatte sich inzwischen auf Grund gelegt, und nach Beendigung aller Arbeiten erhielten alle Mann Befehl, in die Koje zu gehen und sich völlig ruhig zu verhalten, denn Prien rechnete immer noch damit, daß die Royal Navy ein geheimes Gerät zum Auffinden von Ubooten hätte. So viel Wert wurde auf Ruhe gelegt, daß alle, die im Boot herumgehen mußten, ihr Schuhzeug mit Lappen umwickelten.

Das Boot blieb bis zum Nachmittag des 13. Oktober auf Grund. Dann wurde die Besatzung zur Einnahme eines besonders guten Essens geweckt, das ihr letztes werden konnte. Langsam wurden alle Geräte gefechtsbereit gemacht und alles nochmals überprüft, um absolut sicher zu sein, daß es funktionierte. Kurz vor 20 Uhr wurde das Boot vom Grund auf Sehrohrtiefe gebracht. Ein schneller Rundblick zeigte nichts, sodaß U 47 auftauchte. Das Wetter war vortrefflich, aber am Himmel stand ein herrliches Nordlicht, das sich in der spiegelglatten See eindrucksvoll widerspiegelte. Prien überlegte, ob er den Angriff bis zu einer dunkleren Nacht verschieben sollte, aber er glaubte, daß das die Nerven seiner Besatzung zu sehr beanspruchen würde und daß es besser sein würde, zu handeln, solange die Stimmung gut und die Reaktionsfähigkeit in Ordnung waren. Schnell kam er zu dem Entschluß – jetzt oder nie!

Ohne daß Prien es wußte, war die *Royal Navy* mit den Sicherungen von Scapa Flow nicht zufrieden gewesen und plante, am 14. Oktober ein altes Schiff in eben dem Fahrwasser zu versenken, durch das U 47 einlaufen wollte. Wenn Prien also gewartet hätte, hätte das wahrscheinlich ein »nie« bedeutet.

Kurz vor dem Einlaufen in den Kirk Sound meldete einer der Obermaschinisten dem L.I., Wessels, daß

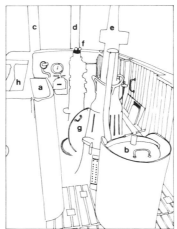

Die Brücke von U 766, Blick nach vorne (1945).
A – Drahtgitter über der Eintrittsöffnung eines Zuluftschachtes. B – wasserdichter und druckfester Behälter, vermutlich für Fla-Munition. C – Schnorchel. D – Luftziel- und Navigationssehrohr. E – Angriffsehrohr mit Funkmeßbeobachtungs-Antenne. F – Torpedozielgerät mit aufgesetztem Spezial-Doppelglas. G – Turmluk. H – »Hohentwiel«-Funkmeßantenne. (In dem breiten Öffnungsschlitz untergebracht.)

Der Turm von U 766. (1945)

Die Ubootbunker in Drontheim mit U 953 (Typ VII C) links und U 861 (Typ IX D$_2$) am Kai. Beide Boote waren mit einer 3,7 cm-Flak auf der unteren Plattform und zwei 2 cm-Zwillingsflak auf der oberen Plattform ausgerüstet. Die Zwillinge sind auf U 953 anscheinend ausgebaut, während sie auf dem anderen Boot direkt auf die Kamera gerichtet und deshalb kaum erkennbar sind. Beachte die nach achtern beiklappbaren Geschützschutzschilde und die runde Funkpeiler-Antenne auf dem Turm von U 861.

das Schmieröl in einem der Diesel ungewöhnlich viel Seewasser enthielt. Wessels meldete das sofort an Prien weiter, der aber von solchen technischen Dingen nichts verstand und vorschlug, das nach der Rückkehr in den Heimathafen zu untersuchen. Wessels bestand aber darauf, daß es glatter Selbstmord sein würde, so weiterzufahren, und Prien fragte deshalb, was man dagegen tun könnte. Wessels begann mit der Störungssuche. Er fand eine Undichtigkeit zwischen dem Kühlwasser- und dem Schmierölteil. Nach einigem Hin und Her kamen die Männer zu dem Schluß, daß der Fehler zeitweilig behoben werden könnte, wenn man das Wasser durch eine Art Rinne vom Ölteil in die Bilge abfließen lassen würde. Das erwies sich als richtig, und man hat diese Rinne in späteren Jahren sogar regelmäßig angebracht.

Nach diesem Zwischenfall setzte U 47 seinen Weg fort. Prien hatte sich die Karte genau eingeprägt, und er führte das Boot, ohne sie zu benutzen, durch das schmale Fahrwasser. Das ist schon bei Tageslicht außerordentlich schwierig, und deshalb ist es vielleicht kein Wunder, daß das Boot in der Dunkelheit der Nacht auf Grund lief. U 47 kam aber leicht wieder frei, und so war es schließlich in der Bucht, dem britischen Ankerplatz. Es war das Pech von U 47, daß der größte Teil der britischen Flotte ausgelaufen war und es nur wenige Ziele gab. Die Ausgucks bemerkten aber immerhin zwei Schatten; einer war ein Schlachtschiff, er lag vor einem anderen, der wie ein Flugzeugträger aussah. Das weiter ab liegende Schiff bot ein schlechtes Ziel, da es von dem näheren verdeckt wurde. U 47 schoß einen Torpedofächer auf dieses doppelte Ziel, aber nur ein Torpedo detonierte und richtete, da er auf eine Ankerkette traf, keinerlei Schaden an. Die Männer an Bord von U-Prien erwarteten, daß nun im Hafen sofort eine lebhafte Tätigkeit ausbrechen würde, aber nach der Explosion blieb alles so friedlich wie zuvor. Prien entschloß sich deshalb zum Nachladen und einem erneuten Angriff. Dieser zweite Angriff hatte die gewünschte Wirkung. Er wurde belohnt mit einem betäubenden Krachen und dem Anblick, wie Teile des Schlachtschiffes in die Luft flogen. Eine kurze Zeit lang sah sich Prien den Wirrwarr an; als ihm dann aber bewußt wurde, daß er sich innerhalb eines britischen Hafens befand, gab er die Befehle zu einem eiligen Auslaufen.

Sowohl die Dieselmaschinen als auch die E-Motoren wurden benutzt, um dem Uboot über Wasser Höchstfahrt zu geben. Plötzlich wurde ein Auto auf dem dunklen *Mainland*, der Hauptinsel der Orkneys, bemerkt. Es hielt an, drehte in eine Richtung, daß die Scheinwerfer auf U 47 gerichtet waren, und jagte dann in der gleichen Richtung zurück, aus der es gekommen war. War das Boot gesichtet worden? Detonationen von Wasserbomben waren zu hören, und dann, als das Boot gerade mit der Fahrt heruntergehen wollte, um wieder den engen Kirk Sound zu durchfahren, wurde ein Zerstörer erkannt, der schnell von achtern aufkam. U 47 benutzte bereits alle verfügbare Energie zur Höchstdrehzahl seiner Schrauben und konnte nicht schneller ablaufen. Prien machte sich daher bereits auf ein Stoppen gefaßt, um der Besatzung eine Möglichkeit zum Aussteigen zu geben, bevor das Boot zu einem eisernen Sarg wurde. Aber dann stoppte der Zerstörer überraschenderweise und ließ U 47, Gott sei Dank, in Ruhe, so daß es das gefährliche Fahrwasser passieren konnte, das zwischen dem Boot und der offenen See lag.

Während des Nachladens der Torpedos in Scapa Flow hätte es fast ein anderes verhängnisvolles Unheil gegeben, als einer der Torpedorohrverschlüsse aufsprang und große Mengen Wasser in das Boot strömten. Da das Boot an der Oberfläche war, gab der geringe Wasserdruck der Besatzung die Möglichkeit, das Rohr wieder dicht zu bekommen. U 47 schien tatsächlich in dieser Nacht vom Pech verfolgt zu sein, denn alsbald nach dem Verlassen des Kirk Sounds machte sich ein Fahrtverlust bemerkbar, als einer der Propeller mit den Umdrehungen herunterging. Der L.I., Wessels, untersuchte die Ursache und stellte fest, daß eine der Wellenverschraubungen sich gelöst hatte und dringend repariert werden mußte. Es war unmöglich, so weiterzufahren, und so blieb keine andere Wahl als das Boot auf Grund zu legen, bis die Reparatur beendet war. Schließlich konnte dann das Boot seine Fahrt fortsetzen.

Am folgenden Tage, dem 14. Oktober, gab die BBC

Ein anderes Bild von U 953 und U 861. Der starre Schnorchel hat ein Kopfventil in Form eines »Bierfasses« – eine Neukonstruktion, die nur selten verwendet wurde. Die Halterung zur Aufnahme dieses Luftmastes ist auf dem Turm, eben unter dem Windabweiser, zu sehen.
(Ein runder Luftschutzbunker ist im Hintergrund, über dem Turm von U 953, zu sehen. Aus dem Oberdeck herausragend, hinter den zwei Pollern, ein elektrisches Spill zum Einholen von Leinen oder der Ankerkette.)

Die Sehrohre von U 570.
Links: Seeziel- oder Angriffsehrohr.
Rechts: Luftzielsehrohr.
Der runde Rahmen ist eine Funkpeiler-Antenne. Die Größe der Sehrohrköpfe täuscht etwas: das Luftzielsehrohr erscheint kleiner als es in Wirklichkeit war, da es von der Kamera weiter entfernt ist. Vgl. Fotos weiter hinten. Das Luftzielsehrohr wurde gewöhnlich bei Tage nicht benutzt, weil es so auffällig war.

in England bekannt, daß das Schlachtschiff HMS »Royal Oak« mit 833 Mann an Bord versenkt worden sei und daß das angreifende Uboot von Einheiten der *Royal Navy* vernichtet worden sei. Tatsächlich war das Uboot während der Herausgabe dieser Meldung bereits bei der Ansteuerung der Minensperre, die zum Schutz des flachen norddeutschen Küstenvorfeldes ausgelegt worden war, um wohlbehalten und ohne Verluste zurückzukehren. Raeder und Dönitz empfingen U 47 beim Einlaufen. An Bord von U-Prien gab Raeder bekannt, daß der Kommandant mit dem Ritterkreuz des Eisernen Kreuzes ausgezeichnet worden sei, und daß die gesamte Besatzung nach Berlin zu einem Besuch beim Führer fliegen würde. Gleichzeitig teilte er mit, daß Dönitz vom Kapitän zur See zum Admiral befördert worden sei. Ganz sicher hatte dieser Angriff die Aufmerksamkeit auf die Uboote gelenkt; sie stiegen erheblich in Hitlers Ansehen und wurden gleichzeitig in ganz Deutschland zum hauptsächlichen Gesprächsstoff.

Prien war keineswegs der einzige Kommandant, der es schaffte, sein Boot vor einen britischen Hafen zu bringen. »Vati« Schultze führte U 48 vor den Hafen von Portland zum »Legen von Eiern« (Minen), und Kapitänleutnant Rollmann lief zu einer anderen Minenunternehmung in die Bucht von Falmouth ein. Solche Aktionen galten als sehr wichtig, denn selbst wenn keine Schiffe durch die Minen versenkt wurden (sie waren in den meisten Fällen recht erfolgreich), bedeuteten sie, daß der Hafen für einige Tage nicht genutzt werden konnte, bevor die »Eier« aus dem Wege geräumt waren. Die Ubootmänner schätzten Minenunternehmungen gar nicht, weil ihnen die Versenkungen nur selten gutgeschrieben wurden, während sie mit Torpedos ihre Versenkungsziffern in die Höhe bringen konnten. Minenlegen ging überdies ziemlich an die Nerven, da die britischen Häfen ihrerseits durch Minensperren gesichert waren; das bedeutete, daß die Navigation absolut fehlerfrei sein mußte. Rollmann sah seinen Auftrag, die Falmouth-Bucht zu verminen, als mehr oder minder undurchführbar an und traf vor der Unternehmung alle nötigen Vorbereitungen, sein Boot zu versenken. Alle Funkschlüsselunterlagen wurden in kleine Stücke zerrissen und auf die Besatzung verteilt mit der Anweisung, daß sie vom Teufel geholt würde, wenn auch nur ein Stück bei einer Gefangennahme in einer Hosentasche gefunden würde.

U 34 steuerte die Falmouth-Bucht vom Atlantik her an, und die gesamte Unternehmung wurde unter Wasser durchgeführt. Rollmann getraute sich nicht einmal, das Sehrohr auszufahren, um nicht irgendeinem britischen Horchgerät durch das Motorengeräusch eine Möglichkeit zum Entdecken zu bieten. Das Einlaufen in eine Hafenzufahrt ist keine ganz leichte Sache selbst bei hellem Tageslicht, umso mehr grenzt es schon fast an ein kleines Wunder, wenn so ein Vorhaben unter völliger »Blindheit« von einem großen Uboot ausgeführt wird. U-Rollmann führte seine Minenaufgabe erfolgreich durch und schaffte es, sicher wieder auf offene See auszulaufen. Aber das Unternehmen hatte für die Besatzung eine solche Anspannung mit sich gebracht, daß manche Männer schon auf ihren Stationen auffuhren, als Rollmann das Sehrohr ausfuhr – ein Motorengeräusch, das normalerweise zum Selbstverständlichen gehört.

Man könnte sich fragen, woher die genauen Unterlagen für eine solch heikle Navigation stammten. Im Falle Falmouth kamen sie wahrscheinlich von einem »Studenten«, der einige Jahre vor dem Kriege hier zu Besuch war. Eine Kollegin, Mrs. D. Cook, die nicht wußte, daß ich an diesem Buche arbeitete, erwähnte einmal während einer Unterhaltung über »Spionage«, daß sie einen deutschen Studenten vor dem Kriege in Falmouth kennengelernt hatte. Sie hatten sich an einer Segelschule getroffen, und ihr war an diesem Burschen aufgefallen, daß er seine meiste Zeit mit Fotografieren des Hafens und der Küste verbrachte. Es erscheint durchaus möglich, daß ein erklecklicher Teil von Unterlagen über England auf diese Weise zusammengetragen worden ist.

Eines der größten Probleme, denen sich die Uboot-Waffe in den ersten Monaten des Krieges gegenübergestellt sah, war die Beschaffenheit ihrer Torpedos, die äußerst unzuverlässig waren und häufig versagten. Während des Norwegenfeldzuges im Frühjahr 1940 kamen zum Beispiel mindestens 42 von insgesamt 48 eingesetzten Ubooten in Feindberührung. Dabei gingen mehr als dreißig Angriffe fehl, weil die Torpedos versagten. Die Uboote griffen etwa 25 Kriegsschiffe an, aber es gelang ihnen nur, ein einziges britisches Uboot zu versenken. U 47 griff zwei Kreuzer, das Schlachtschiff HMS »Warspite« und mehrere Transporter an, sie alle aber entkamen infolge von Fehlern an den Torpedos. HMS »Warspite« wurde außerdem angegriffen von U 46 (Sohler), U 38 (Liebe) und von U 37 (Hartmann), aber sie wurde nicht einmal ernstlich beschädigt. U 25 (Schütze) griff bei Narvik eine ganze Zerstörer-Flottille ohne jeden Erfolg an! U 30 (Lemp) griff das 31 000 t-Schlachtschiff HMS »Barham« an, seine Besatzung hörte das Auftreffen der Torpedos, es erfolgte aber keine Detonation. Der vielleicht am meisten enttäuschende Versager trat auf, als U 56 (Zahn) die riesigen Schlachtschiffe HMS »Hood«, HMS »Nelson« und HMS »Rodney« am 30. Oktober 1939 angriff – und keines der Schlachtschiffe sank. Besonders trug das Gerücht, der britische Premierminister sei an Bord von HMS »Nelson« gewesen, zu der Enttäuschung bei – aus Winston Churchills Memoiren ist aber zu entnehmen, daß dies nicht zutraf.

Nicht alle diese Versager waren nur schlichte Enttäuschungen. Prien verhalf jedem Mann an Bord seines Bootes zu einem der haarsträubendsten Augenblicke seines Lebens und hätte dabei obendrein fast sein U 47 verloren. Es ereignete sich, als das Liegen auf Wartestellung in See erfolglos geblieben war und er Befehl erhielt, sein Glück innerhalb eines Fjordes zu versuchen. Nach einem ergebnislosen Suchen wurde das Boot auf Grund gelegt, um die Dunkelheit abzuwarten. Gegen Nachmittag wurde ein merkwürdiges Geräusch empfangen, das zuvor noch niemand gehört hatte. Als Prien es ergründen wollte, stellte er fest, daß ein ganzer Nachschub-Geleitzug nicht weit entfernt geankert hatte und daß das merkwürdige Geräusch von den Ankerketten hergerührt hatte. Das war nicht nur ein Ziel, von dem jeder Ubootmann träumte, sondern auch eine einmalige Gelegenheit, vielleicht die gesamten britischen Landungstruppen zu lähmen, indem man ihren Nachschub vernichtete. Es war noch gar nicht lange her, daß Prien das Versenken eines britischen Kreuzers infolge eines Torpedoversagers verpaßt und dabei gleichzeitig mit dem Boot eine schwere Grundberührung im Fjord gehabt hatte; glücklicherweise fuhr U 47 zu dieser Zeit getaucht und wurde nicht entdeckt. Hier war deshalb die Gelegenheit, neues Leben in die Besatzung zu bringen und ihr bessere Stimmung einzuflößen.

U 47 schoß einen Torpedofächer auf den Geleitzug, aber wiederum ereignete sich nichts, als daß das Boot auf dem Grunde des Fjordes festkam. Diesmal aufgetaucht, war Prien jetzt in einer sehr mißlichen Lage, besonders nachdem einer der Torpedos am Konvoi vorbeiging und mit lautem Getöse am Ende des Fjordes explodierte. Alle Kniffe, die er kannte, um das Boot frei zu bekommen, schlugen fehl. Der I.W.O. sprang nach unten, um die Geheimsachen zu vernichten, während Prien die Besatzung an Deck rief: nicht um das Boot zu verlassen, sondern um gemeinsam auf Kommando von einer Seite auf die andere zu laufen, so daß das Boot anfing zu schlingern und vielleicht vom festen Grund losbrechen würde. Während dies vor sich ging, wurde das Boot von einem britischen Zerstörer mit Signallampe angerufen. »Soll ich ihm mit unverständlichen Morsezeichen antworten?« fragte der Signalmaat. »Um Himmels willen, nur nicht!« rief Prien. »Die halten uns so wahrscheinlich für einen Felsen oder einen stillgelegten Leuchtturm.« U 47 kam schließlich frei und schaffte es, von hier zu verschwinden.

Kein Wunder, daß Prien und viele andere Kommandanten sich verbittert über solche Vorfälle bei Dönitz beschwerten, und daß einige von ihnen nachdrücklich gegen die andauernden Versager protestierten. Prien wies darauf hin, das OKM könne nicht länger erwarten, daß er »mit einem Holzgewehr kämpfte«. Dönitz war in gleichem Maße über die Versager beunruhigt wie die Kommandanten, und eine eingehende Untersuchung wurde eingeleitet. Sie führte zu einem Kriegsgerichtsverfahren gegen die für die Technik Verantwortlichen. Es stellte sich heraus, daß der hohe Luftdruck, der sich bei längerer Tauchfahrt im Uboot bildete, die Ursache war, indem er die empfindlichen Steuerungseinrichtungen der Torpedos störte.

Ein Boot vom Typ VII in Frankreich 1941. Das Bild zeigt, ein wie kleiner Teil des Bootes normalerweise sichtbar ist, selbst wenn es ganz aufgetaucht ist.

Oberbootsmannsmaat Hermann Patzke kommt aus dem »Kombüsenluk« von U 377.

Der Dieselmaschinist von U 377, Jak Mallmann, auf Wache im Motorenraum. Herbst 1943.

Aber die »Gefälligkeit«, auf britische Schiffe *wirkungslose* Torpedos zu schießen, wurde auf der anderen Seite durch das *Coastal Command* der *Royal Air Force* erwidert, das seinerseits *wirkungslose* Bomben auf die Uboote abwarf! Im November 1939 wurden die Aufklärungsflugzeuge mit Bomben ausgerüstet, sodaß ihre Besatzungen jedes Uboot angreifen konnten, auf das sie während ihrer Einsätze trafen. Im Gegensatz zur damaligen allgemeinen Ansicht sind Uboote als Bombenziele schwer zu treffen, weil sie sehr beweglich sind und leicht ausweichen können, bevor sie von einer Bombe getroffen werden. Diese Erfahrung wurde endlich aus den zornigen Meldungen von Uboot-Kommandanten der *Royal Navy* gezogen, die Klage führten, das *Coastal Command* müßte deutsche von alliierten Ubooten unterscheiden lernen, bevor es »Dinger« abwerfe, die zufällig auch einmal »hochgehen« könnten. Am Ende wurde das *Coastal Command* mit einer weit überlegeneren Waffe ausgerüstet: einer Flugzeug-Wasserbombe, die erst an der Wasseroberfläche scharf wurde. Sie hatte besondere Kopf- und Schwanzstücke, die beim Auftreffen auf die Wasseroberfläche abbrachen. So legte sie einen guten Teil ihres Weges als Bombe in der Luft zurück, wirkte aber von der Wasseroberfläche ab wie eine Wasserbombe. Das bedeutete, daß ein direktes Treffen nicht mehr nötig war, da ein Naheinschlag immer noch das Boot beschädigen würde.

Bis Ende 1940 hatte sich der Krieg wesentlich gewandelt. Uboot-Unternehmungen in der Nordsee waren schwieriger geworden, und die meisten von ihnen waren weit hinaus in den Atlantik verlegt worden. Nach der Niederlage Frankreichs im Juni 1940 wurde den Ubooten die Nutzung der französischen Atlantikhäfen möglich, so daß sie weiter nach Westen operieren konnten. Von diesen Stützpunkten aus wäre sogar den kleinen (Typ II) Küsten-Ubooten ein Einsatz gegen die wichtigen Schiffahrtwege ermöglicht worden, aber ihr Fahrbereich wäre doch viel zu gering gewesen. Sie wurden deshalb schnell durch größere, leistungsfähigere Boote vom Typ VII ersetzt. Die meisten Typ II-Boote wurden an die Ubootschulen in der Ostsee abgegeben.

Das OKM revidierte auch nach und nach die Vorschriften der Prisenordnung. Jeder Schritt machte die Uboote gefährlicher, bis Hitler schließlich im August 1940 eine totale Blockade der britischen Inseln erklärte. Das hieß, daß jedes in diesem Seegebiet gesichtete Schiff warnungslos angegriffen werden konnte. Diese Erklärung war von größtem Propagandaaufwand in Deutschland begleitet, der den Eindruck erwecken sollte, als ob die Uboote den ganzen Atlantik kontrollierten. Sondermeldungen über Ubooterfolge unterbrachen häufig das laufende Rundfunkprogramm. Für England war dies ganz sicher eine scheußliche Zeit, in der kaum genug Zufuhren durchkamen, um die Insel vor dem Zusammenbruch zu retten. Obgleich die Vereinigten Staaten noch nicht in den Krieg eingetreten waren, leisteten sie doch England bereits Hilfe durch Inkraftsetzen eines »*Cash-and-carry*«-Verfahrens für Nachschubgüter, was bedeutete, daß jedermann Kriegsmaterial von ihnen kaufen konnte, vorausgesetzt, daß er es bezahlte und selber abholte. Die *Royal Navy* verhinderte eine Überfahrt der kleineren deutschen Handelsschiffahrt über den Atlantik, so daß die Hilfeleistung nur den Alliierten zugute kam.

Wegen dieser Unterstützung drängten mehrere einflußreiche Deutsche Hitler, den Vereinigten Staaten den Krieg zu erklären, was er aber um jeden Preis vermeiden wollte. Obgleich es sich für England um die »schwerste Stunde« handelte, hatte auch die deutsche Wirtschaft hart um größere Leistungsfähigkeit zu ringen. Einem Konflikt mit den Vereinigten Staaten wurde so weit aus dem Wege gegangen, daß die Uboote Befehl erhielten, keine amerikanischen Schiffe anzugreifen, selbst wenn diese im Blockadegebiet erschienen. Der erste größere Zwischenfall ereignete sich am 20. Juni 1940, als U 203 unter dem Kommando von Kapitänleutnant Mützelburg das US-Schlachtschiff »Texas« sichtete. Da U 203 über sein Verhalten im Zweifel war, sandte es einen Funkspruch mit der Bitte um Schießerlaubnis. Dönitz vermutete, daß dies eine direkte Herausforderung durch die Vereinigten Staaten darstellte und befragte Hitler, bevor er den Funkspruch beantwortete. Die Antwort erging in

Blick von der Station des Kommandanten beim Unterwasserangriff durch das Turmluk nach oben. U 377, links Otto Köhler.

Form einer allgemeinen Funkanweisung an alle Uboote, daß jeder Konflikt mit Amerika zu vermeiden sei und daß nur feindliche Schiffe angegriffen werden dürften. Der Funkspruch betonte ausdrücklich, daß auch Schiffe, die bei Nacht ohne Lichter fuhren, nicht unbedingt als feindlich anzusehen sein.

Die Vereinigten Staaten unternahmen zu dieser Zeit kaum Versuche, einem Konflikt mit Deutschland aus dem Wege zu gehen. Das wurde auch gar nicht geheim gehalten, denn Präsident Roosevelt äußerte in einer Debatte über den Krieg im Atlantik ganz offen, daß man den Biß einer Klapperschlange nicht abwartet bevor man zurückschlägt. In der Voraussicht, daß sie wahrscheinlich früher oder später in den Krieg hineingezogen werden würden, ließen sich die Vereinigten Staaten von England die Zustimmung geben, auf britischem Boden Stützpunkte einzurichten. Als Gegenleistung übergaben die USA 50 veraltete Zerstörer an England. Diese waren keineswegs in gutem Zustand, aber sie waren immer noch besser als überhaupt keine Zerstörer. Unter britischen Besatzungen wurden sie bald zu einem gewohnten Anblick auf den Schiffahrtwegen im Atlantik.

Auch die deutschen Angriffsverfahren änderten sich mit der Zeit. Die anfängliche Befürchtung, daß England über ein geheimes Ortungsgerät verfügte, zerrann nach Priens Eindringen nach Scapa Flow vollends, und danach fiel es den Uboot-Kommandanten leichter, näher an britische Einheiten heranzugehen. Alle Befürchtungen wurden am Ende gänzlich aufgegeben, nachdem mehrere Uboote unbeabsichtigt britische Kriegsschiffe in weniger als 100 Metern Abstand passiert hatten, ohne entdeckt zu werden. Außerdem machten die Kommandanten die Erfahrung, daß sie sogar einigen Schiffen der *Royal Navy* über Wasser weglaufen konnten. Diese Faktoren trugen zu einem unterschiedlichen Angriffsverfahren bei: statt z. B. einen Torpedo-Dreierfächer zu schießen, ging das Uboot nun so nahe heran, daß es mit nur einem Torpedo einen sicheren Treffer erzielen konnte. Diese Angriffe wurden so dreist, daß einige Uboote tatsächlich in die Geleitzüge einbrachen und sich auf kürzeste Entfernung die fettesten Brocken heraussuchten.

Das Ringen im Atlantik entwickelte sich zu einer grimmigen und unbarmherzigen Schlacht um die Überlegenheit auf den Schiffahrtstraßen, und der Atlantik wurde eines der entscheidenden Schlachtfelder des Zweiten Weltkrieges. Dicke Bücher sind über diesen Kriegsschauplatz geschrieben worden, und die Mehrzahl aller Veröffentlichungen über Uboote beschreibt diese verwickelte Auseinandersetzung. Im Hinblick auf den Umfang des Stoffes und die Fülle von Literatur, die darüber bereits vorliegt, erscheint es unnötig, die Schlacht um den Atlantik in diesem Buche nochmals zu behandeln. Die wesentliche Statistik über die Schlacht ist aber auf den folgenden Seiten enthalten. Die Leser, die mehr Information wünschen, werden auf die Bücher hingewiesen, die im Literaturverzeichnis aufgeführt sind.

Das Wesentliche über die Schlacht im Atlantik

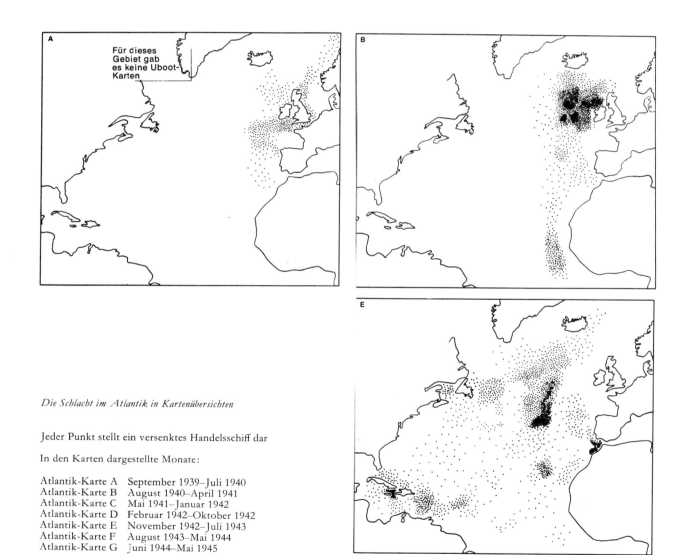

Die Schlacht im Atlantik in Kartenübersichten

Jeder Punkt stellt ein versenktes Handelsschiff dar

In den Karten dargestellte Monate:

Atlantik-Karte A September 1939–Juli 1940
Atlantik-Karte B August 1940–April 1941
Atlantik-Karte C Mai 1941–Januar 1942
Atlantik-Karte D Februar 1942–Oktober 1942
Atlantik-Karte E November 1942–Juli 1943
Atlantik-Karte F August 1943–Mai 1944
Atlantik-Karte G Juni 1944–Mai 1945

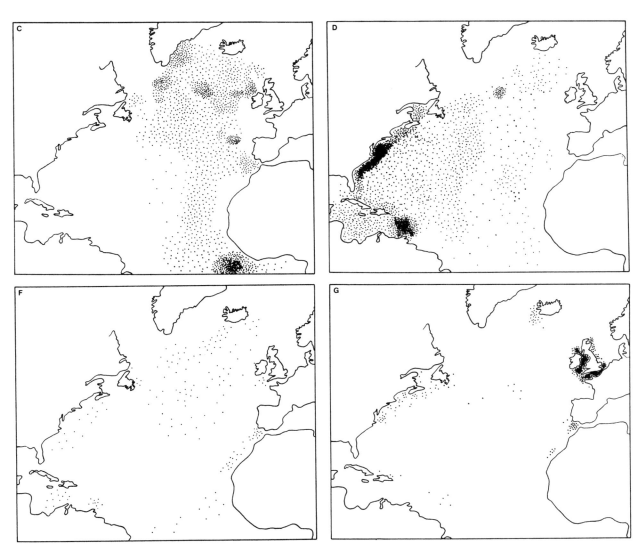

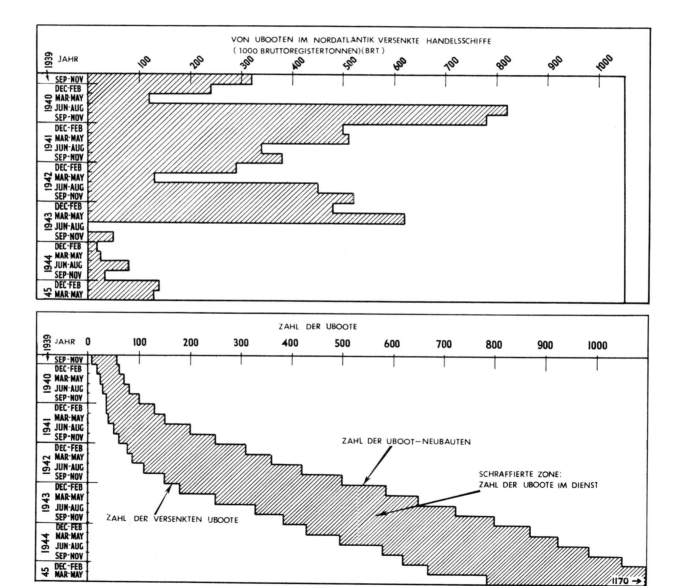

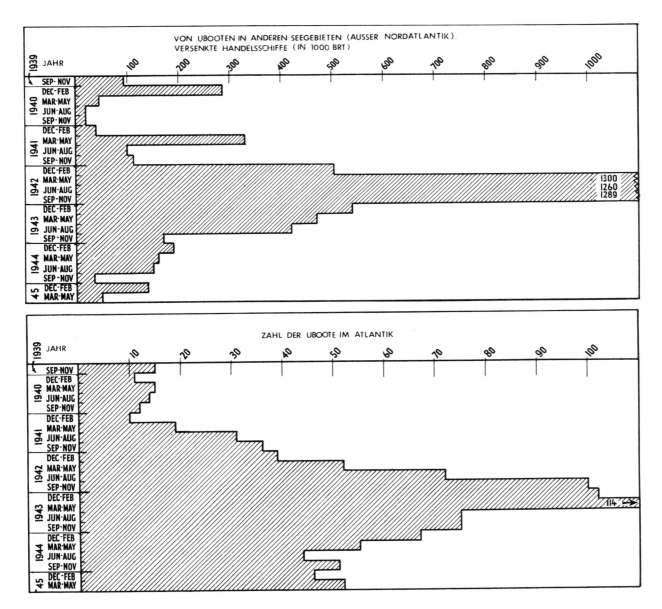

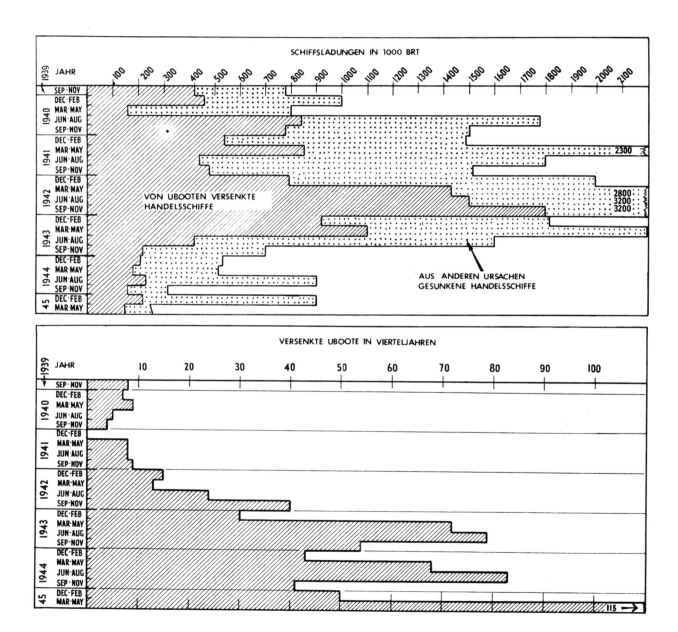

Fern den Geleitzugwegen

Das Schwarze Meer

Bis zum Sommer 1942 war die deutsche Wehrmacht so weit nach Osten vorgedrungen, daß sie Teile von Rußland und das ganze Gebiet bis hinunter zur Küste des Schwarzen Meeres beherrschte. Dieses Binnenmeer war für die Marine minder wichtig, da es dort nur einige unbedeutende Schiffe gab, die in kleinem Umfange Nachschub aus der neutralen Türkei nach Rußland brachten. Strategisch stellte er keine Gefahr für Deutschland dar, jedoch war eine Demonstration der Macht zur Seeherrschaft erforderlich, um die einheimische Bevölkerung glauben zu machen, daß sie von einer überlegenen Militärmacht beherrscht würde – ebenso traf dies auf die Türkei zu für den Fall, daß sie an dem Krieg gegen Deutschland teilzunehmen beabsichtigte. Es wurde daher beschlossen, einige Überwassereinheiten und Uboote von Deutschland in das Schwarze Meer zu verlegen.

Ein solches Unternehmen war nicht so schwierig, wie es scheinen mochte. Es war möglich, kleine Typ II-Boote von ihren Stützpunkten an der Ostsee über Land zu transportieren. Sie liefen mit eigener Kraft durch den Nord-Ostsee-Kanal nach Hamburg, von wo sie elbaufwärts bis Dresden gelangten. Dort wurden die kleinen 250 t-Boote an Land gehoben und auf Straßentransportern über die Autobahn nach Regensburg gebracht. Hier konnten sie wieder in die Donau zu Wasser gebracht werden, um dann mit eigener Kraft weiter bis zum Schwarzen Meer zu laufen. Bis zum Herbst 1942 waren drei Boote in Konstantza eingetroffen, drei weitere wurden im folgenden Frühjahr verlegt, sobald das Wetter die Benutzung des Weges über Land zuließ.

Die sechs Boote U 9, U 18, U 19, U 20, U 23 und U 24 liefen zu etwa 55 Unternehmungen aus, bei denen sie neun kleine Kriegsschiffe und 25 Handelsschiffe mit zusammen etwa 45 000 BRT versenkten. U 9 wurde schließlich bei einem russischen Luftangriff auf Konstantza zerstört. Als die russische Armee später ihren Nachschub unterbrach, liefen die anderen fünf Boote nach der Türkei aus, wo sie versenkt und ihre Besatzungen interniert wurden. Das war nach Ansicht ihrer Kommandanten um ein Vielfaches besser als Boote oder Besatzungen in russische Hand fallen zu lassen.

Das Mittelmeer

Italien trat am 10. Juni 1940 in den Krieg ein, und sofort brachen Kämpfe zwischen der italienischen Armee und den britischen Streitkräften in Nordafrika aus. Etwa acht Monate später begann Deutschland die Italiener durch Entsendung motorisierter, gepanzerter Truppen (das *Afrika-Korps* unter Führung von General *Erwin Rommel*) zu unterstützen. Der Nachschub für diese Verbände wurde auf Schiffen über das Mittelmeer gebracht, wo die *Royal Navy*, obwohl bereits arg mitgenommen, den deutschen Nachschubwegen hart zusetzte. Dieser Kampf erreichte schließlich einen Höhepunkt, bei dem England ungefähr drei Viertel des deutschen Nachschubs vernichtete. So wurde es bald deutlich, daß der Krieg in der Wüste zum Stillstand kommen würde, wenn die deutsche Überlegenheit auf den Seewegen nicht wiedergewonnen würde. Das Oberkommando der Wehrmacht (OKW) befahl der Marine, Uboote in das Mittelmeer zu senden. Das widersprach gänzlich Dönitz' Absichten. Er machte geltend, daß eine solche Maßnahme nur die Uboots-Rudel im Atlantik schwächen würde.

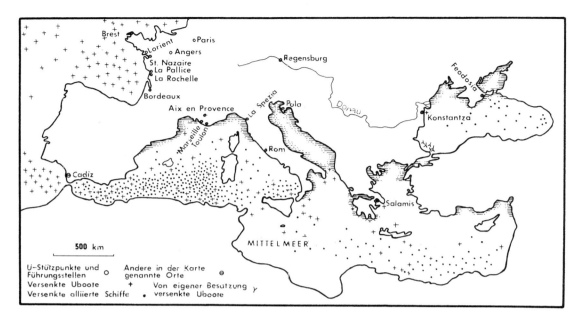

Bis zu dem Zeitpunkt, an dem Uboote durch die Straße von Gibraltar in das Mittelmeer einzudringen begannen, hatte die *Royal Navy* im Mittelmeer noch keine größeren Uboots-Abwehrmaßnahmen in die Wege geleitet, weil die Ausbildung der Italiener trotz ihrer großen Ubootflotte so unzureichend und rückständig war, daß sie keine wirkliche Bedrohung darstellten.

In das Mittelmeer einzulaufen war aber keine einfache Sache, da die *Royal Navy* die schmale Straße von Gibraltar wirkungsvoll gesperrt hatte. Uboote hatten bei dem Versuch, unter der Sperre durchzuschleichen, einen kleinen Vorteil, indem sie eine starke Unterwasserströmung aus dem Atlantik in das Mittelmeer ausnutzen konnten. Außerdem bestanden überraschend starke Unterschiede in Wassertemperatur und/oder Salzgehalt des Wassers in einer Schicht von 40 bis 50 Meter Wassertiefe. Das war bekannt und wurde zum Schutz der Uboote vor ihren Angreifern ausgenutzt, da diese Schichtung die Impulse der *Asdic*-Geräte (aktive Unterwasser-Schallortungsgeräte) reflektierte.

Trotz der dichten Sperre gelang es sechs Ubooten, an den britischen Wachfahrzeugen vorbeizukommen. Es bestand keine genaue und ständige Anweisung dafür, wie Uboote versuchen sollten, die Sperre zu überwinden, es war vielmehr den Kommandanten selber überlassen, sich für das beste Verfahren zu entscheiden. U 81 unter dem Kommando von Kapitänleutnant *Guggenberger* machte die Fahrt bei Nacht über Wasser, wobei es den einlaufenden Flutstrom in größtmöglichem Maße ausnutzte. Die Durchfahrt war sehr nervenaufreibend, da das Boot nicht nur zwei Fischerfahrzeuge und zwei Zerstörer zu passieren hatte, sondern auf einem Teil der Strecke auch von einem Lichtstrahl des Leuchtturmes von Tarifa (Spanien) angestrahlt wurde. Im Mittelmeer angekommen, erhielt U 81 einen Funkspruch, wonach es zusammen mit U 205 einen britischen Kriegsschiffsverband ausfindig machen sollte. Sorgfältige Berechnungen und richtige Vermutungen waren nötig, den Kurs dieses Flottenverbandes zu ermitteln, da der Funkspruch zur Zeit seines Empfanges schon einige Stunden alt war. Kurz nach 14.00 Uhr am 13. November 1941 erkannte Guggenberger in seinem Sehrohr Mastspitzen von Kriegsschiffen und lief zum Angriff an. Auf den ersten Angriff mit einem Torpedo-Viererfächer folgten keine Wasserbomben. Aber dann, als die Männer gerade dachten, davongekommen zu sein, wurde das »Ping« eines *Asdic*-Gerätes gehört. Es fielen weit über 100 Wasserbomben, denen allen Guggenberger

Der E-Maschinen-Fahrstand von HMS »Graph«, ex U 570
(Blick nach voraus auf den Diesel-Raum)

Der Maschinenraum von HMS »Graph«, ex U 570. Beachte, daß die deutschen Typenschilder nicht entfernt worden sind!

U 570. Eine der runden Zentralverschlußtüren. Dieses Foto wurde während einer Überholung im Hafen aufgenommen. Die durch das Luk verlegten Kabel wurden beim Inseegehen des Bootes entfernt.
Das Rad oben links betätigte die Entlüfung Nr. 5.

aus dem Wege zu gehen und sein Boot schließlich sicher in den Hafen zu bringen vermochte. Als Erfolg dieses Angriffes wurden das Schlachtschiff HMS »Malaya« und der Stolz der *Royal Navy*, der Flugzeugträger HMS »Ark Royal« einschließlich seiner gesamten Flugzeugausrüstung beschädigt. Die »Malaya« schaffte es, lahm in den Hafen von Gibraltar zu gelangen, während HMS »Ark Royal« beim Versuch, den selben Hafen zu erreichen, nur wenige Meilen davor sank. Die gesamte Besatzung mit Ausnahme eines Mannes wurde lebend geborgen. Unglücklicherweise gingen alle Flugzeuge der »Ark Royal« mit ihr unter, da bei Beginn des Wassereinbruches das Flugdeck schon eine zu starke Schräglage hatte, als daß sie noch hätten starten können.

HMS »Ark Royal« war nicht der einzige Flugzeugträger, der auf den Grund des Mittelmeeres sinken sollte. U 73 unter dem Kommando von Kapitänleutnant *Rosenbaum* erzielte vier Treffer auf dem Träger HMS »Eagle«, der nach zehn Minuten sank und 230 Mann mit in die Tiefe nahm. U 73 entkam ebenso einem Wasserbombenteppich und machte ein weiteres Jahr Jagd, bevor es selber von USS »Wolsey« und USS »Trippe« versenkt wurde. Sowohl *Guggenberger* als auch Kapitänleutnant *H. Deckert* (der letzte Kommandant von U 73) überlebten und gerieten mit einem Teil ihrer Besatzungen in Gefangenschaft.

Ein weiterer großer Erfolg für die Uboote war die Vernichtung von HMS »Barham«, des einzigen britischen Schlachtschiffes, das auf hoher See versenkt wurde. Torpedos von U 331, Kommandant *Freiherr v. Tiesenhausen*, lösten eine Explosion in seiner Munitionskammer aus, so daß es mit 962 Mann an Bord in die Luft flog. U 331 kam mehrmals im Mittelmeer gerade eben noch davon. Einmal öffnete Tiesenhausen beim Auftauchen das Turmluk, sobald sein L.I. meldete »Turm ist raus«. Beim Blick nach oben sah er ein Flugzeug direkt über sich, das das Boot nicht bemerkte! Bei einer anderen Gelegenheit, als er auf ein Ziel zum Angriff anlief, fuhr Tiesenhausen sein Sehrohr zum Zielen aus, um dabei festzustellen, daß er schon so nahe heran war, daß sein Ziel die ganze Optik ausfüllte. Er brachte das Boot schließlich in eine günstige Schußposition und schoß einen Fächer aus Sehrohrtiefe. Das bedeutete, daß das Boot plötzlich um einige Tonnen leichter wurde und zu steigen begann. Der L.I. machte fieberhafte Bemühungen, das Boot wieder runter zu bekommen. Tiesenhausen sah mittlerweile erschrocken im Sehrohr, daß das Schlachtschiff HMS »Valiant« genau auf sie zulief. Glücklicherweise änderte die »Valiant«, kurz bevor U 331 die Oberfläche durchbrach, den Kurs. Als sie das wehrlose Uboot sichtete, war es zu spät, auf den anfänglichen Kollisionskurs zurückzudrehen. Sie war aber auch zu dicht an dem Uboot, um die Geschütze nach unten auf U 331 zu richten. Diese tragikomische Situation endete damit, daß viele Salven harmlos über das Uboot hinweggefeuert wurden, während dies dankbar wieder auf eine relativ sichere Tiefe wegtauchte und so schnell, wie es seine Motoren erlaubten, vom Schauplatz ablief!

Das Mittelmeer war in gar keiner Weise ein günstiges Jagdgebiet für Uboote, da die Naturverhältnisse und geographische Lage Unternehmungen ziemlich erschwerten. Völlig von Land umgeben, war die See unter ständiger Überwachung durch die *Royal Air Force*. Die wolkenlosen Tage und Nächte und das ruhige Wasser ließen ein Uboot leicht erkennen, selbst wenn es sich auf Sehrohrtiefe befand. Das stürmische, bedeckte Wetter des Atlantiks war für Uboote weit besser geeignet. Der Aufenthalt im Mittelmeer wurde so schwierig, daß auf ein Auftauchen bei Tageslicht vollständig verzichtet werden mußte. Einige Uboote versuchten, sich vorgeflutet an der Oberfläche treiben zu lassen, so daß nur der Turm aus dem Wasser ragte, aber obgleich das Boot binnen zehn Sekunden verschwinden konnte, war auch dies nicht wirklich sicher.

Eine andere Schwierigkeit war, daß es im Bootsinneren sehr heiß und das Leben unerträglich wurde. Während im Atlantik die Besatzung zur Ruhe in Alarmbereitschaft befohlen werden konnte, ließ im Mittelmeer die Temperatur an Bord die Reaktionen sehr träge werden, und das kann auf einem Uboot gefährlich sein. Im Atlantik bekämpften Uboote größtenteils verhältnismäßig schutzlose Geleitzüge; auf diesem Kriegsschauplatz sahen sie sich aber der

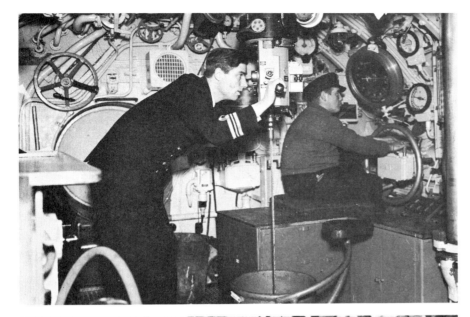

Oben: Die Trimm-Ventile. ...und es soll Leute geben, die beim Autofahren Schwierigkeiten haben...!

Oben links: Die Zentrale von HMS »Graph«, ex U 570, mit einem englischen Offizier am Luftziel- und Navigations-Sehrohr. Der Mann rechts bedient das Tiefenruder.

Die Zentrale war ein einziges Gewirr von Skalen, Manometern, Hähnen und Schaltern...
Dieses Foto zeigt den Tiefenruderstand.

Der Bugtorpedoraum von HMS »Graph« mit englischer Besatzung. Über ihren Köpfen Ketten und Stahlschienen zum Aufheißen der Torpedos. Die runden weißen Bodenverschlüsse der beiden oberen Torpedorohre sind im Hintergrund teilweise sichtbar.

Elite der *Royal Navy* gegenüber. Vielleicht war es dieser Umstand, der zu einer verhältnismäßig hohen Zahl von Rettungen aus sinkenden Booten beitrug. Die Ubootmänner wußten, daß sie unter besonders schweren Bedingungen zu kämpfen hatten, bei denen sie jederzeit geortet werden konnten. Deshalb waren sie immer darauf eingestellt, schnell »aussteigen« zu müssen. Die *Royal Navy* mußte auch nicht, wie bei ihrem atlantischen Geleitdienst, mit gleichbleibender Fahrt weiterlaufen und konnte sich deshalb mehr Zeit zur Bergung von Überlebenden nehmen.

Die deutschen Uboote im Mittelmeer, einschließlich derer, die in italienischen Gewässern operierten, standen nie unter italienischer Führung. Das OKM mißbilligte die rückständigen italienischen Einsatzmethoden und weigerte sich, die Führung italienischer Boote bei Unternehmungen von deutschen Stützpunkten in Frankreich zu übernehmen, um den Italienern keinen Grund zu geben, ihrerseits Anspruch auf die Führung deutscher Boote in ihren Seegebieten zu erheben. Einige der deutschen Uboote haben tatsächlich Unternehmungen von italienischen Häfen aus durchgeführt, wurden aber immer von deutschen Stäben geführt. Einige wenige deutsche Uboote wurden von der italienischen Marine übernommen, aber sie waren auf italienische Kosten für Italien gebaut worden. Die meisten von ihnen wurden wenige Monate später an Deutschland zurückgegeben.

»PAUKENSCHLAG« GEGEN AMERIKA

Der Angriff der Japaner auf Pearl Harbour, wo sie am 7. Dezember 1941 die Pazifik-Flotte der Vereinigten Staaten vernichteten, regte die Ubootführung an, ebenfalls einen Angriff gegen Amerika zu planen. Dieser Plan war mehr oder weniger fertig zu dem Zeitpunkt, als Deutschland den USA den Krieg erklärte. Er konnte aber nicht im vorgesehenen Ausmaß durchgeführt werden, da einfach nicht genügend Boote zu sofortigem Auslaufen zur Verfügung standen. Kapitänleutnant *Hardegen*, Kommandant von U 123, kehrte, ohne zurückgerufen worden zu sein, aus dem Urlaub zurück, und weitere große Boote wurden in den Uboot-Bunkern in aller Eile klargemacht. Bis Weihnachten war eine Gruppe von sechs Booten mit Kurs West in See. Die Absicht war, daß die Boote vor verschiedene amerikanische Häfen gehen sollten und daß sie zur genau gleichen Zeit ihren Angriff beginnen würden.

Diese erste Welle von Booten kam aus einer Welt, die unter den Bedingungen eines totalen Krieges lebte. Leuchtfeuer, Seezeichen und sogar die Lampen in den Wohnungen waren von Anfang an gelöscht worden. Städte waren das Ziel von Luftangriffen und deshalb völlig verdunkelt. Funkgeräte auf Schiffen wurden nur in Notfällen benutzt, um nicht die Position des Senders zu verraten. Jedermann hatte sich mit diesen schrecklichen neuen Lebensbedingungen abgefunden; sogar die früher zahlreichen Fischereifahrzeuge waren zum großen Teil verschwunden, und die, die noch vorhanden waren, wurden von den Ubooten mit großer Vorsicht behandelt für den Fall, daß sie getarnte Ubootfallen waren.

Nachdem die Uboote sich ihren Weg durch den kalten, stürmischen Atlantik geboxt hatten, schlichen sie sich vorsichtig an die amerikanische Küste heran, wo sie zu ihrer Überraschung eine gänzlich andere Welt vorfanden. Stadtbeleuchtungen und Leuchtfeuer waren hell erleuchtet, und die Schiffe fuhren wie in Friedenszeiten mit allen gesetzten Laternen. Die üblichen Schiffahrtwege wurden befahren, und die Kapitäne besprachen sogar ihre Probleme in aller Offenheit über Funk. Die erwartete starke Ubootabwehr war ebenfalls nicht vorhanden, so daß die »Seewölfe« wählen und sich die besten Ziele heraussuchen konnten.

Zur festgesetzten Stichzeit sank der Tanker »Norness« infolge eines Torpedotreffers, sendete aber einen SOS-Ruf, daß er auf eine Mine gelaufen sei. Am nächsten Tage wurde die gesamte Schiffahrt in diesem Seegebiet zu besonderer Vorsicht wegen Minengefahr angewiesen! Die erste amerikanische Zeit erwies sich als erholsam für die Ubootbesatzungen, und die Nächte brachten reiche Kriegsbeute. Sehr bald wurde offenbar, daß es überhaupt keine Ubootabwehr gab, so daß die Ausgucks nur aus

U 776. Bugtorpedoraum mit vier Rohren.

Hecktorpedoraum mit einem Rohr. Links ein Kompressor.

den Schiffen auszuwählen hatten, die in ihrer Nähe vorbeifuhren. Es nimmt nicht wunder, daß diese Unternehmung als das »Zweite goldene Zeitalter« der Uboote bekannt wurde. Die phantastisch hohen Erfolgszahlen von 1940 wurden wieder erreicht. Die Nachrichten von dem reichen Ernteertrag vor der amerikanischen Küste verbreiteten sich in den Uboot-Stützpunkten wie ein Lauffeuer, und alle hofften, eine Chance für die Fahrt über den Atlantik zu erhalten. Später, 1942, wurden einige Versorgungs-Uboote auf einem geheimen Treffpunkt einige 1000 Kilometer östlich von New York aufgestellt, so daß die kleineren Typ VII-Boote den Atlantik überqueren und in amerikanischen Gewässern operieren konnten.

Anfangs hatten die Vereinigten Staaten nicht viele U-Jagd-Fahrzeuge verfügbar, insbesondere weil der größte Teil ihrer Pazifik-Flotte in Pearl Harbour vernichtet worden war. Es dauerte aber nicht lange, bis sie begannen, diesen Mangel auszugleichen, besonders im Seegebiet zwischen Halifax und New York, in dem geschützte Geleitzüge aufzutreten begannen. Die Uboote ließen diese ungeschoren und gingen weiter nach Süden, wo die Verhältnisse noch einfacher waren. Während des Sommers 1942 operierten sie sogar weit im Süden in der Karibik. Hier fanden sie Bedingungen vor, wie sie sie seit den ersten Kriegstagen nicht mehr angetroffen hatten. Eine Ubootabwehr schien nicht vorhanden zu sein, und die zahlreichen kleinen Inseln leisteten keinen Widerstand, so daß ihr Passieren aufgetaucht bei hellem Tageslicht möglich war. Die strikten Grundsätze, die im Atlantik nötig waren, konnten gelockert werden. Selbst beim Sichten eines Angriffszieles waren keine größeren Vorsichtsmaßnahmen erforderlich, da nur selten Widerstand geleistet wurde. Derartige zufällige Angriffserfolge waren im Atlantik unmöglich geworden, wo die Lücke in der Luftüberwachung sich auf etwa 3000 Kilometer geschmälert hatte, und Flugzeuge wie Überwasserstreitkräfte den Ubooten schwere Verluste zufügten.

Der Angriff auf Schiffe im Atlantik war nur noch bei Nacht oder bei Tage getaucht möglich, so daß das schwere Geschütz vor dem Turm nur selten oder nie benutzt werden konnte, In der Karibik war dagegen die Abwehr so minimal, daß die Uboote mit diesem Geschütz sogar besonders herausragende Landziele wie Treibstoffanlagen und Tanklager beschießen konnten. Während einer solchen Beschießungsoperation ereignete es sich, daß Korvettenkapitän *Hartenstein*, Kommandant von U 156, für das Wohl-

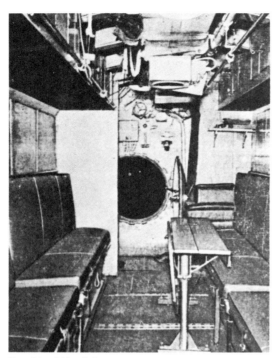

Der Oberfeldwebelraum.

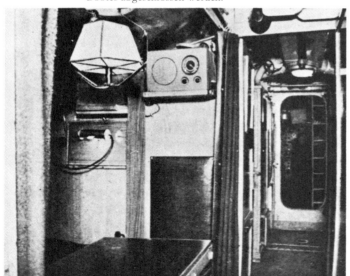

Die Kommandanten-»Kajüte«. Diese konnte durch einen schweren Vorhang gegen den übrigen Teil des Bootes abgeschlossen werden.

wollen seiner Besatzung teuer bezahlen mußte. Das Boot war in der Nähe der holländischen Insel Aruba während der Dunkelheit aufgetaucht und näherte sich ihr, um die Tanks des Hauptbenzinlagers zu zerstören. Der Artillerieoffizier, Leutnant zur See *von dem Borne*, bemerkte, daß Leute eine Straße vor den Tanks entlanggingen. Da es Sonntag morgen war, schloß er, daß sie auf dem Kirchgang wären und wartete mit dem Feuereröffnen, bis sie vorbei waren. Diese Unterbrechung ließ ihn den wasserdichten Mündungspfropfen im Geschützrohr vergessen. Beim Feuern explodierte das ganze Geschütz, wobei die Rohrmündung barst und der Artillerieoffizier eine schwere Beinverwundung davontrug. Ohne Arzt an Bord war eine Amputation des Beines in dem engen Uboot sehr schwierig, und trotz aller Versuche begann sich der Zustand des Offiziers sehr zu verschlimmern. Schließlich wurde er in Port de France auf der Insel Martinique an Land gebracht, um ärztliche Behandlung zu erhalten. U 156 setzte seine Fahrt fort. Das beschädigte Geschütz wurde durch Absägen des Rohrendes repariert, und mindestens ein Schiff wurde später damit versenkt, bevor das Boot zu einer gründlichen Instandsetzung nach Lorient zurückkehrte.

Der Südatlantik

Zur Zeit, in der die Uboote in der ersten Hälfte 1942 in die Karibik gingen, wurden auch die neuen Fernfahrtboote vom Typ IX D_2 in Dienst gestellt, deren Fahrbereich fast doppelt so groß war wie der des vorher größten Bootes. Diese Boote waren ungeeignet für die erbitterten Kämpfe auf den Geleitwegen im Nordatlantik, weil sie schwerer manövrierfähig waren. Die Seekriegsleitung wollte die größeren Boote zur Erweiterung des Operationsgebietes einsetzen. Dies entsprach aber nicht Dönitz' Vorstellungen. Er vertrat die Ansicht, daß alle Anstrengungen zum Angriff auf die atlantischen Geleitwege konzentriert werden sollten, um England von seinen Zufuhren abzuschnüren. Er bestand darauf, daß die entscheidende Schlacht, den Krieg für Deutschland zu gewinnen, im Nordatlantik geschlagen würde, wo die Uboote sich zu einem Aushungern der englischen Bevölkerung bis zur Aufgabe auswirken könnten; ein Abziehen von Booten in andere Gebiete würde nur zu einer Verzettelung führen. Die Seekriegsleitung bestand jedoch darauf, die Boote weiter hinaus zu senden; so gingen verschiedene Typ IX-Boote zusammen mit ihren Versorgern zum Operieren in südliche Gewässer bei Kapstadt. Einige Boote nahmen sogar ihren Weg in den Indischen Ozean bis hinauf zum Mosambik-Kanal und Mauritius. Die Boote im Südatlantik trafen außerordentlich günstige Einsatzbedingungen an und stellten viele neue Höchstleistungen auf, sowohl was die Seeausdauer als auch was die versenkten Handelsschiffe anbetraf.

Während der ersten Monate gingen keine Uboote verloren. Es gab sogar einen kleinen, aber erfolgreichen »Paukenschlag« vor Südafrika, bei dem U 172 unter dem Kommando von Kapitänleutnant *Emmermann* – der von seiner Hochzeitsfeier zurückgerufen worden war – die Schiffahrt innerhalb der zur Verteidigung von Kapstadt ausgelegten Minensperren angriff. Flugzeuge und böse U-Jäger hatten ihren Weg hierher noch nicht gefunden, und 1942 war es noch möglich, daß sich zwei Uboote über Wasser trafen, so daß die Besatzungen zusammen Kaffee trinken konnten.

Manche der südafrikanischen Operationsgebiete waren so weit von den Stützpunkten entfernt, daß so lange Unternehmungen nicht ohne Treibstoffergänzung in See möglich waren. Hierbei ereignete sich dann auch das erste größere Mißgeschick. Einem Versorgungs-Uboot gelang es nicht, das »dunkle Loch« in der Biskaya zu durchbrechen, und es mußte zur Reparatur in den Stützpunkt zurückkehren. Eine andere »Milchkuh« (wie die Boote vom Typ XIV genannt wurden), erhielt Anweisung, die Gruppe im Süden zu versorgen, aber dieses Boot wurde auf dem Anmarsch versenkt. Glücklicherweise waren zwei große Boote auf dem Ausmarsch und erhielten Befehl, ihre Unternehmung abzubrechen und die betroffenen Boote mit Treibstoff und Nachschub zu versorgen.

Eine Treibstoffanforderung von U 126 löste eine ganze Kette unglückseliger Ereignisse für die Kriegsmarine aus. Schiff 16, der geheimnisvolle Hilfskreuzer »Atlantis«, erhielt Befehl, das Uboot mit Treibstoff zu versorgen. Die »Atlantis« befand sich zum Zeitpunkt des Treffens mit U 126 bereits 622 Tage in See und hatte an eine ganze Reihe von Ubooten Treibstoff abgegeben. Das Verfahren war daher schon recht gut erprobt, und nach Austausch des üblichen Erkennungssignales schor U 126 in ihr Kielwasser ein. Ein Schlauch wurde übergeben. Er war auch mit einem Telefonkabel verbunden, das die Eintönigkeit der langen Unternehmung zu unterbrechen half. Schon bald hatten nämlich einige Männer der Ubootbesatzung entdeckt, daß sie Freunde an Bord der »Atlantis« hatten. Nicht lange dauerte es, und schon wurde ein Schlauchboot klargemacht, so daß der Kommandant von U 126, Kapitänleutnant *Bauer*, sein L.I. und einige andere Männer zu dem größeren Schiff hinüberpaddeln konnten.

Der Hilfskreuzer stellte natürlich gegenüber dem Uboot einen gewaltigen Unterschied dar; er war sauber, und seine Besatzung trug weiße Uniformen, um sich den Anschein eines harmlosen Handelsschiffes zu geben. Bauer war wegen der so offensichtlichen Ungewöhnlichkeit des ganzen Unternehmens nicht ganz wohl zumute, aber Kapitän zur See *Rogge* versicherte ihm, daß sie sich in einem gänzlich einsamen Gebiet des Ozeans befänden, und daß er schon manche Uboote ohne Zwischenfall mit Treibstoff versorgt hätte. Zum Empfang ihrer Gäste war auf der »Atlantis« frisches Brot gebacken worden, ihr »Hof« hatte sogar etwas frisches Gemüse geliefert, und ein Schwein war geschlachtet worden – ein Luxus, von dem Ubootfahrer nur träumen konnten! Die friedliche Atmosphäre wurde aber plötzlich von den Alarmglocken der »Atlantis« unterbrochen. *Bauer* rannte an die Reling, konnte sein Boot aber nur noch unter Wasser verschwinden und die bedrohliche Silhouette eines Kriegsschiffes über der Kimm auftauchen sehen. Durch einen reinen Zufall lag die »Atlantis« auf dem Kurs des Kreuzers HMS »Devonshire«, der von Rogge ein Signal erhielt, daß die »Atlantis« ein amerikanisches Handelsschiff sei. Der Zwischenfall trug sich zu, bevor Amerika in den Krieg eintrat, es war aber schon ein geheimes Er-

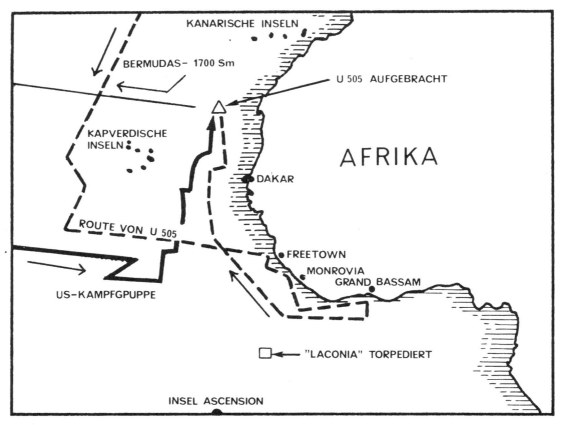

Die afrikanische Küste

☐ Die Position, auf der U 156 den Passagierdampfer »Laconia« am 12. September 1942 um 20.07 Uhr torpedierte. Die genaue Position ist 4° 52′ S, 11° 26′ W.

△ Die Position, auf der U 505 am Sonntag, den 4. Juni 1944 um 11.09 Uhr aufgebracht wurde. Die genaue Position ist 21° 30′ N, 19° 20′ W.

– – – Auf diesem Wege wurde U 505 nach den Bermudas geschleppt, etwa 1700 Seemeilen vom Ort des Aufbringens. (Als Zeitpunkt des Aufbringens ist der erste *Asdic*-Kontakt des USS »Chatelain« mit U 505 angegeben.)

Die senkrecht angebrachte Hauptballastpumpe auf U 776. Rechts eine der wasserdichten Zentralverschluß-Türen.

kennungssignal zwischen England und den Vereinigten Staaten vereinbart worden, das die »Atlantis« nicht kennen konnte. So gingen etwa eine Stunde lang Sprüche hin und her, bis die Geschütze der »Devonshire« auf eine Entfernung von etwa achtzehn Kilometern das Feuer eröffneten – noch weit außerhalb der Reichweite der deutschen Waffen.

Rogge blieb nichts übrig als die Waffen zu strecken, sein Schiff aufzugeben und zu versenken. Die Geschütze der »Atlantis« schwiegen, und die Besatzung ging in die Boote, aber immer noch schlugen Granaten in das brennende Wrack ein. U 126 war inzwischen getaucht, es fehlten aber die entscheidenden Köpfe des Kommandanten und des L.I., und ohne deren Erfahrung konnte sich die Besatzung keine Hoffnung machen, die »Devonshire« zu versenken. Es wurden zwar Torpedos geschossen, sie verfehlten aber ihr Ziel. Nach dem Sinken der »Atlantis« brachten die Überlebenden den Rest des Tages unter sengender Sonne in den Rettungsbooten zu. Das Uboot war wahrscheinlich gesichtet worden, und die »Devonshire« konnte wegen der Gefahr, torpediert zu werden, nicht näher herankommen.

Gegen Abend tauchte U 126 auf, nachdem die Schiffbrüchigen über sechs Stunden in den Rettungsbooten zugebracht hatten. Bauer übernahm sofort wieder das Kommando und machte sich Gedanken, wie er seine »Besucher« unterbringen könnte. Ein verschlüsselter Notruf wurde an die Ubootführung gesendet, während mehr als 200 Mann an Deck von U 126 und im Inneren des Bootes aufgenommen wurden. Einige Uboote und ein Uboot-Versorger, die »Python«, liefen mit Höchstfahrt herbei, und später wurden die Schiffbrüchigen von diesem Schiff übernommen. Auch U 68 unter dem Kommando von Korvettenkapitän *Merten* erschien am Schauplatz und konnte dafür Treibstoff und Versorgungsgut von der »Python« übernehmen. Nach dieser Versorgung kam noch ein anderes Uboot zur Treibstoffergänzung. Kurz darauf gesellte sich der Kreuzer »Dorsetshire« der *Royal Navy* zu dieser Gruppe. Die Offiziere der »Python« reagierten sehr schnell und brachten ihr Schiff zwischen den Kreuzer und die Uboote, so daß diese Zeit fanden, die Luken zu schließen und wegzutauchen.

Dann wiederholte sich das Drama der »Atlantis«. Die Uboote konnten nicht angreifen, weil die übernommenen Vorräte die Boote aus dem Trimm gebracht hatten und diese sehr labil waren. Die einzige Möglichkeit, U 68 unter Wasser zu halten, bestand darin, das Boot wie bei einem »Yo-Yo-Spiel« auf und ab pendeln zu lassen. Als dabei einmal das Sehrohr aus dem Wasser kam, konnte *Merten* sehen, daß die »Python« nur noch ein brennendes Wrack war. Obwohl Merten keine Hilfe leisten konnte, hatte er plötzlich eine Idee. Er ließ die Tauchtanks ausblasen, und als das Boot an der Oberfläche war, lief er direkt auf die »Dorsetshire« zu. Diese List wirkte: der Kreuzer drehte ab in der Furcht, torpediert zu werden. Die Überlebenden des Hilfskreuzers und des Versorgers wurden auf den Ubooten untergebracht, und die Gruppe machte sich gemeinsam auf den Weg zurück nach Frankreich.

In arktischen Gewässern

In der Arktis waren nicht die alliierten Streitkräfte, sondern die Naturgewalten der Hauptgegner der Uboote: ständiges Tageslicht in den Sommermonaten und 24stündige Dunkelheit während des Winters, Eis und Nebel, stürmische See und extreme Kälte – dies alles trug zu den Erschwernissen bei. Sowohl die Besatzungen als auch die Boote hatten unter diesen Verhältnissen zu leiden, die die schwersten waren, die während des ganzen Krieges angetroffen worden sind. Das normale Leben auf einem Uboot war zeitweise unmöglich, und die Besatzungen hatten alle ihre Kräfte einzusetzen, um ihre Boote fahrbereit zu erhalten.

Zuerst wurden Serienboote eingesetzt, die mit einigen zusätzlichen Heizkörpern ausgerüstet wurden. Das bedeutete aus der Sicht der Männer, daß sie allein zum Schlafen in der Koje zwei oder drei Extra-Kleidungsstücke anziehen mußten. Selbst wenn die Brückenwache von ihrer Vier-Stunden-Schicht abgelöst wurde und ihr Unterzeug steif am Körper angefroren war, gab es keine warme Stelle für sie, um sich aufzutauen. Unter diesen Kälteeinflüssen wurde das Äußere des Bootes vollkommen von hartem Eis überkrustet, so daß ein normaler Kampfeinsatz unmöglich war. Selbst ein Abhacken half nichts, weil das Eis in alle Ventile eindrang und ihr Schließen unmöglich machte. Die einzige Art zu tauchen bestand darin, mit hoher Fahrt durch das etwas wärmere Wasser langsam auf Tiefe zu gehen in der Hoffnung, daß die Pumpen das Seewasser schneller herausdrücken würden als dieses eindrang.

Später wurden an wichtigen Stellen besondere Heizelemente eingebaut, um ein Einfrieren der Ventile zu verhindern.

Die ewige Dunkelheit im Winter hatte einen der stärksten Einflüsse auf die Haltung der Besatzungen. Üblicherweise vermißten Ubootfahrer die Sonne nicht, da sie nachts operierten, aber das Wissen, daß die Sonne überhaupt nicht da war, nicht einmal für die Navigation, bereitete Unbehagen. Nach dem langen Winter erschien die Sonne jeden Tag für einige wenige Minuten über der Kimm. In einigen Fällen wurden Kommandanten tatsächlich wie bei einem Alarm aus dem Schlaf geweckt, so daß sie auf die Brücke eilen konnten, um diesen Feuerball betrachten zu können. Statt sich für eine Zigarettenpause auf der Brücke anzustellen, stellten sich die Männer jetzt an, um zu warten, bis sie an die Reihe kamen, um die Sonne anzusehen. Täglich kam die Sonne etwas länger über die Kimm, bis sie schließlich überhaupt nicht mehr unterging. Das zeigte, daß der arktische Sommer gekommen war und daß es bis zum nächsten Herbst hell bleiben würde.

Das ständige Tageslicht war ein weiteres großes Risiko für die Uboote, weil es keine Dunkelheit gab, die das Aufladen der Batterien oder ein Ablaufen vor U-Jägern hätte verbergen können. Einmal vom Feind entdeckt, war es schwer zu entkommen, weil über Wasser nur schlechtes Wetter Schutz bieten konnte. Eine Hilfe für Uboote war aber die Tatsache, daß das Wasser in der Nähe der Oberfläche weniger Salz enthielt als in größeren Tiefen. Es gab einen deutlichen Unterschied im Salzgehalt (und wahrscheinlich auch in der Temperatur) in einer Tiefe von etwa 100 Metern, der die *Asdic*-Impulse reflektierte. Er machte es möglich, unter dieser Schicht als Deckung zu entkommen.

Eisberge brachten ein eigenartiges Problem mit sich. Auf der einen Seite mußte ihnen aus dem Wege gegangen werden, da eine Kollision das Boot beschädigen würde, aber auf der anderen Seite boten große Eisfelder guten Schutz, da Zerstörer dorthin nicht folgen konnten. Sie waren auch eine Hilfe für die Uboote, weil ein vereistes Boot einem kleinen Eisberg ähnelte – eine wertvolle Tarnung. Es ist erstaunlich, wie viele Eisberge ähnlich wie Schiffe aussehen; in der Tat ist eine ganze Reihe von ihnen von Ubooten regelrecht angegriffen worden! Ein Beispiel dafür, wie Eisberge mehrmals eine Hilfe für die Uboote darstellten, war es, als ein Boot sich hinter einem treibenden Eisblock verbarg und dann hinter dem Sichtschutz des Eises an ein kleines Schiff heranschlich. Das war möglich, weil die elektrischen Motoren lautlos liefen, ohne ein Kielwasser oder verräterischen Auspuffqualm zu erzeugen. Nahe genug herangekommen, drehte das Boot und vernichtete das Schiff mit Geschützfeuer.

Es gab mehrere Gründe, Uboote in die leere Einöde der Arktis zu senden. Einige Boote operierten in Rudeln gegen Geleitzüge auf dem Wege zu oder von nordrussischen Häfen. Einige Boote waren für geheime Wetterstationen in Anspruch genommen, während andere einzelbootweise die arktischen Gewässer erforschen sollten. Diese Boote kreuzten durch die Eiswüste, um mögliche Geleitwege nahe an der polaren ewigen Eiskappe der Erde aufzufinden und hatten außerdem Auftrag, jedes Schiff zu versenken, auf das sie dabei treffen würden.

Forschungsreisen in die Arktis

Es gibt heute regelmäßigen Flugverkehr über den Nordpol, aber 1940 waren die technischen Hilfsmittel noch recht primitiv, und man wußte noch nicht viel über die allgemeinen Verhältnisse in der Arktis. Das veranlaßte Uboote dazu, die Küste von Grönland so weit nach Norden zu erkunden, wie das Eis es zuließ. Uboote erforschten auf der Suche nach Geleitwegen am Rande des Eises sogar auch die nordpolare Eiskappe selbst, um festzustellen, ob es

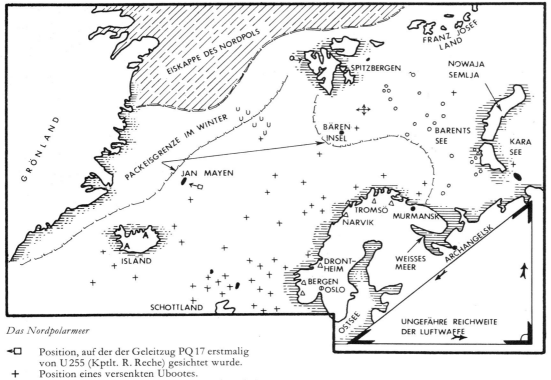

Das Nordpolarmeer

- ◁□ Position, auf der der Geleitzug PQ 17 erstmalig von U 255 (Kptlt. R. Reche) gesichtet wurde.
- + Position eines versenkten Ubootes. (Weitere Boote wurden im Seegebiet südwestlich von Island versenkt, aber dieses Gebiet wurde nicht von Booten der Eismeer-Flottille befahren.)
- △ Flugplätze der Luftwaffe während der Schlacht am PQ 17. (Die aufgeführten Plätze waren zugleich Funkempfangsstellen für Meldungen der geheimen arktischen Wetterstationen.)
- O→ Lage von Kap Mitra.
- A Alliierte Flugplätze.
- UU Uboot-Aufstellung in Erwartung des Geleitzuges PQ 17.
- O Untergangsstelle eines Schiffes aus dem Geleitzug PQ 17.
- ✢ Standort von PQ 17 bei Eingang des Befehls zur Auflösung
- ⊕ Funkempfangsstelle für Meldungen der geheimen arktischen Wetterstationen

möglich war, sie zu untertauchen. Solche Fahrten waren sehr gefährlich, da die Fahrwasser häufig von gewaltigen Eisfeldern blockiert waren, die nur durch ein Untertauchen passierbar wurden. Einige Uboote operierten in der Kara-See und fuhren auf dem Sibirischen Seeweg bis *Sewernaja Semlja* auf etwa 100° östlicher Länge. Ein deutscher Hilfskreuzer fuhr mit russischer Eisbrecher-Hilfe durch diese Nordostpassage in ganzer Länge und erreichte den Pazifik durch die *Bering-Straße*.

Kämpfe in der Arktis

Die im Unterschied zu anderen Seegebieten vergleichsweise geringe Gesamtzahl in der Arktis versenkter Schiffe ist nicht auf Versäumnisse der Ubootbesatzungen, sondern auf den Mangel an Zielen zurückzuführen. Die arktischen Geleitzüge von England und Amerika zu den nordrussischen Häfen liefen zu so seltenen Zeiten, daß viele Uboote niemals ein feindliches Schiff in Sicht bekamen. Selbst wenn ein Geleitzug unterwegs erfaßt und sein Standort gemeldet worden war, war er häufig schon im Nebel »verschwunden«, bevor Boote oder Flugzeuge die angegebene Position erreicht hatten. Das

Die Männer und ihre Uniformen

Oben: Admiral Dönitz war Befehlshaber der Uboote, er wurde Oberbefehlshaber der gesamten Kriegsmarine und Großadmiral, nachdem Erich Raeder im Januar 1943 zurückgetreten war. Links Korvettenkapitän Walter Lüdde-Neurath, Dönitz' Adjutant.

Die Grundausbildung. Diese Ausbildung erhielt jeder Mann, unabhängig davon, zu welchem Truppenteil oder Einsatzverband er kam.

Oben rechts: Marine in Feldgrau.

Rechts: Die weiße Marine-Uniform, der sogenannte Arbeitsanzug. (Beide Fotos wurden in Wilhelmshaven im Sommer 1933 aufgenommen.)

Das Haupttor der 14. Schiffsstammabteilung in Breda/Holland, wo die meisten Ubootfahrer ihre Grundausbildung erhielten.

Die feldgraue Marineuniform in Breda, 1942.

Männer im Drillichanzug während einer Übung in Breda.

lange Tageslicht machte den Ubooten Überwasserangriffe natürlich unmöglich, während im Winter die Dunkelheit die von norwegischen Flugplätzen eingesetzte Luftaufklärung der Luftwaffe erschwerte. Große Teile des Eismeeres lagen innerhalb der Reichweite von diesen Flugplätzen, deswegen wurde hier sehr viel Luftaufklärung geflogen, und Flugzeuge spielten bei den Geleitzugschlachten in diesem Seegebiet eine maßgebliche Rolle.

Die wahrscheinlich berühmteste aller Geleitzugschlachten wurde nördlich des Polarkreises geschlagen: die um den Konvoy *PQ 17*, eine der größten Katastrophen für die Alliierten. Der Konvoy *PQ 17* sammelte bei *Reykjavik (Island)*, um auf nordöstlichem Kurs an *Jan Mayen* vorbei nach Rußland zu gehen. Der Geleitzug war gut zusammengestellt und stark geschützt, aber dann ging eine Meldung ein, daß das deutsche Schlachtschiff »Tirpitz« und die schweren Kreuzer »Scheer« und »Hipper« aus Norwegen ausgelaufen wären, worauf der Geleitzug Befehl erhielt, sich unverzüglich aufzulösen. Die zerstreuten Schiffe wurden zu Zielen für schwere Flugzeugangriffe, und viele von ihnen fuhren Ubooten der Gruppe »Eisteufel« vor die Rohre. Von den 35 Schiffen, die Island verließen, kehrten zwei vor der drohenden Gefahr um; 24 wurden versenkt – davon zehn durch Uboote –, der Rest schaffte es, nach dem Gemetzel hinkend noch nach Rußland zu kommen.

Ein anderer Konvoy, wahrscheinlich *PQ 16*, wurde auf der mehr oder weniger gleichen Position erfaßt, auf der U 255 unter dem Kommando von Reinhard *Reche* zuerst den *PQ 17* gesichtet hatte. Dieser Konvoi hätte die gleichen Verluste erleiden können, wenn er nicht an einen menschenfreundlichen Uboot-Kommandanten geraten wäre, der, um ein anderes Uboot vor der Vernichtung zu bewahren, seinen Befehlen zuwiderhandelte. Korvettenkapitän *Otto Köhler*, der Kommandant von U 377, sichtete diesen Konvoi ostwärts von Jan Mayen und hing sich an ihn an. Als Fühlungshalter-Uboot durfte er nicht angreifen. Er hatte den Geleitzug in Sicht zu behalten und in regelmäßigen Zeitabständen seinen Standort zu melden.

Später schloß U 592 unter dem Kommando von Kapitänleutnant *Borm* heran. Nachdem er Köhlers Vorschlag, die Aufgabe des Fühlunghaltens zu übernehmen, abgelehnt hatte, steuerte U 592 eine günstige Position für einen Unterwasserangriff an. Es war gerade von der Wasseroberfläche verschwunden, als die Ausgucks von U 377 beobachteten, wie ein Zerstörer Kurs änderte. Eine Rauchwolke aus dem achteren Schornstein ließ erkennen, daß der zweite Kessel gezündet worden war für höhere Fahrt. Der Angreifer würde bald die Position von *U-Borm* erreichen.

Köhler ging auf äußerste Kraft voraus und zeigte dem Zerstörer die Breitseite seines Bootes, dann lief er ab. Der Zerstörer gab sofort sein Suchen nach U 592 auf und nahm U 377 voraus. Der Dieselmaschinist kam nach oben auf die Brücke und wollte wissen, warum seine »Bumsie's« (die meisten Maschinen auf Ubooten besaßen Kosenamen) so plötzlich ihr letztes herzugeben hatten. Beim Blick über das Brückenschanzkleid in Richtung zum Konvoi wurde er mit einer Wand von Artilleriefeuer begrüßt. »Ich glaube, wir gehen besser in den Keller«, sagte Köhler. Der Maschinist bedurfte keiner Überredung, um schnellstens der Brückenwache bei ihrem Hinunterstürzen durch das Turmluk zu folgen. Ein paar Wasserbomben detonierten in sicherer Entfernung. Als eine weitere gewaltige Explosion zu hören war, dachten die Männer auf U 377, daß *Borm* ein Munitionsschiff getroffen hätte. Als *U-Köhler* später auftauchte, sah er nur die wartenden U-Jäger, und ein weiterer Wasserbombenteppich ging ringsherum hoch. U 377 schaffte es schließlich, davonzuschleichen. Zu dieser Zeit war aber die Fühlung mit dem Konvoi verloren gegangen. Die Manöver von U 592 sind nicht bekannt, aber das Boot wurde nicht versenkt und kehrte unversehrt in seinen norwegischen Stützpunkt zurück.

Geheime arktische Wetterstationen

Man muß sich vergegenwärtigen, daß Kenntnis des Klimas in der Arktis unentbehrlich ist, da ohne sie Wettervorhersagen für den mittleren Atlantik oder den europäischen Kontinent nicht gemacht werden können. Vor dem Kriege hatten zahlreiche meteoro-

Die blaue Marine-Uniform. Aufgenommen während der Vereidigung in Breda im Sommer 1942 (Fritz Köhl)

Jeder Soldat hatte einen Eid zu schwören! Nach 1934 hatten die Männer zu schwören, Hitler zu gehorchen, nicht der deutschen Regierung, der Verfassung oder dem Volke, sondern Hitler persönlich.
Der Eid hatte folgenden Wortlaut:
»Ich schwöre bei Gott diesen heiligen Eid, daß ich dem Führer des Deutschen Reiches und Volkes, Adolf Hitler, dem Obersten Befehlshaber der Wehrmacht, unbedingten Gehorsam leiste und als tapferer Soldat bereit bin, zu jeder Zeit für diesen Eid mein Leben einzusetzen.«

Die weiße Marine-Uniform

Admiral Erich Raeder bei einer Truppenbesichtigung.
(Er blickt nach links. Ein breiter und drei schmale Streifen auf den Ärmeln.)

29. Mai 1939. Eine besondere Form der blauen Marine-Uniform.

logische Stationen häufige klimatische Angaben übermittelt. Bei Ausbruch des Krieges waren diese Stationen entweder verlassen worden, oder sie gaben weiterhin Meldungen in verschlüsselter Form ab, so daß sie für die Deutschen nutzlos waren. Deutschland baute unverzüglich eine Anzahl von Hochsee-Trawlern zu schwimmenden Wetterstationen um und entsandte sie in die Arktis. Ebenso wurden Uboote häufig zur Abgabe von Wettermeldungen in ihrem Seegebiet aufgefordert. Mindestens zwei Uboote wurden vor der amerikanischen Küste stationiert zu dem einzigen Zweck, Meldungen über die klimatischen Verhältnisse abzugeben. Die Wettermeldungen von Booten im Einsatz hatten aber den Nachteil, daß nur selten zwei aufeinanderfolgende Meldungen aus dem gleichen Seegebiet stammten, so daß die Daten für den Meteorologen ziemlich unvereinbar waren. Uboote auf gleichbleibender Position konnten Messungen oder Meldungen wegen feindlicher Maßnahmen nicht in der benötigten Art durchführen: so war nach dem Kriegseintritt der Vereinigten Staaten das erste Uboot, das sie versenkten, eine dieser Wetterstationen.

Auch die Trawler erlitten sehr schwere Verluste, so daß die meisten von ihnen bis zum Ende 1942 nicht mehr vorhanden waren. Diese Tatsache ließ im Zusammenhang mit der mangelnden Eignung von Ubooten Deutschland keine andere Wahl, als entweder den Plan aufzugeben oder einen anderen Weg einzuschlagen. Eine neue Methode war eine selbsttätige Wetterboje, die in der Hauptsache aus einem schwimmenden Funksender mit einem Thermometer, einem Hydrometer und später auch einem Windmesser bestand. Ein Uhrwerk schaltete das Gerät zwei mal täglich ein. Es war in der Lage, Buchstaben zu senden, die bestimmte Werte auf verschiedenen Skalen ausdrückten. Diese ganze Anlage wurde in eine Boje von der Form eines normalen Torpedos eingebaut. Sie konnte von einem Uboot an den Bestimmungsort verbracht und durch ein Torpedorohr ausgestoßen werden. Nach dem Ausstoß schwamm die Boje senkrecht an der Oberfläche, wobei der Kopf aus dem Wasser herausragte. Ein Gewicht wurde aus dem Unterteil ausgelöst und spulte einen dünnen Stahldraht von etwa einem Kilometer Länge ab (die ursprünglichen Unterlagen geben 10.000 Meter Drahtlänge an, das erscheint

Jak Mallmann in der Ausgeh-Uniform der Portepee-Unteroffiziere.

Die Eltern des Verfassers am 1. Mai 1940, der Vater im Mantel der Portepee-Unteroffiziere mit Dolch.

Der Vater des Verfassers in einer weißen Messejacke. Diese wurde auf Ubooten nicht getragen, sondern nur an Land.

aber als unwahrscheinlich). Gleichzeitig wurde aus dem Kopfteil eine etwas über zwei Meter lange Antenne mit den Instrumenten ausgefahren. Die Boje erwies sich als sehr erfolgreich. Mit Ausnahme des Hydrometers konnte sie für die Dauer von etwa sechs Monaten genaue Angaben senden. Im Hinblick darauf wurde beschlossen, ähnliche Stationen an Land aufzubauen.

Die erste dieser selbsttätigen Landstationen wurde im Frühsommer 1942 in Spitzbergen, in der Nähe von Ny Alesund, von U 377 aufgestellt. Grundsätzlich war das Gerät ähnlich der Wetterboje, es konnte jedoch zusätzlich auch die Windrichtung melden. Das erste Aufstellen war recht einfach. U 377 steuerte Spitzbergen an, stellte eine kurze Erkundung an und lud die Einrichtung an einer abgelegenen Stelle aus. Sie bestand aus einem Dreibeingestell mit den Wettergeräten auf dem Oberteil und schweren Batterien am Fuß. Unglücklicherweise fror das Gerät kurz nach der Entfernung des Bootes ein und stellte seine Dienste ein!

Hans Robert Knöspel, ein Vogelkundler, der mit schwimmenden Wetterstationen zu tun gehabt hatte, schlug vor, in der Arktis ständig bemannte meteorologische Stationen einzurichten. Ausgehend von der Erfahrung, die er auf einer langen Expedition nach Grönland vor dem Kriege gewonnen hatte, versicherte er, daß die Überwinterung von Menschengruppen auf den einsamen arktischen Inseln möglich sei, ohne entdeckt zu werden. Eine Ausbildungsstätte für solch ein gewagtes Unternehmen war bereits vorhanden, nachdem Knöspel auch eine Polar-Versuchsstelle bei der Universität Breslau gegründet hatte. Das einzugehende Risiko konnte im Vergleich zu dem Wert eines solchen Unternehmens außer acht gelassen werden, und Knöspel wurde angeregt, sein Vorhaben weiter voranzutreiben. Er wurde der Leiter der ersten Station, die im Winter 1941/42 erfolgreich auf Spitzbergen betrieben wurde. Angesichts von Knöspels Erfolg kamen auch die Planungen weiterer Wetterstationen in Grönland und auf der Bäreninsel gut voran.

Anfangs wurden diese Wetterstationen von Fischerbooten aufgestellt, die vom »Militärischen Wetterdienst« in das betreffende Gebiet gefahren und nach dem Ausladen versenkt wurden. Aber eine Gruppe hatte einen unglücklichen Start: als ihr Fischerboot vor der Ostküste Grönlands ankam, wurde es von einem Aufklärungsflugzeug gesichtet. Nachdem es nicht in der Lage war, das richtige Erkennungssignal zu geben, wurde es bombardiert und versenkt. Der Führer der Expedition, Leutnant (Sonderführer) *Ritter*, gelangte über das Eis nach Grönland. Einige der Männer wurden später von einem Flugzeug der Luftwaffe abgeholt und nach Deutschland zurückgebracht.

Aus diesen Erfahrungen wurde ganz deutlich, daß Überwasserfahrzeuge für eine solche Transportaufgabe gänzlich ungeeignet waren und durch Flugzeuge oder Uboote ersetzt werden mußten. Flugzeuge waren ideal für die Versorgung bereits vorhandener Stationen, aber zum Transport des gesamten Gerätes und Personals, die zum ersten Aufbau erforderlich waren, würde eine große Zahl von ihnen benötigt worden sein. Uboote hatten gegenüber Flugzeugen mancherlei Vorteile. Sie konnten ungesehen den Platz ansteuern und hatten ausreichend Raum, die ganze Ladung zu transportieren; außerdem konnten ihre Besatzungen dem Wetterdienst beim ersten Aufbau behilflich sein. Das Problem, Uboote zu diesem Zweck zu verwenden, lag darin, daß sie für Fahrten in vereisten Gewässern gänzlich ungeeignet waren; sie hatten keinen Ladekran, und sämtliche im Inneren des Bootes zu verstauenden Packgefäße mußten weniger als einen halben Meter Durchmesser haben, sonst konnten sie nicht durch die Luken hindurchgezwängt werden. Auf Ubooten gab es keine seitlichen Ladeöffnungen; der einzige Weg hinein und heraus führte durch das Luk in der »Decke«. Damit wurde das Löschen der Ladung zu einem besonderen Problem.

Abgelegenheit und gute Wahl des Aufstellungsortes waren wesentlich, weil der militärische Wetterdienst nur leichte Handwaffen mitführen konnte, die mehr zur Jagd als zum Kampf vorgesehen waren. Vor den Augen des Gegners mußte das Lager gut verborgen bleiben, weil es im Falle eines Angriffes keine militärische Unterstützung geben konnte. Dann konnten die Männer nur ihre Station verlassen. Dafür wurden mehrere Rückzugwege vorbereitet, auf

Offizier-Uniform.
(Der L.I. von U 377, Karl-Heinz Nitschke (rechts) und der W.O., Leutnant zur See Pietschmann (?), der später Kommandant von U 712 und U 762 wurde.)

denen es besondere Aufnahmestellen gab, ausgerüstet mit Lebensmitteln, Schlauchbooten, Notunterkünften, Funkgeräten usw. Die Erfahrung zeigte, daß das Winterlager leicht auszumachen war, sobald im folgenden Frühjahr das Tageslicht anbrach. Deshalb mußte auch ein Sommerlager aus Zelten an einer anderen Stelle vorbereitet werden.

Knöspels Gruppe wurde im Frühjahr 1942 von Spitzbergen zurückgeholt, und eine andere Gruppe unter Leitung von *Dr. Nusser* wurde in diesem Sommer entsandt. Die ganze notwendige Ausrüstung wurde in Norwegen von U 377 an Bord genommen. Bauholz, Kohlen, Schlitten und ähnliches Zeug wurde zwischen dem Druckkörper und den Decksplanken verstaut. Die Fahrt durch das Eismeer begegnete keinen Schwierigkeiten, obwohl das Boot wiederholt vor Flugzeugen oder Überwasserfahrzeugen tauchen mußte. Der Verkehr wurde aber immer weniger, je weiter das Boot nach Norden kam. Schließlich kam die Gebirgslandschaft von Spitzbergen in Sicht. Die Ausgucks hatten schon seit hunderten von Meilen keine wichtigen Beobachtungen mehr gemeldet, das machte die Besatzung zuversichtlich, daß sie unbeobachtet handeln konnte.

U 377 war schon früher in diesem Teil Spitzbergens gewesen, aber diesmal nahm es Kurs durch unbekannte Gewässer um die Nordwestküste bei *Kap Mitra* herum. Über die Wassertiefe war nur wenig bekannt, deshalb wurde nach der bewährten Methode nach Echolot gefahren. Die Ausgucks suchten eifrig den Horizont ab, als das Boot vorsichtig in die fast drei Kilometer breite Bucht von *Lilliekök* auf den riesigen Gletscher an ihrem Ende zu einlief. Schließlich wurde das Boot über gutem, festen Grund mit etwa zehn Meter Wasser unter dem Kiel zu Anker gebracht. Korvettenkapitän Köhler's Hauptsorge war, daß vom Beginn des Löschens an alle Luken offen sein würden und das Boot nicht in der Lage sein würde, sofort zu tauchen. Die hohen Berge von Kap Mitra boten zwar einen guten Sichtschutz, ließen den Ausgucks aber auch nur ein beschränktes Gesichtsfeld frei. Sie wurden daher mit Signalmitteln auf den Gipfel eines nahegelegenen Hügels entsandt. Es war beabsichtigt, bei Sichten eines Flugzeuges die Luken zu schließen, und der wachhabende Offizier sollte dann sofort die Tauchtanks fluten, um das Boot auf Grund zu legen. Die Männer an Land sollten Deckung nehmen, so gut sie konnten. Kap Mitra lag jedoch nicht im Bereich regelmäßiger Luftaufklärung, und so konnten die Männer ohne Störung arbeiten.

Zunächst wurden die hölzernen Barackenwände, die für die Station aufgestellt werden sollten, entladen und mit Hilfe von Schlauchbooten an Land gebracht. Es zeigte sich, daß das ein langwieriges und ungemütliches Geschäft war wegen der niedrigen Wassertemperatur. Später fror die ganze Bucht zu, und das Eis wurde stark genug, daß die Männer die gesamte Ausrüstung gefahrlos darauf transportieren konnten.

Dadurch sammelte Otto Köhler genügend Erfahrung mit Ubooten, die im Eis einfroren: bei seiner zweiten Tour versuchte er es gar nicht erst mit Schlauchbooten. Diesmal lief U 377 mit guter Fahrt ein und wurde durch Einfahren in das weiche Packeis zum Stehen gebracht, welches das Boot fest einkeilte, so daß das Löschen über das Eis sofort beginnen konnte.

Der Ferne Osten

Hitler erließ eine geheime Weisung (Weisungen waren tatsächlich »Befehle«) an die militärischen Oberbefehlshaber über die Zusammenarbeit mit Japan bereits im März 1941. Darin betonte er die Wichtigkeit, England im Pazifik zu binden. Er befahl, alle militärischen und technischen Erkenntnisse Deutschlands den Japanern zur Verfügung zu stellen, so daß im Falle eines Krieges Japans Beitrag von größtmöglicher Wirkung sein würde. Das veranlaßte die Kriegsmarine zu Überlegungen, deutsche Einheiten zum Kampf im Pazifik in Verbindung mit japanischen Streitkräften zu entsenden. Es gab jedoch zahlreiche Probleme, die ein Weiterverfolgen dieser Gedanken verhinderten. Zunächst waren die großen Typ IX D_2-Uboote noch nicht vom Stapel gelaufen, und die anderen Fernfahrtboote wurden zusammen mit ihren Versorgern im Atlantik gebraucht. Daher gab es keine geeigneten Boote, die in so entfernte Seegebiete geschickt werden konnten. Zweitens hielt Dönitz an seiner alten Ansicht fest, daß der einzige Weg, den Krieg zu gewinnen, war, jedes verfügbare Boot gegen die nordatlantischen Schiffahrtwege einzusetzen. Drittens wurde die Sprachbarriere als ein Grund angesehen, daß eine wirkliche enge gemeinsame Kampfführung unmöglich sei, weil sofortiges Verstehen von Befehlen oft über Sieg oder Niederlage entscheiden kann.

Der Gedanke, mit den Japanern zusammen zu kämpfen, wurde bei mehreren Anlässen wieder belebt, fand aber bis zum Spätherbst 1942 keine verbreitete Unterstützung, einem Zeitpunkt, zu dem es eine drastische Änderung der Seestrategie gegeben hatte. Bis zu dieser Zeit hatte Deutschland eine kleine, aber sehr wirkungsvolle Überwasserflotte von Hilfskreuzern und Blockadebrechern unterhalten, die lebenswichtige Rohstoffe aus verschiedenen Teilen der Welt nach deutschen Häfen brachte. Diese Schiffe kamen jetzt aber nicht mehr durch die britische Blockade, und das hatte Mangellagen in bestimmten lebenswichtigen Industriezweigen zur Folge. Deutschland gelang es, Ersatz für einen großen Teil seiner üblichen Importe durch verschiedene im eigenen Lande erzeugte Fertigungen zu beschaffen, aber einige Stoffe wie Kautschuk und Opium gab es auf dem Kontinent eben nicht. So dachte man, daß Uboote die Rolle der Blockadebrecher übernehmen könnten. Die Überlegung ging dahin, daß große Fernfahrt-Uboote sich bis zu Stützpunkten in japanischer Hand durchschlagen, dort überholt und mit neuen Vorräten versehen und dann als Frachtboote zurückkehren würden. Leider waren aber nicht einmal die großen Boote vom Typ IX D$_2$ für diese Aufgabe wirklich geeignet, da ihre begrenzte Ladefähigkeit ihnen nur erlaubte, etwa 120 t Zink, 80 t Rohkautschuk und etwa 15 bis 20 t andere Ladung zu übernehmen. Diese Gesamtmenge ist natürlich sehr klein, verglichen mit der Ladung selbst des kleinsten Frachters, der diese Fahrten vor dem Kriege durchführte.

Die ersten elf Uboote, die für Einsatz im Fernen Osten bestimmt waren und »Gruppe Monsun« getauft wurden, verließen französische und norwegische Häfen im Juli 1943. Fünf von ihnen erreichten ihr Ziel, die anderen sechs wurden versenkt. Die zweite »Monsun«-Gruppe bestand nur noch aus einem Boot zu der Zeit, als es sein Ziel erreichte. Die Besatzungen litten unter dem Mangel an europäischen Nahrungsmitteln, und obendrein wurde noch ein viertel von ihnen von Malaria befallen. Der Führer der Fern-Ost-Uboote, *Wilhelm Dommes*, erreichte es, die meisten dieser Probleme aus der Welt zu schaffen – einschließlich der übersteigerten Bürokratie, auf der die Japaner bestanden. Er war der einzige Mann in diesem Teil der Welt, ausgenommen die Ubootbesatzungen, der über Ubooterfahrung verfügte. Ein großer Teil seiner Zeit wurde daher durch Erteilen von Ratschlägen in den einfachsten Dingen in Anspruch genommen.

Zuerst verfügte Dommes zum Transport zwischen den weit auseinanderliegenden Häfen nur über zwei alte Flugzeuge. Diese beiden Maschinen waren früher auf Überwasser-Hilfskreuzern gewesen und nach dem Versenken ihrer Schiffe in den Fernen Osten gelangt. Die japanische Wißbegier auf alles Technische verhalf ihm dazu, ein weiteres brauchbares Flugzeug zu bekommen, indem es es gegen eine »*Bachstelze*«, den Gleit-Hubschrauber, den die Fern-Ost-Uboote mit sich führten, eintauschte. Dommes arbeitete hart, um sein Bestes für die Ubootbesatzungen zu tun. Er bekam Saatgut von Europa, um Gemüse anzupflanzen, und er sorgte auch für ärztliche Betreuung, die sich am Ende als besser erwies als die in Europa.

Das Fehlen von Instandhaltungspersonal im Fernen Osten war eines der größten Probleme. Die heimischen Arbeitskräfte waren nicht hochwertig genug, um mit empfindlichen Ubooten fertig zu werden, und die japanischen Techniker, an Kuli-Arbeit gewöhnt, weigerten sich, so »schmutzige« Pflichten zu übernehmen. So blieb nur eine Wahl – die Besatzungen hatten ihre Boote selber zu reparieren. In den meisten Fällen aber bedurften die Männer mehr einer »Überholung« als ihre Boote, und sie schätzten es gar nicht, an die damit verbundene Arbeit zu denken. Eine weitere Komplikation lag darin, daß keine Ersatzteile greifbar waren und das Werkzeug von fernöstlicher minderer Qualität war. Die allgemeinen Arbeitsbedingungen machten die Tätigkeit auch nicht gerade einfacher, besonders die Temperatur in den Booten, die, über 60°C, die eines mäßig geheizten Backofens war. Die Nachrichtenverbindung war ganz gut. Alle Stützpunkte hatten Verbindung mit dem deutschen Admiral in Tokio. Abhängig von der Tages- und Jahreszeit bestand auch eine recht gute Funkverbindung mit Europa.

Das Beladen der Boote für die Rückreise war eine Sache besonderen Geschicks. Jeder verfügbare Platz mußte ausgenutzt und alles in bestmöglicher Weise gestaut werden. Selbst Gemüsebehälter waren aus reinem Zink hergestellt, so daß sie nach ihrer Leerung platt zusammengepreßt und als wertvolles Rohmaterial genutzt werden konnten. Torpedos wurden auf der Heimfahrt nur für Notfälle mitgenommen, so daß ihr normaler Lagerraum zur Aufnahme zusätzlicher Ladung benutzt werden konnte.

Schlechte oder fehlende Werkzeuge erschwerten den Booten ihre Rückreise. Einige Boote verbrauchten sogar ihren gesamten Treibstoff und mußten, bewegungsunfähig an der Oberfläche treibend, auf das Eintreffen von Hilfe warten. Einige kamen überhaupt nicht zurück; andere, wie U 178 unter dem Kommando von Wilhelms Spahr, kehrten zurück, indem sie einen Teil der Kautschukladung dazu benutzten, die Maschinen zusammenzuhalten.

Korvettenkapitän Oesten, Kommandant von U 861, kam nach Norwegen zurück, indem er an der amerikanischen Ostküste entlangkroch, um die Erfassung durch Radar zu vermeiden. Er fuhr weiter unter der Küste von Grönland, passierte Spitzbergen und ging dann auf Südkurs längs der norwegischen Küste nach Drontheim.

Die Boote für den Fernen Osten waren mit einer neuartigen Errungenschaft ausgestattet – der *Focke-Achgelis FA 300*, einem Gleit-Hubschrauber mit dem Tarnnamen »Bachstelze«. Obgleich sehr sinnreich konstruiert, war er doch nur ein billiger Ersatz für die fehlenden Marineflieger, aber er half immerhin, die Sichtweite von etwa 10 Kilometern aus der Augeshöhe des Bootes auf etwa 45 Kilometer bei einer Flughöhe von 120 Metern zu erweitern. Die Einzelteile der »Bachstelze« waren im Inneren des Bootes verstaut und wurden auf der Geschützplattform zusammengesetzt, von der der Hubschrauber mittels eines kleinen Podestes neben der Reling gestartet wurde. Er hatte keinen Motor und wurde durch die Schleppgeschwindigkeit in der Luft gehalten. Im Notfall konnte man die Rotorblätter abwerfen, um schneller herunterzukommen. Ebenso konnte der Pilot einen Fallschirm anlegen, um seine Landung zu dämpfen. Ein Muster dieses Fluggerätes kann in der Luftfahrt-Abteilung des wissenschaftlichen Museums (»Science Museum«) in London besichtigt werden.

Aufgebrachte Uboote

Gleich zu Beginn des Zweiten Weltkrieges, als die *Royal Navy* die Uboot-Bekämpfung aufnahm, dachten ihre Kommandanten an das Aufbringen gegnerischer Boote. Einige von ihnen bildeten kleine Enterkommandos aus und hielten sie bereit, jederzeit eingesetzt zu werden. Die Admiralität in London unterstützte solche Maßnahmen, indem sie darauf hinwies, daß es wichtig sei, Uboote zu erbeuten. Es wurde der Vorschlag gemacht, daß die Kommandanten unter günstigen Umständen versuchen sollten, ein Uboot durch Werfen von Wasserbomben mit geringer Tiefeneinstellung zum Auftauchen zu zwingen und dann die Besatzung aufzufordern, es unzerstört zu verlassen, indem man sie wissen ließ, daß beim Sinken des Bootes keine Schiffbrüchigen geborgen würden. Es wurde jedoch ausdrücklich darauf hingewiesen, daß alle Überlebenden zu bergen seien, ob das Boot nun sank oder nicht. Dieser Vorschlag bedeutete keine Aufforderung an die *Royal Navy*, sich auf das Aufbringen von Booten zu konzentrieren. Es wurde vielmehr mit Nachdruck betont, daß die Hauptaufgabe des Geleitführers darin bestehe, die sichere Ankunft des Konvois zu gewährleisten, und daß Uboote so schnell wie möglich zu versenken seien. Nur unter außergewöhnlichen Umständen sollte ein Aufbringen in Erwägung gezogen werden.

Auf deutscher Seite war es eine alte Marinetradition, daß ein Feind seinen Fuß nur als Gefangener auf eines ihrer Schiffe setzen durfte. Das wurde mit großer Deutlichkeit klar, als sich die Hochseeflotte am Ende des ersten Weltkrieges in Scapa Flow selbst versenkte. Zahlreiche Fahrzeuge der *Royal Navy* kamen in die Lage, Uboote aufzubringen, aber in fast allen Fällen riß der letzte von Bord gehende Mann »den Stecker heraus«. Tatsächlich gingen

Uboot-Arbeitsanzüge

manche Männer mit ihren Booten in die Tiefe, weil sie von der verhältnismäßig sicheren Brücke noch mal in die Zentrale oder den Motorenraum zurückkehrten, um die Tanks zu fluten, dann aber erfuhren, daß das Boot zu schnell auf Tiefe ging als daß sie noch hätten herauskommen können.

Die Möglichkeit, ein feindliches Fahrzeug zu erbeuten, hängt von den Umständen ab, unter denen die Besatzung gezwungen ist, sich zu ergeben. Bei schwierigen Unternehmungen wurde mit der Möglichkeit des Aufgebrachtwerdens gerechnet und das Bootsinnere zur sofortigen Zerstörung vorbereitet, so daß nichts Wichtiges in Feindeshand fallen konnte. Wenn die tatsächliche Zeit zwischen dem erzwungenen Auftauchen des Bootes und dem »Aussteigen« der Besatzung zu lang war, bestand reichlich Gelegenheit zur Vernichtung von Geheimsachen und Armaturen im Inneren. Deshalb konnte eine wirklich wertvolle Beute nur gemacht werden, wenn das Uboot überrascht und in aller Eile verlassen wurde. In einem solchen Falle hätte eine große Zahl von Erkenntnissen verschiedener Art von dem Boot selber gewonnen werden können – z. B. der geheime Funkschlüssel, benutzte Frequenzen und die Beschaffenheit geheimer Karten. Es könnte sogar möglich sein, die Positionen des Gegners zu erfahren, so daß ein Konvoi an den auf Wartestellung liegenden Ubootrudeln vorbei umgeleitet werden könnte. Das geheime Schiffsbuch würde Auskunft geben über die Leistungsfähigkeit, die Überwasserfahrzeugen bei der Jagd auf ähnliche Uboote Hilfen geben könnte, da dann Geschwindigkeit, Tauchzeit, Tauchtiefe und Unterwasserausdauer bekannt sein würden.

Das erste Uboot, das im Zweiten Weltkrieg aufgebracht werden sollte, war ein britisches, HMS »Seal« unter dem Kommando von Lt.-Cdr. *R. P. Lonsdale*. Es war vom Humber zu einer Minenunternehmung in das Kattegat geschickt worden. Schon vor dem Auslaufen war diese Aufgabe als zu gefährlich für ein so großes Uboot beurteilt worden, da das Operationsgebiet geringe Wassertiefen hatte und scharf überwacht wurde. Der Chef der Flottille der »Seal« fuhr sogar eigens nach London, um Admiral Max Horton, den Admiral der Uboote, zu bitten, die Unternehmung abzusagen; aber dieser Antrag wurde abgelehnt.

Schließlich lief HMS »Seal« aus und überquerte die Nordsee ohne Schwierigkeiten. Das Boot passierte sogar die stark verminten Gewässer der Ostseezugänge ohne Zwischenfall, wurde aber am 4. Mai 1940 von einem deutschen Flugzeug gesichtet und mit Bomben angegriffen. Die Schäden waren nur gering, und das Unternehmen wurde fortgesetzt.

Einige Zeit nach dem Minenlegen wurde das Boot durch Horchgeräte von U-Jägern erfaßt, die einige Wasserbomben warfen. Lonsdale stoppte die Maschine, um abzuwarten; dann erhielt »Seal« aber am Heck einen Treffer von einer deutschen Ankertau-Mine, der das Boot auf Grund gehen ließ. Das Maschinenpersonal arbeitete sechs Stunden, um die wichtigsten Reparaturen vorzunehmen und das Boot wieder an die Wasseroberfläche zu bringen. Nach mehreren vergeblichen Versuchen kamen die meisten der Männer zu dem Schluß, daß ihre letzte Stunde nahte. Lonsdale und einige andere Männer standen in der Zentrale und beteten; dann befahl er, Dieselöl aus den Bunkern zu pumpen. Langsam begann das Boot zu steigen. Einmal an der Oberfläche, wußten die Männer, daß sie eine gute Chance für ein Überleben hatten, obgleich ihre mißliche Lage nicht besser geworden war: beide E-Maschinen waren überflutet, und nur noch ein Diesel würde auf Rückwärtsgang anspringen. Es war unmöglich, nach England zurückzukehren, und Lonsdale konnte nur noch an die Rettung seiner Besatzung denken, indem er mit Rückwärtsfahrt in schwedische Gewässer einlief, wo er die Männer an Land zu bringen und das Boot versenken zu können hoffte. Es gab keinen Strom mehr im Boot außer ein paar trübe leuchtenden Birnen, und die Besatzung war angestrengt dabei, alles Erreichbare zu zerstören. Ohne Strom war es unmöglich, die sechs verbliebenen Torpedos auszustoßen, obwohl alle anderen wichtigen Geräte über Bord geworfen wurden.

Bei Tagesanbruch umkreiste ein Flugzeug den »Seal« und landete in der Nähe des Bootes. Die deutsche Besatzung nahm Lonsdale und Petty Officer Cousins gefangen. Später erschien ein alter Trawler, die »Franken«, der als U-Jäger 128 für die Kriegsmarine in Dienst gestellt worden war, um ein Enterkommando an Bord zu schicken. In der Zwischenzeit hatte die Besatzung ihre Zerstörungsarbeit fortgesetzt, indem sie so viel wie möglich von den inneren Anlagen mit Hämmern und schweren Schraubenschlüsseln zertrümmerte.

»Seal« wurde zunächst nach Dänemark geschleppt und dann nach behelfsmäßiger Instandsetzung nach Kiel gebracht zur vollständigen Wiederherstellung.

Blaue Marine-Uniformen und Uboot-Arbeitsanzüge vor dem Stabsgebäude der 9. U-Flottille in Brest 1943. Einige der Männer sind soeben mit dem Eisernen Kreuz 2. Klasse ausgezeichnet worden.

Großaufnahme des Eisernen Kreuzes 2. Klasse.

Bootsmann Albert Jungclaus von U 377 im »großen Regenanzug«.

Regenzeug und Südwester. Ölmäntel wurden nicht an den einzelnen Mann, sondern an das Boot ausgegeben. Nur einige Garnituren waren an Bord, die sich die Wachgänger teilen mußten.

Erholungspause auf der Brücke von U 377. Beachte das starke Uboot-Doppelglas. Dahinter die Kriegsflagge.

1941 trat das Boot als »U B« zur 3. U-Flottille. Sein größter Vorzug war zweifellos der propagandistische Wert, da es nur wenig verwendet wurde. Die sechs übriggebliebenen Torpedos vermittelten den Deutschen jedoch einige Erkenntnisse über die Zündvorrichtung, die in deutsche Konstruktionen nach der verhängnisvollen Krise der Torpedoversager eingebaut wurden.

Der dramatischste und wahrscheinlich wichtigste Fang eines Ubootes während des ganzen Krieges gelang, als die 3. Geleitgruppe mit den Zerstörern HMS »Bulldog« und »Broadway« sowie der Korvette HMS »Aubretia« unter dem Kommando von Captain *A. D. Baker-Cresswell* U 110 aufbrachte, dessen Kommandant Kptlt. *Fritz Julius Lemp* war. Der ganze Vorgang spielte sich so schnell ab, daß niemand von der Besatzung von U 110 Kenntnis erhielt, daß ihr Boot aufgebracht worden war. Das Geheimnis wurde so gut gehütet, daß nur eine Handvoll Leute in der Admiralität unterrichtet wurde. Tatsächlich kamen die Einzelheiten dieser glänzenden Aufbringung erst ans Licht, nachdem Captain *S. W. Roskill* in seiner offiziellen »*Geschichte der Navy*« berichtet hatte, daß U 110 versenkt worden sei. So war es in allen Akten der Marine dargestellt worden mit Ausnahme eines kleinen Aktenheftes, das die Aufbringung behandelte – und dieses war gut verborgen geblieben. Als Captain Baker-Cresswell nach dem Kriege das Versenken von U 110 las, schrieb er an Roskill und teilte ihm das Aufbringen mit. Das war wahrscheinlich das erste Mal, daß das Ereignis an die Öffentlichkeit gelangte. Das veranlaßte Captain Roskill, sein Buch »Das Geheimnis um U 110« (Englischer Titel: »The Secret Capture«) zu schreiben, das anscheinend bisher die einzige zuverlässige Quelle über diesen Vorfall darstellt.

Kptlt. *Lemp* ist durch seine Versenkung des Passagierdampfers »Athenia« am ersten Kriegstage als Kommandant von U 30 sehr bekannt geworden. Seine guten Charaktereigenschaften und besondere Befähigung ließen ihn Kommandant von U 110 werden und brachten ihm die Auszeichnung mit dem Ritterkreuz des Eisernen Kreuzes. U 110 lief bei der Deschimag-AG Weser in Bremen vom Stapel und wurde während des Winters 1940/41 in der Ostsee erprobt. Im April 1941 lief U 110 in den Nordatlantik aus, wo die Ausgucks einen Konvoi sichteten; aber die Nacht war zu hell, und Lemp entschied, mit dem Angriff noch zu warten. Einzelheiten über den Konvoi wurden durch Funk an die Befehlsstelle gemeldet. Diese Meldung wurde von U 201 unter dem Kommando von Oblt. z. S. *Adalbert Schnee* mitgehört, der unverzüglich die Position ansteuerte. Gegen Tagesanbruch des 9. Mai sichteten die beiden Uboote einander und gingen nach Austausch des Erkennungssignals in Rufweite, so daß die Kommandanten miteinander sprechen konnten. Lemps Offiziere hatten vorgeschlagen, noch etwa einen Tag bis zum Angriff zu warten, weil die Geleitfahrzeuge der *Royal Navy* ihre westliche Fahrbereichsgrenze erreicht hatten und bald umkehren müßten. Lemp war aber nicht darauf erpicht, noch weiter nach Westen zu gehen, da dies Zeit und kostbaren Treibstoff vergeuden würde. Während der Unterhaltung mit Schnee fiel der Entschluß, daß beide Boote einen

Brest im Herbst 1943 – U 377 ist gerade von einer Unternehmung zurückgekehrt. Heinrich Lehmann-Willenbrock spricht zu den Männern.

Der erste Kommandant von U 377, Kapitänleutnant Otto Köhler. Seine erste Ansprache an die Besatzung bei der Indienststellungsfeier schloß mit den Worten: »... und vor allem hoffe ich, daß ich Euch alle wieder lebend zurückbringe« – und er hatte das Glück, daß sich diese Hoffnung erfüllte! Auf der Brusttasche rechts das Eiserne Kreuz 1. Klasse, darunter das Uboot-Abzeichen. Dieses wurde nach Teilnahme an mehreren Feindfahrten verliehen.

Versuch zum Unterwasserangriff bei Tage machen sollten, wobei Lemp zuerst angreifen und U 201 etwa dreißig Minuten später folgen sollte. Während der nächsten $3^1/_2$ Stunden liefen beide Boote auf günstige Angriffspositionen. Genau eine Minute vor Mittag verließ der erste Torpedo U 110. Zwei Schiffe wurden beim ersten Angriff getroffen, aber Lemps Sehrohr wurde dabei von dem nächststehenden Geleitboot, HMS »Aubretia«, gesichtet, das mit hoher Fahrt auf die Stelle zudrehte. U 110 schaffte es, dem ersten Wasserbombenangriff zu entkommen, aber HMS »Broadway« und HMS »Bulldog« nahmen ebenfalls die Verfolgung auf, so daß sie U 110 mit ihren *Asdics* orteten und seine Position an HMS »Aubretia« übermittelten, die daraufhin weitere Wasserbomben warf. Nach etwa einer halben Stunde kam das Uboot an die Oberfläche, und sofort ging HMS »Bulldog« auf Kurs zum Rammen, während sich HMS »Aubretia« klarhielt, um Überlebende zu bergen. Als er dicht an U 110 heran war, kam Captain Baker-Cresswell dann der Gedanke, daß ein Aufbringen glücken könnte. Er änderte den Kurs, ließ »Bulldog« stoppen und befahl, mit allen Waffen das Feuer zu eröffnen. Die Besatzung von U 110 drängte sich aus seinem Turmluk und sprang direkt vom Turm aus in die See. Lemp wurde zuletzt im Wasser gesehen, wie er mehrere seiner Leute nach einigen Besatzungsmitgliedern fragte in der Hoffnung, daß

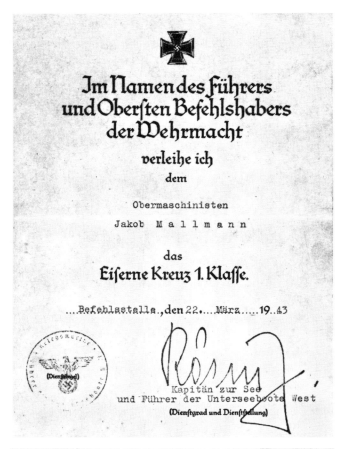

Großaufnahme des Eisernen Kreuzes 1. Klasse und seiner Verleihungsurkunde. Die Urkunde für die 2. Klasse sah ebenso aus, nur daß sie die Worte »2. Klasse« enthielt.

sie herausgekommen wären. Leider war er nicht unter den Überlebenden.

HMS »Bulldog« setzte sein Beiboot mit einem kleinen Enterkommando unter Führung von Sub-Lt. *David Balme* aus, das zu dem Boot hinüberpullte. Nach dem Einsteigen fanden sie es leer und schickten sich rasch an, so viele Kleinigkeiten einzusammeln, wie sie in die Hand bekommen konnten. Die Furcht, im Inneren in einer Falle zu stecken, ließ nach, je länger die Zeit dauerte, und alle beweglichen Teile wurden herausgeholt. Das Beiboot machte mehrere Fahrten hin und her und brachte jedesmal eine große Ladung wertvollen Materials mit. Niemand auf englischer Seite verstand etwas von Ubooten, so daß nichts unternommen werden konnte, U110 am Schwimmen zu erhalten, da Cresswell das Boot auch nicht durch eine Zufälligkeit sinken lassen wollte. Nachdem später alle beweglichen Teile an Bord von HMS »Bulldog« gebracht worden waren, wurde eine Leine zu dem Uboot ausgebracht, und Cresswell versuchte, seine Beute nach Island zu schleppen; am nächsten Tag aber sank U110. Alles übrige wurde nach England gebracht. Es ist nicht bekannt, was tatsächlich in britische Hand gefallen war, aber man kann annehmen, daß die Hauptsachen erbeutet worden sein müssen. Es ist wahrscheinlich, daß die vielen Uboote, die auf geheimen Versorgungstreffpunkten vernichtet worden sind, zum Teil durch Informationen aufgespürt wurden, die auf U110 gefunden wurden.

Das zweite Uboot, das von britischen Streitkräften aufgebracht werden sollte, war U570, nur drei Monate nach dem geheimgehaltenen Vorfall mit U110. Das war aber ein gänzlich anderes Ereignis, weil nur die Hülle eines Typ VII C-Bootes in britische Hand fiel und das Boot sich anfangs einem Flugzeug ergeben hatte.

Kptlt. *Hans Rahmlow* hatte das kleine Typ II-Boot U58 geführt und wurde dann erster Kommandant des neuen U570, das im März 1941 in Hamburg vom Stapel lief. Nach der Indienststellung ging U570 nach Horten in Norwegen, wo die Einfahrerprobungen sowohl für das Boot als auch für die Besatzung durchgeführt wurden. Zu dieser Zeit war

 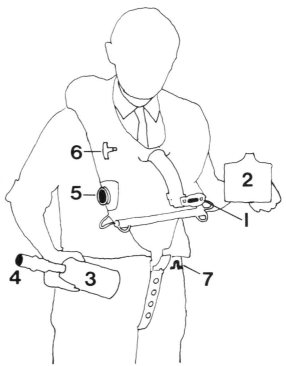

bereits offensichtlich, daß Deutschland Uboote schneller schaffen konnte als die zu ihrem Einsatz benötigten hochspezialisierten Besatzungen. Es wird nämlich angenommen, daß die Besatzung von U 570 keinen ausreichenden Grad von Einsatzbereitschaft erreicht hat. Wenn das zutrifft, hätte das Boot nicht als einsatzbereit erklärt werden dürfen, da der Grat zwischen Leben und Tod, selbst auf einem leistungsfähigen Uboot, zu schmal war, um noch Spielraum für die Unerfahrenheit einer Besatzung zu lassen.

Schließlich lief U 570 am 23. August 1941 zu einer Unternehmung im Nordatlantik aus, nach der es in seinen neuen Stützpunkt La Pallice einlaufen sollte. Diese Fahrt muß für alle auf dem Uboot nahezu die Hölle gewesen sein. Gereiztheit flammte aus zahlreichen Anlässen auf, und viele Männer litten unter Seekrankheit, so daß das Boot kaum zu einer Kampfhandlung fähig gewesen wäre. An diesem verhängnisvollen 27. August lag es auf 60 Metern, wo sich der starke Seegang nicht mehr auswirkte, als Rahmlow befahl, gegen 11.00 Uhr an die Oberfläche

Ray Freeman vom Imperial War Museum, London, bei Vorführung eines »Dräger-Tauchretters«. Er sollte das Mundstück (1) eigentlich im Munde haben; da aber das Gerät nicht in neuem Zustand war, war Mr. Freeman nicht besonders geneigt, es in der genauen Wirkungsweise vorzuführen! Die Schutzbrille fehlt, und die Nasenklemme (7) ist kaum zu erkennen.
2 Ein Blechgefäß, das eine Chemikalie zur Bindung von Kohlendioxyd enthält. Es gehört normalerweise in den Luftbeutel unter dem Atemschlauch.
3 Sauerstoff-Flasche (gehört ebenfalls in den Luftbeutel).
4 Hahn der Sauerstoff-Flasche. Er steht normalerweise aus der Öffnung (5) hervor.
5 Öffnung für den Hahn der Sauerstoff-Flasche.
6 Auslaßventil.
Das Ventil am Mundstück war verschließbar, und der Luftbeutel konnte mit Sauerstoff gefüllt werden, um an der Wasseroberfläche als Schwimmweste zu dienen.

zurückzugehen. Das Boot machte zu dieser Zeit kaum Fahrt und stieg langsam auf Sehrohrtiefe. Ein schneller Rundblick ergab nichts, und Rahmlow befahl aufzutauchen.

Direkt über dem Boot, im »blinden Sektor« des Sehrohres, war Sqn.Ldr. *J. H. Thompson*, der eine Hudson »S« zur Ubootaufklärung von Island aus flog. Das Ziel, das unter ihm auftauchte, war etwas, was

Hans Staus mit aufgeblasener Schwimmweste. Beachte die Signalpfeife.

sich jeder Flugzeugführer vom *Coastal Command* inständig gewünscht hätte – ein mehr oder weniger unbewegliches Uboot, das hilflos mit noch nicht besetzten Fla-Waffen aus dem Wasser auftauchte. Thompson verlor keine Zeit und griff sofort an, indem er U 570 mit einer Anzahl gut gezielter Wasserbomben eindeckte. Kurze Zeit nachdem die Wassersäulen zusammengesunken waren, wurde vom Turm eine weiße Flagge gezeigt. Da Thompson keinen Anhaltspunkt hatte, was er als nächstes unternehmen sollte, meldete er das Aufbringen an seine Bodenstelle und fuhr fort, das angeschlagene Uboot zu umkreisen, da er selber mit seiner Beute nichts anfangen konnte.

Inzwischen wurde die Admiralität in London unterrichtet, und die in der Nähe stehenden Schiffe wurden an den Ort befohlen. Da keine Einheiten der *Royal Navy* in unmittelbarer Nähe waren, setzte die Hudson »S« das Umkreisen von U 570 fort. Im Laufe des Nachmittags kam eine Catalina »J«, Flugzeugführer Flying Officer *E. A. Jewiss*, an, um Thompson abzulösen. Jewiss hatte Anweisung erhalten, das Uboot zu bewachen und es, falls bis zum Anbruch der Nacht die *Royal Navy* nicht zur Stelle wäre, nach vorhergehender Warnung der Deutschen zu versenken. Das wurde aber nicht nötig, da um 23.00 Uhr der Trawler »Northern Chief« erschien, etwa zwölf Stunden, nachdem sich U 570 ergeben hatte. Die See ging noch hoch, da den ganzen Tag über in der Nähe ein Sturm geherrscht hatte, so daß es unmöglich war, ein kleines Boot auszusetzen. Lt. *N. I. Knight*, Kommandant des Trawlers, gab deswegen einen Signalspruch hinüber, daß er nicht warten würde, um Schiffbrüchige zu bergen, falls das Uboot während der Nacht sinken würde. Rahmlow antwortete, daß er weder tauchen noch das Boot versenken könnte und bat, am nächsten Tage gerettet zu werden. Während der Nachtstunden trafen Verstärkungen der Marine ein, als erstes ein weiterer Trawler, die »Kingston Agate«, gefolgt von dem Zerstörer »Burwell« und zwei weiteren Trawlern »Wastwater« und »Windermere«. Schließlich kam noch die kanadische Korvette »Niagara« zu der Gruppe hinzu.

Gleich nach der Morgendämmerung gab es einen aufregenden Augenblick, als ein Flugzeug am Ort erschien, um zwei Wasserbomben zu werfen, die glücklicherweise ihr Ziel verfehlten. Seit Tagesanbruch war der Seegang zu schwer gewesen, um ein Boot auszusetzen. Am Ende schlug der Erste Wachoffizier des Trawlers »Kingston Agate« vor, daß er in einem Rettungsfloß eher als mit einem Boot rüberkommen könne. Eine Leine wurde zu U 570 hinübergeschossen, und drei Mann versuchten die Überfahrt, obgleich immer noch eine turmhohe See ging. Bis zu dem Zeitpunkt, zu dem Temporary Lt. *H. B. Campbell* das Uboot erreichte, war reichlich Zeit gewesen, die Geheimsachen zu vernichten und alle inneren Apparaturen zu zertrümmern.

Schließlich wurde U 570 nach Island geschleppt, wo es an Land gesetzt und für eine Fahrt nach England mit eigener Kraft unter dem neuen Namen HMS »Graph« seefähig gemacht wurde. Nach ausgiebigen Erprobungen wurde es in die britische Ubootflotte übernommen und schoß sogar einen Torpedo auf

U 333, ohne es aber zu versenken. Am Ende strandete HMS »Graph« auf der Insel Islay vor der Westküste Schottlands.

Rahmlow und seine Besatzung wurden nach England gebracht, wo sie nach der üblichen Befragung in Kriegsgefangenenlager kamen. Die Offiziere kamen in das Lager Nr. 1 in Grizedale Hall, in dem das »As« *Otto Kretschmer* bereits der dienstälteste deutsche Gefangene war. Zunächst sprachen die Deutschen nicht mit den Überlebenden von U 570. Erst nach einem rechtswidrigen Ehrengericht unter Vorsitz von Kretschmer wurden die Offiziere als unschuldig aufgenommen mit Ausnahme des I. Wachoffiziers. Das Gericht war der Meinung, daß er entweder Rahmlow hätte festnehmen müssen, um die Übergabe zu verhindern, oder das Boot versenken sollen. Als Ergebnis wurde der I.W.O. von den übrigen Gefangenen isoliert und zu den üblichen Beschäftigungen der Kriegsgefangenen nicht zugelassen.

Als man später erfuhr, daß HMS »Graph« in dem nicht allzu weit entfernten Barrow-in-Furness lag, kam der Vorschlag auf, daß der I.W.O. durch Flucht und Versenken des Bootes seine Ehre wiederherstellen könnte. Die Flucht klappte, aber am nächsten Tage wurde der I.W.O. von der *Home Guard* festgenommen und bei einem Fluchtversuch erschossen. Rahmlow kam kurz nach diesem Zwischenfall im Lager an. Zu dieser Zeit hatten die britischen Behörden mitbekommen, was vor sich ging, und verlegten ihn in ein anderes Lager, in dem hauptsächlich Luftwaffenpersonal untergebracht war, das nichts von dem ganzen Aufheben um U 570 wußte. Selbst heute hat man bei Gesprächen mit ehemaligen Ubootfahrern den Eindruck, daß Rahmlow immer noch ein »Ausgestoßener« ist.

Die andere Aufbringung von Bedeutung eines Uboots im Kriege ereignete sich, als eine »Hunter-Killer-Group« der Vereinigten Staaten, die Task Force 22.3, es fertigbrachte, sich in der Nähe der afrikanischen Küste in den Besitz von U 505 zu bringen und das Boot über den Atlantik nach den Bermudas zu schleppen. U 505 war in vielerlei Beziehung ein Unglücksboot gewesen. Nicht nur, daß es mehrere erfolgversprechende Unternehmungen abbrechen mußte, sondern es wurde auch wiederholt in dem »finsteren Loch« der Biscaya erfaßt und erreichte es nicht, in den Atlantik hinauszukommen. Zu seiner letzten Fahrt verließ das Boot dann Brest am 16. März 1944 und kam weit hinunter bis zur Elfenbeinküste. Bis zum Sonntag, den 4. Juni, 11.00 Uhr, lief alles glatt. Dann wurde das Auftauchen zum Aufladen der Batterien notwendig. In dieser kritischen Phase stieß das Boot auf die amerikanische *Hunter-Killer-Group*.

Oblt. z. S. *Lange* mußte mit dem geringen ihm verbliebenen Energievorrat angreifen in der Hoffnung, seine Verfolger versenken zu können. Nicht nur zwei Zerstörer waren zu sehen, sondern auch der am meisten gefürchtete Feind der Uboote – ein Flugzeugträger. Wenigstens einen Torpedo schoß U 505, aber der hatte keine Wirkung. Nun dauerte es nicht lange, bis das Boot der nehmende Teil war, indem es mit flach eingestellten Wasserbomben beworfen wurde. Das Uboot geriet außer Kontrolle, und Lange blieb keine andere Wahl als entweder wie Blei auf den Meeresboden zu sinken oder zum Auftauchen die Tanks auszublasen.

Die US-Task Force bestand aus dem Flugzeugträger »Guadalcanal« und fünf Zerstörern »Pillsbury«, »Pope«, »Flaherty«, »Jenks« und »Chatelain«, die unter dem Kommando von Captain *Daniel V. Gallery* aus Norfolk, Virginia, ausgelaufen waren, um Uboote im Atlantik zu vernichten. Gallery war wie die entsprechenden Offiziere von der *Royal Navy* der Ansicht, daß es möglich sein müsse, ein Uboot aufzubringen, indem man es bis zum Aufbrauch seines Energievorrates unter Wasser hielt und dann die Besatzung aufforderte, das Boot sehr schnell aufzugeben, so daß ein Enterkommando an Bord gehen konnte.

Die »Chatelain« bekam als erstes Schiff *Asdic*-Kontakt mit U 505, und während sie zum Angriff anlief, wurden zwei Jäger von dem Träger gestartet. Als sie das Boot unter Wasser klar zum Auftauchen sichteten, markierten sie die Stelle, indem sie mit ihren MG dorthin schossen. Einige zusätzlich geworfene Wasserbomben hatten große Ölflecke zur Folge, und dann folgte das Uboot selber. Als seine Männer aus dem Luk kamen, eröffneten die Ameri-

Korvettenkapitän Heinrich Bleichrodt trägt das Ritterkreuz des Eisernen Kreuzes mit Eichenlaub. Er war Kommandant von U 48, dem während des Krieges erfolgreichsten Uboot, außerdem von U 67 und U 109. Mit diesen drei Booten versenkte er eine Korvette und 24 Handelsschiffe mit insgesamt 151 319 BRT und beschädigte ein Handelsschiff von 6548 BRT.

Admiral Hans-Georg v. Friedeburg mit Ledermantel. Er war Chef der Organisationsabteilung der Uboot-Waffe und wurde 1941 2. Admiral, 1943 Kommandierender Admiral der Uboote. Im April 1945 wurde er zum Ob. d. M. ernannt.

kaner das Feuer mit hochexplosiver Splittermunition, um das Besetzen der Fla-Waffen zu verhindern, das Boot aber nicht zu beschädigen. Einige Männer des Ubootes wurden verwundet, aber nur einer getötet. In diesem Stadium, in dem die Besatzung U 505 verlassen hatte, kam ein Kutter längsseits, und ein Enterkommando unter Führung von Lt. *Albert David* versuchte an Bord zu gelangen. Das war keine leichte Sache, da U 505 noch immer mit einer Fahrt von etwa 7 Kn im Kreise herumfuhr. Nach schließlichem Eindringen in die Zentrale wurde festgestellt, daß die einzige Zerstörungsmaßnahme, die getroffen worden war, im Entfernen eines kleinen Verschlusses bestand, wodurch Seewasser eindrang. Er wurde schnell wieder dichtgesetzt und eine Schlauchleitung von einem Zerstörer eingebracht, um das Wasser auszupumpen.

Gallery wollte nicht riskieren, das Boot zu der nahe gelegenen afrikanischen Küste zu bringen, da er sicher war, daß dort Sympathisanten für Deutschland wären, die Deutschland über seine geheime Beute benachrichtigen würden (U 505 hatte nicht gefunkt) oder sogar den Versuch machen würden, das Boot zu versenken; deshalb wurde U 505 über den Atlantik nach den Bermudas geschleppt. Es wurde zunächst zu eingehenden Versuchen benutzt und ist heute ein Denkmal der Schlacht im Atlantik beim Museum für Wissenschaft und Industrie (Science and Industry Museum) in Chicago.

Noch einige weitere Uboote könnte man der Liste der »Aufbringungen« hinzufügen, obgleich sie nicht lange genug am Schwimmen blieben, um ihren Erbeutern von großem Nutzen zu sein. Gewisse Geheimsachen könnten immerhin von ihnen geborgen worden sein.

U 501 wurde von den kanadischen Schiffen HMCS

»Chambly« und HMCS »Moose Jaw« am 10. September 1941 zum Auftauchen gezwungen, also nicht lange, nachdem U 570 aufgebracht wurde. Als es an der Oberfläche war, schlug das Uboot mit einem der Zerstörer zusammen, und sein Kommandant, Korv.Kapt. *Hugo Förster*, sprang auf die »Moose Jaw« hinüber. Das wurde von den Deutschen als ein schwerer Fall der Preisgabe eines Kommandos gewertet. Als er im Kriegsgefangenenlager Nr. 1 (Grizedale Hall) eintraf, wurde Förster vor das rechtswidrige Ehrengericht zitiert, das bereits über die Offiziere von U 570 ein Urteil gefällt hatte. Nachdem die britischen Behörden sich zusammenreimten, was vor sich ging, wurde Förster in ein anderes Gefangenenlager überführt. Später wurde er gegen britische Kriegsgefangene ausgetauscht, woraufhin er Selbstmord beging.

Eine andere U-Jagd von einhalbtägiger Dauer durch britische und kanadische Schiffe führte dazu, daß einige Männer von HMCS »Chilliwack« U 744 entern, die britische Kriegsflagge setzen und ein paar Papiere erbeuten konnten. Das war aber erst am 6. März 1944, zu einer Zeit also, als solche Geheimsachen den Engländern wahrscheinlich schon weitgehend bekannt waren.

U 1024 wurde von HMS »Loch Glendhu« am 12. April 1945 aufgebracht und in Schlepp genommen. Es sank aber wenige Stunden später, während es von HMS »Loch Moore« geschleppt wurde.

U 175 wurde von Lt. *Ross Bullard* vom Kutter »Spencer« der amerikanischen Küstenwache *(US Coast Guard)* in der Absicht geentert, eine Handgranate in das Turmluk zu werfen, um die dort auf Station befindlichen Männer zu töten und das Boot aufzubringen. Als Bullard auf den Turm hinübersprang, sah er, daß die Zentrale über und über vom Blut ihrer Besatzung bedeckt war – der Auswirkung eines vorhergegangenen Artilleriegefechtes. Er stellte fest, daß das Boot bereits im Sinken war und er nichts mehr tun konnte, um es zu verhindern.

Die Organisation der Uboot-Waffe

Vor dem Kriege

Die Aufstellung einer Uboot-Abwehrschule in Kiel am 1. Oktober 1933 war die inoffizielle Grundsteinlegung Deutschlands neuer Uboot-Waffe. Die Aufgabe dieser Schule war weniger die Ausbildung des Personals für Abwehr von Ubooten als vielmehr seine Vorbereitung, künftige Uboot-Besatzungen abzugeben. Einige dieser sorgfältig ausgewählten Schüler gewannen praktische Erfahrungen an Bord verschiedener Uboote, die vom Uboot-Entwicklungsbüro gebaut worden waren, aber im großen und ganzen fand die Ausbildung an Land in besonders gebauten Einrichtungen statt, die genau den Führungsanlagen auf Ubooten nachgebildet waren. Zur Zeit, als U1 in Dienst gestellt wurde, war deshalb bereits ein Kader gut ausgebildeter Männer zur Besetzung der neuen Boote vorhanden.

Die ersten Boote, die 1935 vom Stapel liefen, wurden Schulboote, und selbst diejenigen, die als *Manöverboote* eingeordnet wurden, waren in den ersten Jahren tatsächlich Ausbildungsboote. Am 27. September 1935 wurde Kapt. z. S. Karl Dönitz Chef dieser ersten kleinen Manöver- oder Übungsflottille für fortgeschrittene Ausbildung. Zu dieser Zeit bestand die Uboot-Waffe aus folgenden Ubooten:

1. Uboot-Flottille (Flottille »Weddigen«)
Heimathafen: Kiel
Flottillenchef: Kapt. z. S. Karl Dönitz
Boote: U7-Kptlt. Freiwald
U8-Kptlt. Grosse
U9-Kptlt. Looff
U10-Oblt. z. S. Scheringer
U11-Kptlt. Rösing
U12-Oblt. z. S. v. Schmidt

Uboot-Schule mit Schulflottille
Standort: Kiel
Kommandeur der Schule
und Flottillenchef: Freg. Kapt. Slevogt
Boote: U1-Kptlt. Ewerth
U2-Oblt. z. S. Michahelles
U3-Oblt. z. S. Meckel
U4-Oblt. z. S. Weingärtner
U5-Oblt. z. S. Dau
U6-Oblt. z. S. Mathes

Außerdem bestand eine Inspektion des Torpedo- und Minenwesens und ein Erprobungsausschuß für Uboote. Die folgenden Überwasserfahrzeuge waren der Ubootwaffe zugeteilt: T23, T156 und T158 sowie das Uboot-Begleitschiff »Saar«. Diese Schiffe wurden zu den verschiedensten Zwecken, als Stabsschiffe, Tender und ebenso zur Ausbildung von Rekruten benutzt.

Die Entwicklung seit 1935 hatte nicht den Aufbau eines starken Uboot-Kampfverbandes zum Ziel, sondern war bestimmt, die besten und am schnellsten zum Erfolg führenden Ausbildungseinrichtungen zu schaffen. Das bedeutete, daß die Flottille »Weddigen« klein gehalten und eine weitere Flottille in Wilhelmshaven aufgestellt wurde. Auf diese Weise wurde die Zahl der Schlüsselpositionen stark vermehrt und die technischen Hilfsanlagen zur Instandhaltung dieser Flotte aufgebaut. Mit der Aufstellung der 2. Flottille (»Saltzwedel«) wurde eine zusätzliche Umorganisation vorgenommen: Dönitz wurde Führer aller Uboote, und die Führung der Manöver-Flottillen wurde zwei neuen Flottillenchefs übertragen. Dieser Aufbaugrundsatz, Schlüsselpositionen in großer Zahl zu schaffen, wurde bis zum Kriegsausbruch beibehalten. Einige Male wur-

Im Hafen – In der Anfangszeit

Bau von Ubooten auf der Germaniawerft in Kiel. Beachte die Tarnnetze und das Abdecken des zweiten Bootes von rechts mit Blechplatten. Links zwei Minenleger vom Typ XB.

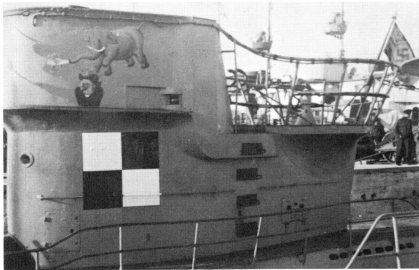

U 34 (Typ VII A)

Das Abzeichen zeigt Winston Churchill, wie er von einem Elefanten zertreten wird. Die schwarzen und weißen Quadrate sind ein taktisches Zeichen von der Uboot-Schule.

Typ VII C-Boote in Danzig. Möglicherweise U 377 mit Kommandoturm und 8,8 cm-Schnellfeuerkanone.

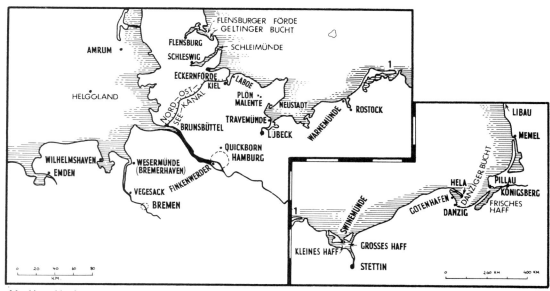

Norddeutschland

Uboot-Stützpunkte, Stäbe, Schuleinrichtungen und andere genannte Orte. Beachte den unterschiedlichen Maßstab: (1) bezeichnet auf beiden Karten die selbe Landzunge.

den sogar Flottillen in ihrer Stärke reduziert, so daß wieder genügend Boote zur Bildung einer neuen Flottille zusammenkamen. Die Uboot-Waffe war einem raschen Wechsel unterworfen. Anfang August 1939 hatte sie folgenden Stand erreicht:

Die *Gesamtführung aller Uboote* befand sich in Kiel.
Führer der Uboote: Kapt. z. S. Karl Dönitz.

Er wurde unterstützt von einem starken Stabe von Admiralstabsoffizieren, Ingenieur- und Verwaltungsoffizieren, einem Arzt, einem Meteorologen und einem Rechtsberater.

Dem Stabe zugeteilt war das Uboot-Begleitschiff »Erwin Wassner«, seine Flagge hatte der F.d.U. auf dem Tender »Hai« gesetzt.

1. Uboot-Flottille (Flottille »Weddigen«)

Heimathafen:	Kiel
Chef:	Kptlt. Looff
Boote:	U 9, U 13, U 15, U 17, U 19, U 21, U 23.
Andere Einheiten:	Uboot-Begleitschiffe »Donau« und »Memel«.

2. Uboot-Flottille (Flottille »Saltzwedel«)

Heimathafen:	Wilhelmshaven
Chef:	Korv.Kapt. Ibbeken
Boote:	U 25, U 26, U 27, U 28, U 29, U 30, U 31, U 32, U 33, U 34, U 35.
Unterstellt:	Uboot-Tender »Saar«.

3. Uboot-Flottille (Flottille »Lohs«)

Heimathafen:	Kiel
Chef:	Kptlt. Eckermann
Boote:	U 12, U 14, U 16, U 18, U 20, U 22, U 24.
Unterstellt:	Uboot-Tender »Weichsel«.

4. Uboot-Flottille

Sie existierte im August 1939 nur auf dem Papier. Der Flottille waren zu dieser Zeit einige Kommandanten zugeteilt, aber noch keine Boote.

5. Uboot-Flottille (Flottille »Emsmann«)

Heimathafen:	Kiel
Chef:	Kptlt. Rösing
Boote:	U 56, U 57, U 58, U 59, U 60.
Unterstellt:	Uboot-Begleitschiff »Lech«.

6. Uboot-Flottille (Flottille »Hundius«)

Heimathafen:	Wilhelmshaven
Chef:	Korv.Kapt. Hartmann
Boote:	U 37, U 38, U 39, U 40, U 41, U 42.
Unterstellt:	Uboot-Begleitschiff »Isar«.

7. Uboot-Flottille (Flottille »Wegener«)

Heimathafen:	Kiel
Chef:	Kptltl. Sobe
Boote:	U 45, U 46, U 47, U 48, U 51, U 52, U 53.

Unterseebootschule (kurz: U-Schule genannt)

Standort bzw. Heimathafen:	Neustadt
Schulkommandeur:	Kapt. z. S. Scheer
Chef der Schulflottille:	Kptlt. Beduhn
Schulboote:	U 1, U 2, U 3, U 4, U 5, U 6, U 7, U 8, U 10, U 11, U 36.

Außerdem gab es noch einige Unterstützungskommandos, wie z. B. die oben bereits erwähnten.

Hier ist anzumerken: Die Flottillen wurden nach berühmten Uboot-Kommandanten des Ersten Weltkrieges benannt. Die Organisationsübersicht für Anfang August 1939 weist 54 Uboote auf. U 49 und U 61 wurden am 12. August, U 43 am 28. August 1939 in Dienst gestellt, so daß zum Zeitpunkt des Kriegsausbruches eine Gesamtzahl von 57 Ubooten vorhanden war. Tatsächlich waren 58 Boote in Dienst gestellt worden; in dieser Zahl ist aber U 18 enthalten, das nach einer Kollision mit T 156 am 22. November 1936 sank und gehoben wurde, um ein zweites Mal in Dienst gestellt zu werden. Es mag verwundern, daß U 43, U 44, U 49, U 50, U 54 und U 55 nicht in der Liste enthalten sind. Aber diese Boote wurden erst im August oder nach Kriegsbeginn in Dienst gestellt. Stapelläufe und Indienststellungen erfolgten nicht in numerischer Folge.

Bis zum August 1939 hatte es kaum einen Unterschied in der Organisation und den Aufgaben der operativen und der Schulboote gegeben, wobei die letzteren häufig im selben Seegebiet fuhren wie die erstgenannten. Hinzu kam, daß Rekruten nicht

Der Kommandant, Kapitänleutnant Otto Köhler, und ein Wachoffizier von U 377. Der W.O. hat seine Hand auf den Torpedozielapparat gelegt, auf den ein besonderes wasser- und druckfestes Doppelglas aufgesetzt wurde, wenn er in Gebrauch war.

immer ihre vollständige Ausbildung auf Schulbooten erhielten, da reichlich Gelegenheit gegeben war, die Ausbildung in den Operationsflottillen zu Ende zu führen. Beim Heraufziehen des Krieges mußte das alles geändert werden; Schulboote konnten nur noch in der Ostsee, außerhalb der Reichweite der *Royal Air Force*, fahren, und für die Einsatzboote wurde es unmöglich, zu viele noch nicht voll eingefahrene Männer an Bord zu haben. Selbst die truppendienstliche Organisation war für einen Krieg ungeeignet und machte rasche Änderungen nötig. Eine erste, zeitweilige Reorganisation wurde im Herbst 1939 durchgeführt, um den unmittelbaren Erfordernissen des Krieges gerechtzuwerden. Erst zu Ende dieses Jahres wurde eine größere Umstellung vorgenommen. Diese neue Gliederung wurde bis zum Niedergang 1944 beibehalten.

Die bestehenden sechs Flottillen wurden in drei größeren Verbänden zusammengefaßt. Später, als mehr Boote zur Verfügung standen, wurden neue Flottillen aufgestellt. Die neuen Flottillen waren keinesfalls gleich stark; da die im Atlantik eingesetzten die Hauptlast des Kampfes zu tragen hatten, besaßen sie auch die größte Zahl von Booten. Die Boote blieben nicht immer unter dem Kommando des gleichen Flottillenchefs, sondern wurden häufig gewechselt. Die stärkste dieser Flottillen war zweifellos die 5. Uboot-Flottille (Flottille »Emsmann«), die von ihrer Aufstellung bis zum Ende mehr als 340 Uboote in ihren Reihen gehabt hat.

DIE WICHTIGSTEN KRIEGSJAHRE

Dönitz wurde im Oktober 1939 zum Admiral befördert und erhielt die neue Dienststellung eines »Befehlshabers der Unterseeboote« (B.d.U.). Seine vorherige Bezeichnung war »Führer der Unterseeboote« (F.d.U.) gewesen. Jetzt wurden vier neue »F.d.U.«s eingesetzt, von denen jeder für einen »Operationsbereich« verantwortlich war. In drei Bereichen, dem Schwarzen Meer, der Ostsee und dem Fernen Osten waren nur so wenige Boote vorhanden, daß sie keinen besonderen Führer benötigten. In diesen Gebieten führte jeweils ein Flottillenchef.

Operationsbereich: West (operative Führung nur im Küstenvorfeld)
Sitz des F.d.U.: zunächst Paris, dann Angers
  1. Uboot-Flottille
     Stützpunkte: Kiel/Brest
  2. Uboot-Flottille
     Stützpunkte: Wilhelmshaven/Lorient
  3. Uboot-Flottille
     Stützpunkte: Kiel/La Pallice/La Rochelle
  6. Uboot-Flottille
     Stützpunkte: Danzig/St. Nazaire
  7. Uboot-Flottille
     Stützpunkte: Kiel/St. Nazaire
  9. Uboot-Flottille
     Stützpunkt: Brest
10. Uboot-Flottille
     Stützpunkt: Lorient
12. Uboot-Flottille
     Stützpunkt: Bordeaux

Die 2., 3. und 7. Flottille verlegten später nach Norwegen.

Operationsbereich Norwegen: Nord- und Eismeer
Sitz des F.d.U.: Narvik
11. Uboot-Flottille
     Stützpunkt: Bergen
13. Uboot-Flottille
     Stützpunkt: Drontheim

Operationsbereich: Mitte
Diese Gruppe wurde im Frühjahr 1944 gebildet. Sie bestand aus etwa 45 Booten zur besonderen Vorbereitung der Invasionsabwehr.

Operationsbereich: Mittelmeer
Sitz des F.d.U.: Rom/Toulon/Aix de Provence.
23. Uboot-Flottille
     Stützpunkt: Salamis
29. Uboot-Flottille
     Stützpunkte: La Spezia/Toulon/Pola/Marseille/
                 Salamis

Gebiet: Schwarzes Meer
30. Uboot-Flottille
     Stützpunkte: Konstantza/Feodosia

Gebiet Ostsee (keine operative Führung)
22. Uboot-Flottille
     Stützpunkt: Gotenhafen

Gebiet: Ostasien
In diesem Gebiet operierte keine eigene Flottille. Fernfahrt-Uboote liefen von Frankreich und Norwegen aus. In Penang und später anderen fernöstlichen Häfen waren Stützpunkt- und Überholungsdienststellen vorhanden.

Admiral Erich Raeder trat als Oberbefehlshaber der Kriegsmarine am 30. Januar 1943 zurück und wurde von Karl Dönitz abgelöst, der auch weiterhin B.d.U. blieb. Admiral Hans-Georg v. Friedeburg, der

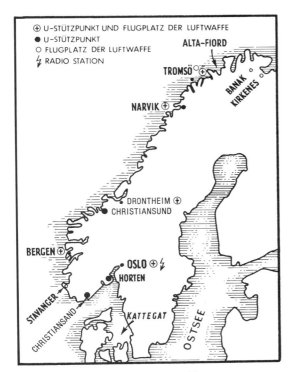

Die wichtigsten deutschen Stützpunkte in Norwegen

Christiansand wird häufig mit einem »S« oder »Süd« ergänzt, um es nicht mit Christiansund zu verwechseln. Ersteres ist die größere der beiden Städte, und hier war der U-Stützpunkt. Christiansund ist aber ebenfalls Seehafen und spielt eine Rolle in mehreren Uboot-Berichten.

Oben rechts: Ausgucks auf der Brücke von U 377. Der Kompaß am Unterbau des Angriffsehrohres ist in der Mitte des Fotos gut zu erkennen. Die Metallstangen oben sind Teile der Torpedo-Übernahmevorrichtung.

Jak Mallmann und Karl-Heinz Nitschke im »Maschinen-Arbeitszeug« auf der Geschützplattform von U 377. Für die Handhabung der Maschinen waren dicke Arbeitshandschuhe erforderlich. Die Kriegsflagge ist das Kennzeichen der Kriegsmarine.

Eine Focke-Wulf-»Kondor«, der Flugzeugtyp, der für Aufklärung über dem Atlantik eingesetzt wurde.

2. Admiral der Uboote, wurde Kommandierender Admiral, so daß Dönitz von den nicht operativen Führungsaufgaben entlastet wurde.
Im Laufe des Jahres 1944 wandelte sich die Rolle der Uboot-Waffe drastisch von der Offensive zur Defensive. Die Lage wurde so schwierig, daß normale Uboot-Operationen unmöglich wurden. Beim Zusammenbruch in Frankreich blieben einige eingeschlossene Gruppen zurück, die sich alle in bestmöglicher Weise zu halten versuchten. Das Gliederungsbild in diesem Zeitraum war ebenso chaotisch wie der ganze Krieg und mußte häufig geändert werden, um mit dem sich ständig ändernden Frontverlauf Schritt zu halten. Im folgenden soll deshalb nur ein Versuch unternommen werden, in groben Umrissen das Bild während der letzten sechs Kriegsmonate aufzuzeichnen:

Stützpunkte in Frankreich

Die höheren Führer verlegten ihre Dienststellen in Frankreich an sicherere Orte in Deutschland oder in Norwegen und überließen es den Flottillenchefs und Kommandanten, die zurückbleibenden Kräfte zu organisieren. Eine Anzahl von Ubooten wurde wegen technischer Mängel nicht mehr einsatzbereit. In einigen Fällen wurden die Besatzungen in die Heerestruppen eingegliedert, um bei der Verteidigung der Stützpunkte gegen die vordringenden Armeen der Alliierten zu helfen.

Flottillen in Frankreich
2. Uboot-Flottille
   Stützpunkt: Lorient
   Chef: Kapt. z. S. Kals.
(Später schafften es einige Boote und Besatzungen, nach Norwegen zu verlegen.)
7. Uboot-Flottille
   Stützpunkt: St. Nazaire
   Chef: Korv.Kapt. Piening.
Andere Verbände in Frankreich waren aufgelöst worden, wobei die verbleibenden Boote an andere Flottillen abgegeben worden waren; einige wurden zusammengelegt, und einige wenige Boote konnten noch die Fahrt nach Norwegen hinter sich bringen.

Operationsbereich: West
Sitz des F.d.U.: Bergen
11. Uboot-Flottille
   Stützpunkt: Bergen
   Chef: Freg.Kapt. Lehmann-Willenbrock
15. Uboot-Flottille
   Stützpunkt: Christiansand-Süd
   Chef: Korv.Kapt. Mengersen.
(Diese Flottille sollte im Frühjahr 1945 einsatzbereit werden, der Mangel an Booten und ausgebildetem Personal machte das aber unmöglich.)
33. Uboot-Flottille
   Stützpunkt: Flensburg, (einige Boote befanden sich in Ostasien, Einsatz von Penang und Djakarta)
   Chef: Korv.Kapt. Kuhnke

Operationsbereich: Nord- und Eismeer
Sitz des F.d.U.: Narvik
13. Uboot-Flottille
   Stützpunkt: Drontheim
   Chef: Freg.Kapt. Rüggeberg
14. Uboot-Flottille
   Stützpunkt: Narvik
   Chef: Korv.Kapt. Möhlmann.

Oben und rechts: U 377 in einem norwegischen Fjord.

Rechts unten: U 377 nach dem Festmachen in Narvik.

Operationsbereich: Ost (Ostsee)
Sitz des F.d.U.: Danzig
 4. Uboot-Flottille
    Stützpunkt: Stettin
    Chef: Freg.Kapt. Fischer
 5. Uboot-Flottille
    Stützpunkt: Kiel
    Chef: Korv.Kapt. Moehle
 8. Uboot-Flottille
    Stützpunkt: Königsberg/Danzig
    Chef: Freg.Kapt. Pauckstadt
31. Uboot-Flottille
    Stützpunkt: Hamburg/Wilhelmshaven/
                Wesermünde
    Chef: Kapt. z.S. Mahn,
                später Korv.Kapt. Emmermann
32. Uboot-Flottille
    Stützpunkt: Königsberg, später Hamburg
    Chef: Freg.Kapt. Rigele,
                später Freg.Kapt. Heyse.

Operationsbereich: Ostasien (Ferner Osten)

In Japan befand sich ein deutscher Admiral, der Marineattaché bei der Botschaft in Tokio, Admiral Wenneker.

Chef der Uboote: Freg.Kapt. Dommes
Hauptstützpunkt: Penang
Weitere Stützpunkte: Shonan, Singapore, Djakarta, Batavia, Surabaja, Kobe.

AUSBILDUNGSVERBÄNDE UND -EINHEITEN

1. Uboot-Lehrdivision

Tätigkeitszeit: Juni 1940 bis März 1945
Standorte: Neustadt/Holstein, später Pillau und Hamburg

Ging aus der Uboot-Schule in Neustadt hervor, die unter dem Kommando von Kapt. z.S. Scheer stand. (Siehe vorhergehende Seiten.) Diese wurde umbenannt in *1. Uboot-Lehrdivision – 1. U.L.D.-Pillau* und später bezeichnet als *1. U.L.D.-Hamburg/Finkenwerder*. In einigen Veröffentlichungen nach dem Kriege wird angegeben, daß der Standort Neustadt beibehalten wurde, obwohl die Division die Bezeichnung *Pillau* erhielt. Der Standortwechsel muß sehr plötzlich erfolgt sein: der Vater des Verfassers war in dieser Zeit als Schüler in Neustadt. Er bekam von Neustadt aus Wochenendurlaub und erhielt bei seiner Rückkehr Kenntnis davon, daß sich alle Angehörigen der Schule umgehend nach Pillau zu begeben hätten.

21. Uboot-Flottille

Der 1. U.L.D. unterstellt.
(Die gleiche Flottille, die früher von Kptlt. Beduhn geführt wurde. Siehe oben.)

2. Uboot-Lehrdivision

Tätigkeitszeit: November 1940 bis Januar 1945
Standort: Gotenhafen

22. Uboot-Flottille

Der 2. U.L.D. unterstellt. Die Flottille verlegte von Gotenhafen nach Wilhelmshaven und fuhr nach Auflösung der Lehrdivision weiter.

3. Uboot-Lehrdivision

Tätigkeitszeit: Ende 1943 bis Mai 1945
Standort: Neustadt/Holstein

4. Uboot-Lehrdivision

Tätigkeitszeit: Etwa 10 Monate während des Jahres 1944
Standort: Memel

1. Uboots-Ausbildungsabteilung (1. U.A.A.)

Tätigkeitszeit: Februar 1940 bis Mai 1945
Standort: Plön

2. Uboots-Ausbildungsabteilung (2. U.A.A.)

Tätigkeitszeit: Mai 1941 bis Mai 1945
Standort: Neustadt/Holstein, dann Zeven (Hannover)

3. Uboots-Ausbildungsabteilung (3. U.A.A.)

Tätigkeitszeit: Frühjahr 1941 bis Mai 1945
Standort: Pillau, später Schleswig.

AUSBILDUNGS-FLOTTILLEN

Führer der Uboot-Ausbildungsflottillen (F.d.U.Ausb.):
Kapt. z.S. Viktor Schütze
Sitz des F.d.U.: Gotenhafen

18. Uboot-Flottille

Ausbildungszeit: Die ersten drei Monate 1945
Stützpunkt: Hela

19. Uboot-Flottille

Ausbildungszeit: Oktober 1943 bis Mai 1945
Stützpunkt: Pillau/Kiel

20. Uboot-Flottille

Ausbildungszeit: Juni 1943 bis Februar 1945
Stützpunkt: Pillau

23. Uboot-Flottille

Ausbildungszeit: August 1943 bis März 1945
Stützpunkt: Danzig

24. Uboot-Flottille

Ausbildungszeit: November 1939 bis März 1945

Weihnachtsfeier 1942 im vorderen Torpedoraum von U 377, während das Boot in Norwegen stationiert war. Die Torpedorohre sind mit der Flagge verdeckt.

Weihnachten 1942. Jeder Mann erhielt ein kleines Geschenk vom Flottillenchef: das Buch »Prien greift an« von Wolfgang Frank. Dieses Blatt mit dem Abzeichen der 11. Uboot-Flottille wurde auf die erste Seite geklebt. (Sowohl das Buch als auch Dr. Frank sind noch sehr auf der Höhe!)

Stützpunkte: Danzig/Memel/Drontheim/Gotenhafen/Eckernförde
(Bis 1940 wurde diese Flottille *1. Uboot-Ausbildungsflottille* genannt.)

25. Uboot-Flottille
Ausbildungszeit: April 1940 bis Mai 1945
Stützpunkte: Danzig/Drontheim/Memel/Libau/Gotenhafen/Travemünde
(Diese Flottille wurde bis Juni 1940 als *2. Uboot-Ausbildungsflottille* bezeichnet.)

26. Uboot-Flottille
Ausbildungszeit: April 1941 bis Mai 1945
Stützpunkte: Pillau/Warnemünde

27. Uboot-Flottille
Ausbildungszeit: Januar 1940 bis März 1945
Stützpunkt: Gotenhafen
(Bis 1940 bezeichnet als *taktische Uboot-Frontausbildungs-Flottille*.)

Technische Ausbildungsgruppe für Front-Uboote (AGRU Front)
Ausbildungszeit: September 1941 bis Mai 1945
Stützpunkte: Hela/Bornholm/Eckernförde
Zusätzlich dazu gab es mehrere Erprobungsgruppen und eine Zahl von allgemeinen Unterstützungskommandos.

Die Uboot-Flottillen

Nr. und Name der Flottille	Gesamtzahl[1] der Boote der Flottille	Hauptstützpunkt(e) und Bemerkungen
1. U-Flottille Weddigen	140	*Kiel.* Seit Juni 1941: *Brest.* Aufgelöst im September 1944.
2. U-Flottille Saltzwedel	90	*Wilhelmshaven.* Seit Juni 1941: *Lorient.*
3. U-Flottille Lohs	110	*Kiel.* Seit Oktober 1941: *La Pallice.* Später auch *La Rochelle.*
4. Ausbildungsflottille	281	*Stettin.* Seit 1941.
5. U-Flottille Emsmann	340	*Kiel.*
6. U-Flottille Hundius	93	*Wilhelmshaven.* Seit August 1941 *Danzig.* Verlegt nach St. Nazaire im Februar 1942. Aufgelöst im August 1944.
7. U-Flottille Wegener	114	*Kiel.* Seit Juni 1941 St. Nazaire. Verlegte nach Norwegen im August 1944.
8. Ausbildungsflottille	256	*Königsberg.* Im Februar 1942 nach Danzig verlegt.
9.	85	*Brest.* Aufgestellt im November 1941 und im August 1944 aufgelöst.
10.	81	*Lorient.* Aufgestellt im Januar 1942 und im Oktober 1944 aufgelöst.
11.	189	*Bergen* Aufgestellt im Mai 1942.
12.	48	*Bordeaux.* Aufgestellt im Oktober 1942 und im August 1944 aufgelöst.
13.	55	*Drontheim.* Aufgestellt im Juni 1943.
14.	6	*Narvik.* Aufgestellt im Dezember 1944.
15.	0	*Christiansand-Süd.* Diese Flottille war geplant, kam aber nicht mehr zum Einsatz.
16.	0	Kein Einsatz. Keine Einzelheiten.
17.	0	Kein Einsatz. Keine Einzelheiten.
18.	4	Einsatz in den ersten 3 Monaten 1945. Aufgestellt im Oktober 1943.
19. Ausbildungsflottille	4	*Pillau.* Seit Februar 1945 *Kiel.*
20. Ausbildungsflottille	(?)	*Pillau.* Aufgestellt im Juni 1943, im Februar 1945 aufgelöst. Keine weiteren Einzelheiten bekannt.
21. Ausbildungsflottille	50	*Pillau.* Aufgestellt im Juni 1940 und im März 1945 aufgelöst.
22. Ausbildungsflottille	45	*Gotenhafen.* Gegen Ende des Krieges *Wilhelmshaven.* Aufgestellt im Januar 1941.
23. Ausbildungsflottille	30	*Danzig.* Aufgestellt im August 1943, im März 1945 aufgelöst.
24. Ausbildungsflottille	52	*Danzig,* dann *Memel,* dann *Drontheim.* Danach wieder *Memel* und gegen Kriegsende *Gotenhafen* und *Eckernförde.*
25. Ausbildungsflottille	(?)	Stützpunkte in folgender Reihenfolge: *Danzig, Drontheim, Memel, Libau, Gotenhafen* und am Ende *Travemünde.*
26. Ausbildungsflottille	7	*Pillau* und gegen Kriegsende *Warnemünde.* Aufgestellt im April 1941.
27. Ausbildungsflottille	1	*Gotenhafen.* Zweifel, ob überhaupt als Flottille in Funktion.
28.	0	Kein Einsatz. Keine Einzelheiten.
29.	54	*La Spezia, Toulon, Pola, Marseille* und später *Salamis.* Im Einsatz zwischen Dezember 1941 und September 1944.
30.	6	*Konstantza (Schwarzes Meer).* Aufgestellt im Oktober 1941 und im Oktober 1944 aufgelöst.
31. Ausbildungsflottille	153	*Hamburg, Wilhelmshaven* und *Wesermünde.* Aufgestellt im September 1943.
32. Ausbildungsflottille	43	*Königsberg* und seit Januar 1945 *Hamburg.* Aufgestellt im August 1944.
33.	75	*Flensburg,* einige Boote im Fernen Osten. Aufgestellt im September 1944.

[1] Dies ist die Gesamtzahl im ganzen Zeitraum von 1935 bis 1945. Eine Liste, welche Boote jeder Flottille angehörten, befindet sich bei *Bodo Herzog:* »U-Boote im Einsatz 1939–1945«, Bad Nauheim.

Radar

Keine andere Erfindung hat mehr zu Deutschlands Niederlage beigetragen als *Radar*. Es hatte mit Sicherheit den größten Einfluß auf das allgemeine Sichtbarwerden der Uboot-Türme und war der Anlaß für die Entwicklung völlig neuer Uboot-Typen ebenso wie für die größte Katastrophe in der Geschichte der deutschen Marine.

Der Name »RADAR« entstand aus »Radio Detection and Ranging« (Entdeckung und Entfernungsmessung durch Funkstrahlen), unter welcher Bezeichnung das System anfänglich bekannt wurde. Obgleich viele Leser zweifellos mit diesem heute alltäglichen Gerät vertraut sind, so war doch zu Beginn des Zweiten Weltkrieges das Verfahren, Ziele mittels Messung der Zeit, d. h. der Entfernung, zu entdecken, die ein Funksignal benötigte, bis es von einem festen Körper reflektiert wurde, etwas gänzlich neues. Durch den Gebrauch von Radar konnten Ziele unter Bedingungen »gesehen« werden, bei denen dies früher für optische Entfernungsmeßgeräte unmöglich gewesen war, z. B. bei Nacht, in dichtem Regen oder bei Nebel.

Die Geschichte von Ubooten und Radar begann in Wirklichkeit etwa zu der Zeit, als Hitler an die Macht kam und nicht, wie oft behauptet wird, erst während des Krieges. Es trifft nicht zu, daß die Alliierten Deutschland damit überrascht haben. Erste ernsthafte Versuche zur Entfernungsmessung durch Funkstrahlen wurden von den Deutschen am 20. März 1934 in Kiel angestellt. Das war ungefähr $1^1/_2$ Jahre, bevor die Admiralität in London offiziell dem Beginn der Radar-Entwicklung zustimmte. Der grundlegende Unterschied zwischen diesen beiden anfänglichen Vorhaben bestand darin, daß England mehr an ein Mittel zum Suchen und Entdecken dachte, Deutschland sich aber mehr mit einem Funk-Entfernungsmeßgerät befaßte, das erst nach dem Ausfindigmachen eines Zieles zu verwenden sein sollte. Der Grund für diese Gedanken lag darin, daß Radar-Wellen von zufälligen Beobachtern leicht empfangen werden können, damit den Standort ihres Benutzers verraten, und die Kriegsmarine im Hinblick auf ihre Unterlegenheit gegenüber der *Royal Navy* es sich nicht leisten konnte, ihr Auftreten auf hoher See anzuzeigen. Tatsächlich lag die einzige Art, in der Deutschland England ausstechen konnte, darin, daß die *Royal Navy* nicht wußte, wo sich die deutschen Schiffe befanden.

Funkmeßgeräte, als »Drehturm-Gerät« oder kurz nur als DT oder DeTe-Gerät bezeichnet, wurden lange Zeit vor Ausbruch des Krieges wirksam benutzt. In dieser Anfangszeit machte nur die Kriegsmarine Versuche mit Funkmeßgeräten. Die Luftwaffe und die Uboot-Waffe existierten noch nicht, und das Heer zeigte kein Interesse. Das bedeutete, daß Gewicht und Größe der Anlage keinen ausschlaggebenden Faktor bildeten, da sie zur Verwendung auf großen Schlachtschiffen vorgesehen war. Nach Erfolgen mit der ersten Anlage wurde erwogen, daß mit einer kleineren Ausführung bessere Ergebnisse erzielt werden könnten, die auf einer kürzeren Wellenlänge als den $1^1/_2$ Metern arbeiten würde, die für die DT-Geräte benutzt wurde. Aus technischen Gründen würde das ein insgesamt kleineres und leichteres Gerät zur Folge haben, das vielleicht in Flugzeuge eingebaut werden könnte. Die Möglichkeiten kürzerer Wellenlängen wurden in die Forschung einbezogen, aber die verantwortlichen Köpfe kamen zu dem Schluß, daß jede Wellenlänge unter $1/_2$ Meter unwirksam sein würde. Tatsächlich fertigten sie sogar großartige Schaubilder an, um ihre Vorgesetzten zu überzeugen, daß die Wirksam-

Einrichten einer geheimen Wetterstation

Dr. Nusser und seine Leute vom geheimen Wetterdienst auf dem Vorschiff von U 377 auf dem Wege nach Spitzbergen. Im Vordergrund das 8,8 cm-Geschütz.

U 377 vor Anker in einem Fjord bei Kap Mitra, Spitzbergen. Die Vorräte wurden mit Schlauchbooten ausgeladen, bis...

... das Wasser des Fjordes völlig zufror.

keit der neuen Erfindung mit kürzerer Wellenlänge abnahm, und daß die Wellen bei etwa 50 Zentimetern völlig verloren gingen; Funkmessung im Zentimeter-Wellenbereich war »gänzlich unmöglich«.

Die Versuche zeitigten jedoch als Ergebnis ein kleineres Funkmeßgerät als die DT-Anlage, das im Winter 1938/39 in die Produktion ging. In dieser Zeit wurde aber nicht mehr als ein rundes Dutzend dieser Geräte gebaut. Zwei Geräte wurden im Frühsommer 1939 auf Ubooten eingebaut. Beide Boote bewerteten die Leistung der Funkmessung nur als ausreichend. Die Antennen mußten besonders verkleinert werden, um auf dem Kommandoturm untergebracht werden zu können. Ebenso waren Änderungen erforderlich, die die Antennen dem großen Wasserdruck standhalten ließen. Insgesamt war die Anlage ziemlich kompliziert, und der Raum in den Ubooten war zu eng als daß diese noch sehr schwerfällige Anlage hingenommen werden konnte. Deshalb wurde, weniger als einen Monat vor Kriegsausbruch, entschieden, daß Uboote nicht mit Funkmeßgeräten auszurüsten seien und statt deren Unterwasserortungsgeräte erhalten würden. Diese Entscheidung trug zur Einstellung der Forschung auf dem Gebiet des Funkmeßwesens bei.

Bei Kriegsbeginn gab es noch zahlreiche Befürchtungen, besonders bei den Ubootfahrern, daß England über ein geheimes Ortungsgerät gegen Uboote verfügte. Mit Fortschreiten des Krieges wurde offenbar, daß dies nicht zutraf. Es war möglich, nahe an Schiffe der *Royal Navy* heranzugehen, ohne entdeckt zu werden. Es gab sogar Berichte, daß englische Zerstörer in weniger als 100 Metern Entfernung ein Uboot passiert hatten, ohne es zu bemerken. Günther Prien mit U 47 machte Uboot-Geschichte, indem er in die stark gesicherten Gewässer von Scapa Flow eindrang. Diese Erfahrungen trugen zu der Annahme bei, daß Radar im Kriege niemals eine bedeutende Rolle spielen würde. Als der Krieg später den deutschen Entwicklungsmöglichkeiten starke Beschränkungen auferlegte und zahlreiche Vorhaben beschnitten werden mußten, gab Hitler Anweisung, alle Forschungen, die nicht binnen Jahresfrist zum Abschluß gebracht werden konnten, einzustellen. Demzufolge wurden große Bereiche der deutschen Funkmeßforschung im Stich gelassen.

Der erste Angriff auf ein Uboot mit Hilfe von Radar fand am 19. November 1940 statt, aber das Uboot entkam.

Nach britischen Quellen war das erste Uboot, das nach Radarortung tatsächlich versenkt wurde, eines, das am 10. Februar 1941 von einer Whitley angegriffen wurde, obgleich es von deutscher Seite keine Unterlagen gibt, daß in diesem Monat ein Uboot in Verlust geriet. Das waren für England wichtige Ereignisse, aber Radar wurde noch nicht oft genug benutzt, um in Deutschland, wo diese Vorfälle als gewöhnliche Angriffe verbucht wurden, ernste Bedenken zu erregen. Bei der Ubootführung begannen Berichte von Kommandanten einzugehen, die angaben, bei Verhältnissen, die ein optisches Sichten ausgeschlossen hatten, angegriffen worden zu sein. Häufig behaupteten die Meldungen, daß Flugzeuge aus tiefliegenden Wolken herausstießen oder in stockdunkeler Nacht plötzlich auftauchten. Sie müßten das Uboot zuvor geortet haben, bevor sie es aus günstigster Angriffsrichtung angeflogen hätten. Die Offiziere an Land, die diese Berichte auswerteten, kamen immer wieder zu dem gleichen Schluß, daß »die Ausgucks geschlafen« haben müßten. Erst 1942 erwähnte jemand in einem hohen Stabe etwas von »Funkmeß-Ortung«.

Nach verschiedenen Versuchen kam Deutschland zu dem Schluß, daß England ein Gerät ähnlich der DT-Anlage benutzte. Dies konnte nutzlos gemacht werden durch Einsatz eines Empfangsgerätes, das solche Funksignale erfassen könnte. Es war aber nichts dergleichen sofort verfügbar, da Forschung und Entwicklung schon früher im Kriege eingestellt worden waren. Es wurden wenigstens sechs Monate benötigt, um ein geeignetes Radar-Warngerät zu entwickeln.

Es wurde aber allen Ubooten eine Anleitung für eine primitive Antenne zum Empfang von Funkwellen mit sehr hoher Frequenz (VHF – Very High Frequency) ausgegeben, damit die Besatzungen sie selbst anfertigen konnten. Die Antenne bestand aus einem derben Holzkreuz, das außen herum mit Draht bespannt war. Die Herstellung war so einfach,

95

Anfangs waren die Männer besorgt, daß das Eis das Boot zerdrücken könnte...

... später stellte sich heraus, daß man über das Eis gehen konnte, und die Vorräte wurden mit Schlitten anstelle von Schlauchbooten entladen.

Die Silhouette von U 377 gegen die Mitternachtsonne.

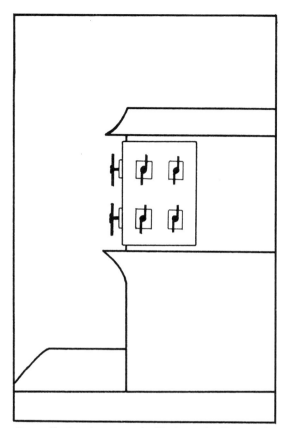
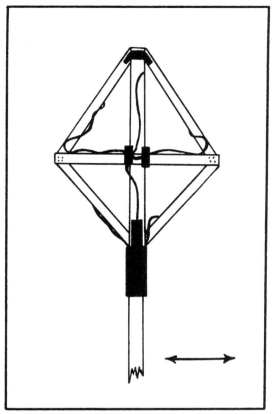

»Starres Funkmeßgerät« an der Vorkante des Kommandoturmes eines Typ VII C-Bootes. Das Gerät arbeitete nach dem gleichen Prinzip wie das D.T.-Gerät. Es war an dieser Stelle fest angebracht, und die einzige Möglichkeit, eine Umdrehung von 360° zu machen, bestand darin, daß das Boot einen vollen Kreis fuhr. Dieses Funkmeßgerät wurde nur auf wenigen Booten eingebaut.

Die erste »Metox«-Radarantenne – das »Biscaya-Kreuz«. Einige davon wurden aus alten Brettern von Packkisten hergestellt. Der Holzrahmen außen um das Kreuz fehlte manchmal, und die Drähte waren nur roh um das Gestell gewickelt.
Der Pfeil zeigt ungefähr die Breite eines Kopfes an.

daß außer dem Draht nur ein paar Nägel, Schrauben und Holzstücke gebraucht wurden. Sie wirkte auf Wellenlängen von 1,4 bis 1,8 Metern und konnte ein Radargerät bis zu einer Entfernung von rund 30 Kilometern erfassen.

Die erste kreuzförmige Antenne wurde »Biscaya-Kreuz« genannt, da sie zuerst im Golf von Biscaya benutzt wurde. Der Empfänger wurde »Metox« oder FuMB 1 (Funkmeß-Beobachtungs-Gerät) genannt. Bei Gebrauch wurde die Antenne in einer Halterung auf dem Turm angebracht, wo sie von Hand gedreht werden mußte. Bei Empfang eines Signals mußte sie durch das Turmluk nach unten geworfen werden (sie war zu zerbrechlich, um auf dem Turm zu bleiben, wo sie vom Wasser umspült worden wäre), wobei oft die Brückenwache in der Zentrale darauftrat, so daß sie vor erneutem Gebrauch repariert werden mußte. Das Biscaya-Kreuz wurde durch eine besser konstruierte Metox-Antenne abgelöst, die ebenfalls auf dem Turm befestigt war und Radar-Impulse bis zu Entfernungen über 100 Kilometer hinaus auffassen konnte. In dieser ersten Zeit wurden sowohl das plumpe Biscaya-Kreuz als auch die runde Dipol-Antenne zur gleichen Zeit benutzt. Die Besatzung wurde in Alarmbereitschaft versetzt, wenn ein Kontakt aus der Luft auf der Antenne für 100 Kilometer-Bereich aufgefaßt wurde. Das Boot tauchte aber nicht, bis diese Signale auch mit dem Biscaya-Kreuz empfangen wurden und zeigten, daß das Flugzeug nur noch 30 Kilometer entfernt war.

Das Hauptproblem mit dem Metox-Empfänger lag darin, daß er nicht immer in der gleichen Weise ansprach. Mal summte er, und zu anderen Zeiten gab er ein haarsträubendes Pfeifen von sich. Das ging dann der Besatzung so sehr an die Nerven, daß die Kommandanten, »um bei Sinnen zu bleiben, das verdammte Ding« abschalteten.

Dieses von den Alliierten benutzte Radar-Gerät wurde als »ASV-Radar« bezeichnet (Air to Surface Vessel Apparatus – Luft/Überwasserschiff-Gerät) und arbeitete auf einer Wellenlänge ähnlich der deutschen DT-Anlage. Es wurde nicht, wie die deutschen Besatzungen gehofft hatten, völlig nutzlos, nachdem die Uboote in der Lage waren, die Impulse zu empfangen. Die *Royal Air Force* wandte lediglich eine andere Angriffstaktik an. Angreifende Flugzeuge flogen mit eingeschaltetem ASV in großer Höhe. Beim Gewinnen von Kontakt wurde das Radar ausgeschaltet und dem Flugzeugführer die ungefähre Position des Zieles gegeben. Er brachte die Maschine in eine günstige Angriffsposition und ging auf geringere Höhe für den letzten Anflug. Bei guter Sicht griff er ohne weiteren Radar-Gebrauch an. Bei Nacht jedoch konnte das ASV mehrmals für eine einzelne Umdrehung eingeschaltet werden, um sicherzustellen, daß die Maschine noch auf dem richtigen Anflugkurs war. Wenn es so dunkel war, daß man überhaupt nichts sehen konnte, wurde für die letzte Ortsbestimmung das »Leigh Light« (ein leuchtstarker Scheinwerfer) eingeschaltet. In dieser Phase wurde das Unternehmen für den Piloten recht nervenaufreibend, weil er sich in zwei von drei Fällen plötzlich über einem großen Handelsschiff und nicht über einem niedrigen Uboot sah. Es gab viele Berichte von der Handelsmarine, daß Flugzeuge gerade so eben von den Mastspitzen klargekommen wären. Die RAF-Piloten merkten bald, daß es sehr schwierig ist, in der Dunkelheit Entfernungen zu schätzen, und daß die Ubootleute anfingen zu schießen, sobald das Leigh Light eingeschaltet wurde, obgleich das Flugzeug sich noch außerhalb der Reichweite ihrer Waffen befand. Der Flugzeugführer konnte dann auf das Mündungsfeuer des Fla-Gewehrs zufliegen und nur beten, daß es zum Tauchen des Bootes verlassen sein würde, wenn er in seine Reichweite kommen würde. (Das ging in der Zeit, als die Uboote noch mit nur einer einzelnen Flak ausgestattet waren.)

Radar war nicht die einzige Waffe, die von England eingeführt wurde. Das »Leigh Light«, unter der Tragfläche des Flugzeuges angebracht, war ein sehr starker Scheinwerfer mit einem Lichtkegel, der ein Uboot an der Oberfläche in dunkler Nacht auf eine Entfernung von über 1 Kilometer erkennen ließ. Dies trug in großem Maße zu nächtlichen Versenkungen bei. Eine andere erfolgreiche Erfindung war der *Kurzwellenpeiler* (High Frequency Direction Finder, abgekürzt H/F D/F und als »Huff-Duff« bezeichnet). Hier handelte es sich um ein revolutionierendes Verfahren zur Ortsbestimmung des Senders von Funksignalen. (Dönitz funkte viel an seine Kommandanten, und viele Sprüche wurden zwischen den Booten ausgetauscht. Sie waren gewöhnlich zu kurz, um für herkömmliche Funkpeiler nach dem Dreiecksverfahren eine Peilung zu erhalten. Deshalb wurde dieser freie Verkehr als ungefährlich angesehen.) *Huff-Duff* war in der Lage, die Quelle sogar eines Funk-Kurzsignals in der Richtung zu bestimmen und war für die Alliierten von sehr großem Nutzen, da die Uboote sehr viel Gebrauch von ihren Funksendern machten. *Huff-Duff*-Empfänger wurden ab Februar 1942 sowohl auf Schiffen als auch bei Küstenfunkstellen eingeführt. Es bedurfte nur einer verhältnismäßig geringen Zahl von Geräten: ein ganzer Konvoi zum Beispiel benötigte nur ein Gerät, um zur Feststellung von Ubooten in seiner Nähe in der Lage zu sein.

Zusätzlich zu diesen neuen Instrumenten führte England auch eine neue U-Abwehrtaktik ein, um ihre Rolle im Kampf von der Defensive zur Offensive umzuwandeln. Verbesserte Katapultschienen zum Start von Jagdflugzeugen wurden auf einigen Handelsschiffen eingebaut, während andere, insbesondere Tanker, zu Flugzeugträgern umgebaut wurden.

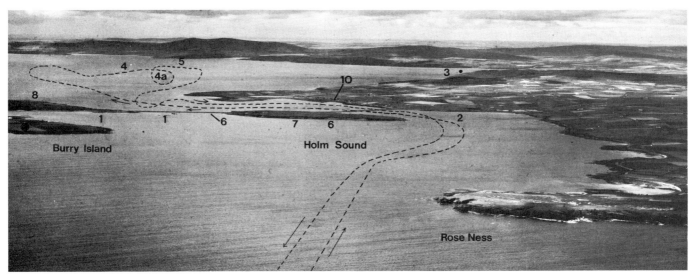

U 47's Weg nach Scapa Flow

1. Diese Einfahrten waren durch Unterwasserhindernisse blockiert. 2. In Nähe dieser Stelle waren mehrere Unterwasserhindernisse. 3. Ungefähre Position von HMS »Royal Oak«. 4. Ungefähre Position, von der aus U 47 seinen ersten Fächer schoß. 4a. Ungefähre Position, von der der Hecktorpedo geschossen wurde. 5. Ungefähre Position, von der das Uboot den zweiten Fächer schoß. 6. Die »Churchill-Sperre«, die nach Priens Besuch errichtet wurde. 7. Insel Lamb Holm. 8. Insel Glims Holm. 10. Der Ort St. Mary's mit einer kleinen Pier. Das Foto wurde über der Nordsee mit Blick auf Scapa Flow in nordwestlicher Richtung aufgenommen.

Damit konnte ein Konvoi seine eigenen Flugzeuge zur Uboot-Bekämpfung mit sich führen.

Inzwischen war aber drüben in Deutschland die Hierarchie der Kriegsmarine noch nicht so weit, ihre Niederlage infolge der Einführung von Radar einzugestehen. Sie behauptete vielmehr, daß dies die Uboote unterstützen würde, und es wurde sogar angeregt, daß Ubootkommandanten Radarimpulse zum Auffinden von Konvois ausnutzen könnten! Den Kommandanten wurde aber nicht gesagt, daß sie in Wirklichkeit Selbstmord begehen würden, wenn sie aus einer dem Gegner genau bekannten Position angriffen. Es ist unbekannt, wie viele Kommandanten diese Methode zum Finden ihrer Ziele versucht haben; viele von ihnen fielen wahrscheinlich bei dem Versuch und nahmen ihre Besatzungen mit in den Tod. Noch war sie aber ein übliches Verfahren, und zumindest ein Kommandant, der diese Methode bei der Suche nach einem Konvoi anwandte, lebte lange genug, um seinen Bericht abzugeben.

Oblt. z.S. Gerhard Kluth, der Otto Köhler abgelöst hatte, verließ Brest mit U 377 zur 12. Feindfahrt des Bootes und schaffte es, das »finstere Loch« der Biscaya ohne Zwischenfall zu passieren. Einmal draußen im Atlantik, wurde das Boot gegen einen westgehenden Konvoi angesetzt, den die Ausgucks in den frühen Abendstunden gesichtet hatten. Der Konvoi war so stark gesichert, daß Kluth zum Angriff auf einen nahestehenden Zerstörer mit einem über Wasser geschossenen Torpedofächer gezwungen war. Das anschließend notwendige Tauchmanöver machte eine Beobachtung des Angriffserfolges unmöglich, aber eine starke Explosion und das plötzliche Aufhören der Propellergeräusche ließ vermuten, daß er von Erfolg gewesen war. (Tauchen ist immer ein Manöver, das Zeit kostet, und zu der Zeit, als U 377 wieder auftauchte, war der Konvoi bereits aus Sicht gekommen.)

Kurz bevor Radarimpulse wieder empfangen wurden, kam ein dichter Nebel auf. Das gab dem Gegner einen noch größeren Vorteil als sonst, weil er das Uboot orten konnte, Kluth aber keine Ahnung haben konnte, wo die Zerstörer standen. Trotzdem war Kluth fest entschlossen, noch eine weitere Versenkung zu erzielen. Er staffelte langsam an den Konvoi heran, benutzte die Radarimpulse dabei als Anhaltspunkt und verließ sich auf seine eisernen Nerven, um weiterhin anzulaufen. Während das Boot über Wasser fuhr, ging alles gut, bis einer der Ausgucks einen Zerstörer sichtete, der genau auf sie zulag. Die Männer purzelten schon durch das Turmluk nach unten, als Alarm befohlen wurde und U 377 schnellstens »in den Keller ging«. Während dieses Lärms gab es im Boot eine schwere Erschütterung, aber die Maschinen liefen weiter, und so schenkte man ihr keine besondere Beachtung. Merkwürdigerweise erfolgten keine weiteren Angriffe von dem Zerstörer. War er zufällig auf das Uboot gestoßen? Es folgten keine Wasserbomben. Geräusche von mehreren Propellern waren zu hören. Kluth ging mit dem Boot vorsichtig wieder auf Sehrohrtiefe, sichtete aber nichts.

Schließlich verschwand der Nebel nach dem Auftauchen, und als die Männer das Boot besahen, entdeckten sie den Grund der plötzlichen Erschütterung: mit Schrecken mußten sie feststellen, daß der Bug ihres Bootes aufgerissen war. Glücklicherweise war die Beschädigung nicht tödlich, da die Tauchtanks und der Druckkörper unberührt geblieben waren. Bevor noch über weitere Maßnahmen entschieden werden konnte, erschien ein »Liberator«-Flugzeug. Zuerst umkreiste es das Boot weit außerhalb der Reichweite seiner 2 cm-Flak, dann flog es zum Angriff an. Es gelang Kluth, die Wasserbomben auszumanövrieren, aber das Feuer der Bordkanonen des Flugzeuges tötete zwei Ausguckposten und verletzte Kluth am Arm. Diese Lage entschied über die weitere Handlungsweise – nach Ausfall des Kommandanten gab es keine Alternative zur Rückkehr in den Stützpunkt, da er der einzige an Bord war, der zur Führung des Bootes im Gefecht ausgebildet war und keinen Vertreter besaß, der dazu in der Lage war.

»Metox«-Funkmeßempfänger waren Ende 1942 weithin im Gebrauch, und der anfängliche Schock über die Einführung des Radar-Verfahrens durch England war überwunden. In der Tat sahen die Monate nach dem August 1942 ein ständiges Wachsen der Ubooterfolge, und im November wurde die höchste Zahl versenkter alliierter Tonnage in einem Monat während des ganzen Krieges erreicht. Zur gleichen Zeit nahm die Zahl versenkter oder zumindest angegriffener Uboote bis zum Dezember ständig ab, in dem nicht ein einziges Boot zufolge der Ortung durch Radar verloren ging. Das brachte die Kriegsmarine zu dem Glauben, die »Radar-Phase« des Kampfes von deutscher Seite gewonnen zu haben, weil sich dieses Ortungsmittel als nutzlos erwiesen hätte. Einige Skeptiker meinten immer noch, daß auf diesem Gebiet weitere Forschungen nötig seien, insbesondere zur Untersuchung neuer Wellenbereiche. Alles in allem wurde das aber für überflüssig gehalten, da die »Fachleute« schon früher behauptet hatten, daß Funkmessung in diesen Bereichen unmöglich zu Ergebnissen führen könnte.

Als das Oberkommando der Kriegsmarine sich gerade auf den Lorbeeren seines Erfolges ausruhte, trafen merkwürdige Berichte von Ubootkommandanten ein. Sie behaupteten, unter Bedingungen angegriffen worden zu sein, bei denen optische Sichtungen unmöglich gewesen wären und auch das Metox keine Warnung von sich gegeben hätte. Die Offiziere der Ubootführung an Land wußten, daß das Metox haarsträubende Pfeif-, Brumm- und Kreischgeräusche ertönen ließ, und nahmen an, daß die Kommandanten entgegen den bestehenden Befehlen die Empfänger ausgeschaltet hätten und dadurch überrumpelt worden wären. Die Offiziere in der Ubootführung gingen sogar so weit, die genauen Wettermeldungen daraufhin zu prüfen, ob die Sichtverhältnisse tatsächlich so schlecht gewesen waren wie sie von den Kommandanten angegeben worden waren! Schließlich brachten sie sich selber zu der Überzeugung, daß die Angriffe auf Nachlässigkeit der Besatzungen zurückzuführen seien.

Mehrere Faktoren trugen dazu bei, daß sie zu dieser Schlußfolgerung gelangten. Einmal waren da die bereits erwähnten Gesamterfolge. Zweitens war es einem abgeschossenen Flieger der *Royal Air Force* gelungen, die Deutschen zu überzeugen, daß Flug-

Der Geleitzug

Das erste Anzeichen eines Geleitzuges war der Rauch ... Ist es eine Wolke oder Rauch? Wird es einen Erfolg oder den Tod bringen?
Männer auf der Brücke von U 377.

... dann kommen Mastspitzen in Sicht und schließlich der ganze Konvoi ...

Torpedotreffer

Das Handelsschiff »Brisbane Star« schleppte sich noch in den Hafen von Malta, nachdem ein Torpedo seinen Bug getroffen hatte.

zeuge die Hitze der Auspuffgase der Boote anflögen (das ist durch Ausnutzung des infraroten Lichtes möglich). Ein anderer englischer Flieger gab einen überzeugenden Bericht darüber ab, daß das Metox-Gerät ebenfalls Funkwellen abstrahlte, die von den britischen Flugzeugen empfangen werden könnten. Zum dritten waren die Funkmeß-»Fachleute« erneut zusammengerufen worden und hatten, wie schon zu Beginn des Krieges, mit aller Bestimmtheit behauptet: »Funkmessung mit kürzeren Wellenlängen ist unmöglich!« Alles dies überzeugte die Seekriegsleitung, daß weitere Versuche nicht erforderlich seien. Deutschland machte Versuche mit dem Gedanken, Uboote mit einer Art von Schaumgummischicht einzuhüllen, um die Radarimpulse zu absorbieren. Das setzte aber nur die Leistung des Bootes herab, und Salzwasser wie Wellenbildung beseitigten bald wieder die Schaumschicht. Dies Verfahren wurde daher niemals allgemein angewandt und nur benutzt, kleine Teile wie z. B. die Kopfventile von »Schnorcheln« zu beschichten.

Das nächste Kapitel der Geschichte von Radar und Ubooten begann am 12. Februar 1943, als deutsches Flakfeuer einen britischen Bomber in der Nähe von Rotterdam in Holland abschoß. Den gewohnten ständigen Befehlen folgend suchte Personal der *Luftwaffe* die Abschußstelle auf und unterzog das Wrack der üblichen Pflichtuntersuchung. Dies ergab etwas Neues: einen stark beschädigten und blutbedeckten Kasten, der vorher noch nicht gesehen worden war. Sofort wurden qualifizierte technische Experten hinzugezogen zu einer genaueren Prüfung. Sie entdeckten nichts Bemerkenswertes außer einer Bleistiftaufschrift auf einer Seite »Versuchsgerät 6«. Durch Telefon wurde das Oberkommando der Luftwaffe in Berlin unterrichtet, das einen Ausbau des Kastens und baldmögliche Übersendung an ihr Versuchsfeld anordnete. Zur einfachen Kennzeichnung wurde der Kasten als »Rotterdam-Gerät« bezeichnet.

Bei Eintreffen des Kastens in Berlin wurde festgestellt, daß er durch den Absturz schwer beschädigt war. Die Sachverständigen fanden jedoch genug heraus, um darauf hinweisen zu können, daß es sich um etwas handelte, was in Deutschland lange Zeit als unmöglich betrachtet worden war – ein Kurzwellen-Funkmeßgerät. Versuche zur Wiederherstellung des Rotterdamgerätes wurden sofort begonnen, aber am 9. März unterbrochen, als die *Royal Air Force* mit einem (zufälligen) Volltreffer die Versuchsanstalt traf. Die Ingenieure hielten ihre Untersuchung für so wichtig, daß sie das Gerät aus den noch rauchenden Trümmern bargen. Hermann Göring, Oberbefehlshaber der Luftwaffe, war sich ebenfalls der Bedeutung dieses kleinen Kastens bewußt. Er stellte die am besten geschützten Versuchsgebäude zur Verfügung und gab Befehl, das Gerät so schnell wie möglich wiederherzustellen. Dieser Versuch erhielt eine plötzliche Unterstützung, als ein ähnliches Gerät in den Trümmern eines über Berlin abgeschossenen Bombers gefunden wurde. Das Rotterdam-Gerät in diesem Flugzeug war ebenfalls schwer beschädigt, aber gerade die Teile, die in dem ersten Gerät fehlten, waren noch intakt.

Die Instandsetzung dauerte den Sommer über an, und es wurde August, bis das vollständige Gerät auf die Spitze eines hohen Funkmastes gebracht und eingeschaltet werden konnte. Das Ergebnis übertraf bei weitem die Erwartungen der Ingenieure. Die Sichtscheibe zeigte ein vollständiges Kartenbild der Umgebung des Funkmastes über mehr als 30 Kilometer, auf dem jede Einzelheit deutlich zu erkennen war. Unverzüglich wurde das Oberkommando durch direkten Telefonanruf verständigt. Die Vertreter der Marine warfen nur einen Blick auf das Funkmeßgerät und wußten, warum während der vergangenen Monate so furchtbare Ubootverluste eingetreten waren. Unabhängig von den Sichtverhältnissen war dieser »Kasten« in der Lage, ein Uboot über Wasser auf große Entfernung genau zu orten. Sie erkannten, daß die Uboote keine Aussicht hatten, ihrer Ortung selbst bei dichtestem Nebel zu entgehen. Dieser Kasten versetzte den Gegner in die Lage, sie unter allen Bedingungen zu entdecken: und – was noch wichtiger war – Deutschland hatte kein Gegenmittel, um seine Verwendung festzustellen.

Das Problem war so ernst, daß Göring sofort Befehle erließ, daß alle in Betracht kommenden technischen Firmen mit Versuchen zu beginnen hatten: erstens, um einen Empfänger zu finden, der diese 9 cm-Funk-

HMS »Broadway half mit, U110 aufzubringen. Am Heck ein leeres Gestell für Wasserbomben. Beachte die Torpedorohre vor dem achteren Aufbau. Hinter dem achtersten Schornstein ist ein Rettungsfloß zu erkennen.

meßwellen aufnehmen konnte, und zweitens, um ein ähnliches Gerät für Deutschland zu bauen. Ungefähr 10 000 Mann wurden von der Wehrmacht entlassen zur Rückkehr zu ihren früheren Tätigkeiten, um den Versuch zu machen, eine Lösung für das »Rotterdam-Problem« zu finden. Deutschland hatte seine Forschung auf diesem Gebiet eingestellt, als es noch einen Vorsprung hatte, aber jetzt war es so hoffnungslos zurückgefallen, daß es kaum noch eine Chance gab, wieder aufzuholen. Die deutschen Ingenieure standen vor der Notwendigkeit, noch mal von vorn anzufangen und allen den Möglichkeiten nachzugehen, die zu einem erfolgreichen Ergebnis führen könnten – und das zu einer Zeit, als große Städte die ersten »Tausend Bomber«-Angriffe über sich ergehen lassen mußten und die *Royal Air Force* die Mehrzahl der Wohnhäuser zerstörte.

Telefunken war eine der Firmen, die ihre Versuche 1940 nicht gänzlich eingestellt hatten, und es dauerte nicht lange, bis sie es schaffte, einen Empfänger zu bauen, der Kurzwellen-Radarsignale erfassen konnte. Der Empfänger, »Naxos« genannt, wurde tatsächlich auf einigen Ubooten eingebaut, aber nicht in genügend großer Zahl, um noch große Auswirkung auf den Kriegsverlauf im allgemeinen zu haben. Die ersten Naxos-Antennen und -Empfänger waren überdies ziemlich primitive Geräte mit einer Reichweite von weniger als zwölf Kilometern. Mit anderen Worten bedeutete das, daß ein Flugzeug mit rund 400 km/h (250 mph) Geschwindigkeit etwa eine Minute, nachdem das »Naxos«-Gerät seine Radar-Impulse zuerst empfangen hatte, bereits über dem Uboot sein würde. Da die kürzeste Tauchzeit für ein großes Uboot 30 bis 40 Sekunden betrug, war die Spanne zwischen Leben und Tod nur etwa zwanzig Sekunden breit!

Naxos wurde kurz vor Ende des Krieges verbessert, aber das hatte keinen wesentlichen Einfluß auf das Kampfgeschehen mehr. Mit der Einführung des Zentimeter-Radars war es nunmehr nötig geworden, noch eine weitere Antenne auf dem bereits überfüllten Kommandoturm anzubringen, da auch das Langwellen-Radar noch benutzt wurde und auf die Metox-Antenne nicht verzichtet werden konnte. Ein neues Gerät, das nur eine Antenne benötigte und automatisch die verschiedenen Radar-Wellenbereiche absuchte, wurde erst ganz kurz vor Ende des Krieges eingeführt.

Deutschland machte auch Versuche mit mehreren erfolgreichen Radar-Täuschungsmitteln (»Foxer«). »Thetis« war ein dreidimensionales Kreuz, bei dem zwischen den hölzernen Balken Drähte gespannt waren. Es schwamm auf der Wasseroberfläche und reflektierte Radar-Signale. »Aphrodite« bestand aus einem Ballon, der leichter als Luft und mit einem sechzig Meter langen Draht an einem Floß befestigt war, das der Ballon aber nicht aus dem Wasser heben konnte. Drei Streifen aus Metallfolie waren an der Unterseite des Ballons befestigt und reflektierten ebenfalls Radarstrahlen. Erfolge dieser Geräte wurden bestätigt, als in dem von Deutschland abgehörten alliierten Funkverkehr über die Anwesenheit von Ubooten in Gebieten berichtet wurde, in denen solche »Foxer« ausgelegt worden waren. Deutschland hatte auch ein Gerät »Bold« gegen *Asdic*-Geräte entwickelt, das von Ubooten ausgestoßen werden konnte. Bei Berührung mit Seewasser stieß der Behälter Luftblasen aus, die die akustischen »Pings« eines *Asdic*-Gerätes reflektierten. Diese Mittel wurden benutzt, um die *Asdics* verfolgender Zerstörer abzulenken.

Der Verfasser ist Kapt. z. S. a. D. Helmuth Gießler zu Dank verpflichtet für seine Durchsicht der Druckfahnen und das Betonen der folgenden Punkte.

Noch heute sind die deutschen Ubootfahrer der Ansicht, daß Radar ihr Hauptfeind gewesen sei, wahrscheinlich weil das geeignet ist, von ihren eigenen Fehlern abzulenken. Die Kurzwellenpeiler *(Huff-Duff«)* spielten bei der Vernichtung der Uboote tatsächlich eine noch größere Rolle. Selbst am Ende des Krieges hatte Deutschland die Bedeutung dieses Gerätes noch nicht erkannt.

Zur Klarstellung muß gesagt werden, daß trotz der zahlreichen Funksprüche, die Dönitz von seinen Bootskommandanten erhielt, diese immer verschlüsselt waren und ihr Wortlaut von Funkbeobachtungsstellen nicht entziffert werden konnte. Aber der Kurzwellenpeiler konnte ohne Verzug den Sender der Funkzeichen einpeilen. Auf diese Weise konnte das Boot schnell gestellt und bekämpft werden.

Zusammenstellung technischer Daten

Typ	Beschreibung	Stapellauf	Besatzung[1]	Wasser-verdrängung[2]	über Wasser[3]	unter Wasser
I A	Ozeanfähig/konventionell	1936	4/39	712 t	862 t	1200 t
II A	Küsten-Uboot/konventionell	1935	3/22	250 t	254 t	380(+) t
II B	Küsten-Uboot/konventionell	1935	3/22	250 t	279 t	414 t
II C	Küsten-Uboot/konventionell	1938	3/22	250 t	291 t	435 t
II D	Küsten-Uboot/konventionell	1940	3/22	—	314 t	460 t
VII A	Hochseefähig/konventionell	1936	4/40 bis 56	500 t	626 t	915(—) t
VII B	Hochseefähig/konventionell	1938	44 bis 56	517 t	753 t	1040 t
VII C	Hochseefähig/konventionell	1940	44 bis 56	—	ca. 769 t	ca. 1070 t
VII D	Wie Typ VII C, zusätzlich Minenschächte	1941	4/40	—	965 t	1285 t
VII F	Wie Typ VII C, nur mit zusätzlicher Abteilung für Zuladung	1943	4/42	—	1084 t	1345 t
IX A	Fernfahrt-Ozeanfähig/konventionell	1938	4/44	740 t	1032 t	1408 t
IX B	Fernfahrt-Ozeanfähig/konventionell	1939	4/44	—	1051 t	1430 t
IX C		1940	4/44	—	1120 t	1540 t
IX C/40		1942	4/44	—	1144 t	1545 t
IX D$_1$	Ozeanfähig/konventionell, Transporter	1941	4/51 einschl. Arzt	—	1610 t	2150 t
IX D$_2$	Fernfahrt–Ozeanfähig/konventionell	1941	4/51 bis 61 einschl. Arzt	—	1616 t	2150 t
X B	Ozeanfähiger Minenleger/ als Versorger verwendbar	1941	5/47 einschl. Arzt	—	1763 t	2710 t
XIV	Ozeanfähiger Transporter »Milchkuh«	1941	6/47	—	1688 t	2300 t
XXI	Als Ersatz für Typ VII C geplant	1944	5/52	—	1621 t	2100 t
XXIII	Ähnlich Typ XXI, nur kleineres Küstenboot	1944	2/12	—	234 t	275 t
V 80	Versuchsboot	1940	4	—	71 t	80 t
XVII A (WA 201)	Versuchsboote	1943	25	—	236 t	280 t
XVII A (WK 202)	Versuchsboote	1943	3/9	—	236 t	280 t (?)
XVII B	Zweihüllen-Versuchsboot	1944	3/16	—	312 t	415 t
XVII K (U 798)	Versuchsboot/nicht fertiggebaut	1945	3/16	—	308 t	425 t
XI A	Zweihüllen-U-Kreuzer	nicht gebaut	110 bis 120	—	3140 t	4650 t
XVII A	V 30 (U 791), Versuchsboot	Projekt aufgegeben	25	—	610 t	725 t
XVII G	Versuchsboot	Projekt aufgegeben	3/16	—	314 t	385 t
XVIII	Aussehen ähnlich Typ XXI	Projekt aufgegeben	4/47	—	1485 t	1885 t (?)
XX	Fernfahrt-Transporter	Projekt nicht weiterentwickelt	ca. 55–60	—	ca. 2710 t	ca. 3420 t
XXII	Küsten-Uboot	Projekt nicht weiterentwickelt	2/10	—	155 t	245 t
UA	Ozeanfähig	1938	45	—	1128 t	1284 t
UB	Ex HMS *Seal*	1938	ca. 47	—	1770 t	2113 t
UC1 und UC2	Ex norwegische *B 5* und *B 6*	1929	21–25	—	427 t	554 t
UD1	Ex holländisches *O 8*		ca. 25	—	360 t	430 t
UD2	Ex holländisches *O 12*	1930 (?)	34	—	555 t	715 t
UD3, UD4, UD5	Ex holländisches *O 25*, *O 26* und *O 27*	1940	45	—	1054 t	1372 t
UF2	Ex französisches *La Favorite*	1940 (?)	40	—	928 t	1078 t
UIT 17	Ex italienisches *CM 1*	1943	8	—	92 t	114 t
UIT 21	Ex italienisches *Giuseppe Finzi*	1935	72	—	1550 t	2060 t
UIT 22 und UIT 23	Ex italienische *Alpino Bagnolini*, *Reginaldo Giuliani*	1939	57	—	1166 t	1485 t
UIT 24	Ex italienisches *Commandante Cappelini*	1939	57	—	1060 t	1313 t
UIT 25	Ex italienisches *Luigi Torelli*	1940	57	—	1191 t	1489 t

Die deutschen Original-Baupläne geben Maße genau in Millimetern an. In diesen Tabellen sind sie auf Zentimeter aufgerundet. Ebenso wurden andere Angaben zur leichteren Lesbarkeit vereinfacht.

Länge über alles	größte Breite	Tiefgang	Höchstfahrt über Wasser	unter Wasser	Fahrbereiche mit hoher Fahrt	mit Marschfahrt	Gesamtbereich mit Diesel- und E-Motoren
72,4 m	6,2 m	4,3 m	17,8 kn	8,0 (+) kn	3300 sm bei 17 kn	6700 sm bei 12 kn	8100 sm bei 10 kn
40,9 m	4,1 m	3,8 m	13,0 kn	6,9 kn	1050 sm bei 12 kn	1600 sm bei 8 kn	2000 sm bei 8 kn
42,7 m	4,1 m	3,9 m	13,0 (—) kn	7,0 kn	1800 sm bei 12 kn	3100 sm bei 8 kn	3900 sm bei 8 kn
43,9 m	4,1 m	3,8 m	12,0 kn	7,0 kn	1900 sm bei 12 kn	3800 sm bei 8 kn	4200 sm bei 8 kn
44 m	4,9 m	3,9 m	12,7 kn	7,4 kn	3450 sm bei 12 kn	5650 sm bei 8 kn	5650 sm bei 8 kn
64,5 m	5,9 m	4,4 m	16,0 (+) kn	8,0 kn	2900 sm bei 16 kn	6200 sm bei 10 kn	6800 sm bei 10 kn
66,5 m	6,2 m	4,7 m	17,0 (+) kn	8,0 kn	3850 sm bei 17 kn	8700 sm bei 10 kn	ca. 9500 sm bei 10 kn
66,5 m	6,2 m	4,7 m	17,0 (+) kn	7,6 kn	3250 sm bei 17 kn	8500 sm bei 10 kn	ca. 9500 sm bei 10 kn
76,9 m	6,4 m	5,0 m	16,0 kn	7,3 kn	5050 sm bei 16 kn	11200 sm bei 10 kn	13000 sm bei 10 kn
76,9 m	7,3 m	5,0 m	17,0 (+) kn	7,9 kn	5350 sm bei 16 kn	14700 sm bei 10 kn	13950 sm bei 10 kn
76,5 m	6,5 m	4,7 m	18,0 (+) kn	7,7 kn	3800 sm bei 18 kn	10500 sm bei 10 kn	11350 sm bei 10 kn
76,5 m	6,8 m	4,7 m	18,5 (—) kn	7,3 kn	3800 sm bei 18 kn	12000 sm bei 10 kn	12400 sm bei 10 kn
76,4 m	6,8 m	4,7 m	18,3 kn	7,3 kn	5000 sm bei 18 kn	13450 sm bei 10 kn	16300 sm bei 10 kn
76,8 m	6,9 m	4,7 m	18,3 kn	7,3 kn	5100 sm bei 18 kn	13850 sm bei 10 kn	16800 sm bei 10 kn
87,6 m	7,5 m	5,4 m	17,0 (—) kn	7,0 kn	5600 sm bei 15 kn	12750 sm bei 10 kn	13000 sm bei 10 kn
87,6 m	7,5 m	5,4 m	19,0 (+) kn	6,9 kn	8500 sm bei 19 kn	31500 sm bei 10 kn	32300 sm bei 10 kn
89,8 m	9,2 m	4,7 m	17,0 kn	7,0 kn	6750 sm bei 16 kn	18450 sm bei 10 kn	21000 sm bei 10 kn
67,1 m	9,4 m	6,5 m	15,0 kn	6,5 kn	5500 sm bei 14 kn	12350 sm bei 10 kn	12000 sm bei 10 kn
76,7 m	8,0 m	6,3 m	15,6 kn	16,8 kn	5100 sm bei 15 kn	15500 sm bei 10 kn	—
34,5 m	3,0 m	3,7 m	9,7 kn	12,5 kn	2600 sm bei 8 kn	4450 sm bei 6 kn	—
22,0 m	2,1 m	3,2 m	4 kn	28 kn	—	—	—
34,1 m	3,4 m	4,6 m	9,0 kn	5,0 kn	1840 sm bei 9 kn	—	—
34,0 m	3,4 m	4,5 m	9,0 kn	26,0 kn	1140 sm bei 9 kn	—	—
41,5 m	4,5 m	4,3 m	8,8 kn	25,0 kn	3000 sm bei 8 kn	—	—
40,7 m	4,5 m	ca. 4,9 m	14,0 kn	16,0 kn	1100 sm bei 14 kn	2600 sm bei 10 kn	—
115,0 m	9,5 m	6,2 m	23,0 kn	7,0 kn	4000 sm bei 22 kn	20600 sm bei 10 kn	24000 sm bei 10 kn
52,1 m	4,0 m	5,5 m	9,3 kn	20,0 (—) kn	33 sm bei 9 kn	500 sm bei 5 kn	—
39,5 m	4,5 m	4,7 m	8,5 (+) kn	25,0 kn (?)	3000 sm bei 8 kn	—	—
71,5 m	8,0 m	6,4 m	18,5 kn	24,0 kn	3000 sm bei 17 kn	7000 sm bei 10 kn	—
ca. 77,0 m	ca. 9,2 m	ca. 6,6 m	12,0 (+) kn	6,0 (—) kn	11000 sm bei 12 kn	18900 sm bei 10 kn	—
27,0 (+) m	?	?	7,0 kn	20,0 kn	1550 sm bei 6 kn	—	—
86,7 m	6,8 m	4,1 m	18,0 kn	8,5 kn	4900 sm bei 18 kn	13100 sm bei 10 kn	16400 sm bei 10 kn
89,3 m	7,7 m	5,2 m	16,0 kn	8,5 (+) kn	4950 sm bei 14 kn	6500 sm bei 10 kn	—
51,0 m	3,7 m (?)	3,5 m	15,0 (—) kn	10,0 (+) kn	—	ca. 1300 sm bei 13 kn	—
44,7 m	4,9 m	3,9 m	13,0 kn	9,0 (—) kn	—	—	—
60,5 m	5,4 m	3,6 m	15,0 kn	8,0 kn	—	3500 sm bei 10 kn	—
77,5 m	6,6 m	4,0 m	20,3 kn	8,0 kn	2500 sm (n) bei 19 kn	7100 sm bei 10 kn	—
68,2 m	5,3 m	4,6 m	14,0 (+) kn	10,0 kn	—	—	—
33,0 m	2,9 m		14,0 kn	6,0 kn	—	2000 sm bei 10 kn	—
84,3 m	7,7 m	5,2 m	17,0 (+) kn	8,0 (—) kn	—	11400 sm bei 8 kn	—
76,1 m	7,1 m		17,0 (+) kn	8,5 kn	—	13000 sm bei 8 kn	—
73,1 m	8,2 m		17,5 kn	8,0 kn	—	9500 sm bei 8 kn	—
76,4 m	7,9 m	4,7 m	18,0 kn	8,0 kn	—	10500 sm bei 8 kn	—

Typ	Fahrbereich unter Wasser	Größte Tauchtiefe	Tauchzeit[4] gestoppt	Alarm-Tauchzeit in Fahrt	Ungefährer Reserve-Auftrieb	Treibstoffvorrat	Zahl der Dieselmotoren	PS
I A	90 sm bei 4 kn	200 m	60 (—) Sek.	30 Sek.	120 t	96 t	2	3000 (+)
II A	35 sm bei 4 kn	150 m	45 Sek.	30 (—) Sek.	49 t	12 t	2	700
II B	43 sm bei 4 kn	150 m	35 Sek.	30 (—) Sek.	50 t	21 t	2	700
II C	43 sm bei 4 kn	150 m	25 Sek.	25 (—) Sek.	50 t	23 t	2	700
II D	56 sm bei 4 kn	150 m	25 Sek.	25 (—) Sek.	50 t	38 t	2	700
VII A	95 sm bei 4 kn	200 m	50 Sek.	30 Sek.	119 t	67 t	2	2300
VII B	90 sm bei 4 kn	200 m	50 Sek.	30 Sek.	104 t	108 t	2	2800 bis 3200
VII C	80 sm bei 4 kn	250 m[5]	50 Sek.	30 Sek.	102 t	114 t	2	2800 bis 3200
VII D	69 sm bei 4 kn	200 m	50 (—) Sek.	30 (—) Sek.	115 t	170 t	2	2800 bis 3200
VII F	75 sm bei 4 kn	200 m	60 (—) Sek.	30 Sek.	97 t	199 t	2	2800 bis 3200
IX A	78 sm bei 4 kn	200 m	?	35 Sek.	121 t	154 t	2	4400
IX B	64 sm bei 4 kn	200 m	?	35 Sek.	127 t	166 t	2	4400
IX C	63 sm bei 4 kn	200 m	?	35 Sek.	112 t	208 t	2	4400
IX C/40	63 sm bei 4 kn	200 m	?	35 Sek.	103 t	214 t	2	4400
IX D$_1$	115 sm bei 4 kn	200 m	50 Sek.	35 Sek.	189 t	252 t und ca. 200 t als Ladung	2	2800 bis 3200
IX D$_2$	57 sm bei 4 kn	200 m	50 Sek.	35 Sek.	188 t	442 t	2 × 9 Zyl. 2 × 6 Zyl.	5400
X B	95 (—) sm bei 4 kn	200 m	?	ca. 40 (—) Sek.	414 t	368 t	2	4800
XIV	55 (—) sm bei 4 kn	200 m	?	?	368 t	203 t + 432 t als Ladung	2	3200
XXI	110 sm bei 10 kn 365 sm bei 5 kn	250 (+) m[7]	?	18 Sek.	?	250 t	2	4000
XXIII	35 sm bei 10 kn 194 sm bei 4 kn	160 m	?	10 (—) Sek.	?	20.7 t	1 × 6 Zyl.	576 bis 630
V 80	50 sm bei 28 kn	?	?	?	?	20 t H$_2$O$_2$	Eine Walter-Turbine mit einer Leistung von	2000 Brems-PS
XVII A (WA 201)[8]	76 sm bei 2 kn	?	?	?	?	40 t Perhydrol oder Aurol 18 t Öl	1 × 8 Zyl.	230 Brems-PS
XVII A (WK 202)[9]	80 sm bei 26 kn	?	?	?	?	14 t Öl 40 t Perhydrol oder Aurol	Diesel und Elektrisch	210 Brems-PS
XVII B	163 sm bei 15 kn 123 sm bei 25 kn	150 m	?	?			1 × 8 Zyl.-Diesel mit Vorrichtung für einen zweiten	
XVII K (U 798)	30 sm bei 6 kn	150 m	?	?		26 t Öl 55 t Ingolin	1 × 20 Zyl.	1500 Brems-PS
XI A	50 sm bei 4 kn 140 sm bei 2 kn	200 m	?	?				
XVII A (U 791)	205 sm bei 19 kn 450 sm bei 10 kn	?	?	?		24 t Perhydrol 100 t Aurol		300 bis 330 Brems-PS ↑
XVII G	123 sm bei 25 kn	150 m	?	?			1 × 8 Zyl. (2 geplant)	?
XVIII	200 sm bei 24 kn 350 sm bei 16 kn	?	?	?			Dieselmotor/E-Motor und Walter-Turbine	4000 bis 5000 Brems-PS
XX	50 sm bei 4 kn	ca. 200 m	?	?	?	470 t + ca. 700 t als Fracht	2	2800
XXII	100 sm bei 20 kn	?	?	?	?		Dieselmotor/E-Motor und Brückner & Kanis/Walter-Turbine	210 bis 1780 Brems-PS
U A	130 sm bei 3 kn	200 m		?		ca. 200 t	2	4200 bis 4600
U B		120 m		?		140 (—) t	2	3300
UC1 und UC2		50 m				20 (—) t	2	900
UD1		50 m				20 (—) t	2	480
UD2, UD3, UD4	25 sm bei 8 kn	90 (—) m		?		?	2	1800
UD5		ca. 100 m				?	2	ca. 5500
UF2		ca. 100 m				100 t	2	600
UIT 17	70 sm bei 4 kn						2	3000
UIT 21	80 sm bei 4 kn	200 m		?		250 (—) t	2	4400
UIT 22 und UIT 23	108 sm bei 4 kn	100 m		?		135 t	2	3500
UIT 24	80 sm bei 4 kn	100 m		?		110 t (?)	2	3000
UIT 25	100 (+) sm bei 3 kn	100 m		?		200 (—) t	2	3600

Anmerkungen:

[1] Entweder Offiziere/Mannschaften oder insgesamt
[2] »Offizielle«, vor dem Kriege bekanntgegebene Zahl
[3] Nach dem Bauplan
[4] Zeit bis zum Erreichen von 10 Metern Tauchtiefe
[5] Manche Boote erreichten eine viel größere Tiefe
[6] Einige Boote hatten nur zwei Bugrohre und ein Heckrohr
[7] Wahrscheinlich bis zu 500 m
[8] U 792 und U 793
[9] U 794 und U 795

Zahl der E-Motoren	PS	Torpedorohre Bug	Heck	Ungefähre Zahl der Torpedos oder Minen	Geschütze
2	1000	4	2	14 T oder 42 M	1 2 cm-Flak (2000 Schuß)/1 10,5 cm (150 Schuß)
2	360	3	0	5 T oder 18 M	Keine oder 1 bis 2 2 cm-Flak (850 Schuß) Nach 1940 – 4 2 cm-Flak
2	360	3	0	5 T oder 18 M	Wie Typ II A
2	410	3	0	5 T oder 18 M	Wie Typ II A
2	410	3	0	5 T oder 18 M	Wie Typ II A
2	750	4	1	11 T oder 33 M	1 8,8 cm (250 Schuß)/1 2 cm-Flak (4380 Schuß) Später geändert – Siehe S. 136/137
2	750	4	1	14 T oder 39 M	Wie Typ VII A
2	750	4 (gewöhnlich)[6]	1	14 T oder 39 M	Wie Typ VII A
2	750	4	1	12 T oder 39 M	1 8,8 cm (250 Schuß)/Flak ?
2	750	4	1	14 T und 21 T (als Fracht)	1 3,7 cm-Flak (ca. 2000 Schuß)/2 2 cm-Flak (ca. 4400 Schuß)/1 8,8 cm (250 Schuß)
2	1000	4	2	22 T oder 66 M	1 10,5 cm (180 Schuß)/1 3,7 cm-Flak (2625 Schuß) 4 2 cm-Flak (8500 Schuß)
2	1000	4	2	22 T oder 66 M	Wie Typ IX A
2	1000	4	2	22 T oder 66 M	Wie Typ IX A
2	1000	4	2	22 T oder 66 M	Wie Typ IX A
2	1000	Keine, nach Umrüstung wie Typ IX D_2		—	1 10,5 cm (ca. 200 Schuß)/1 3,7 cm-Flak (575 Schuß) 1 bis 2 2 cm-Einzel- oder Zwillingsflak (8000 + Schuß)
2 doppelte	1000	4	2	24 T oder 72 M	Wie Typ IX D_1
2	1100	0	2	15 T oder 22 M und 66 M in besonderen Schächten	1 10,5 cm (ca. 200 Schuß)/1 3,7 cm-Flak (2500 Schuß) 1 2 cm-Flak (4000 Schuß)
2	750	0	0	—	1 bis 2 3,7 cm-Flak/2 bis 4 2 cm-Flak
2 doppelte, 2 weitere doppelte für langsame Fahrt	4200	6	0	24 T oder ? M	2 2 cm-Zwillingsflak (16000 Schuß), Vorkehrungen für 2 3,7 cm-Zwillingsflak (4188 Schuß)
1 doppelter für hohe, 1 Einzelmotor für langsame Fahrt	580	2	0	2 T	Keine
1 ?	?	Keine	Keine	—	Dies war nur ein Versuchsboot, Einsatz nicht vorgesehen?
1 und 2 Walter/Germania-Turbinen mit 5000 Brems-PS	?	Keine – Vorkehrung für 2 Bugrohre		etwa 6	Keine
Walter/Germania-Turbine mit 5000 Brems-PS		2	0	4	Keine
1 E-Motor und 1 Brückner & Kanis/Walter-Turbine		Keine – Vorkehrung für 2 Bugrohre		ca. 4	Keine
1	1500 Brems-PS	Keine	—	—	—
		4	2	?	4 12,7 cm (940 Schuß)/2 3,7 cm-Flak (4000 Schuß) 1 2 cm-Flak (2000 Schuß) 1 kleines Flugzeug
	150–4360 Brems-PS	Vorkehrung für 2 Bugrohre		ca. 6 T	Keine
1 und 1 Walter-Turbine	?	Vorkehrung für 2 Bugrohre		ca. 4 T	Keine
		6	0	ca. 24 T	2 3,7 cm-Zwillingsflak (4180 Schuß)
2	750	Keine	Keine	—	2 2 cm-Zwillingsflak (8000 Schuß) 1 3,7 cm-Zwillingsflak (3000 Schuß)
		2	0	ca. 2	Kein Turm und keine Geschützplattform
2	1300	4	2	ca. 24	1 10,5 cm/2 2 cm-Flak
2	1630	6	0	über 100 Minen	1 10,2 cm
2	700 (+)	2	2	6 T (?)	
2	300 (+)	4	?	8 T (?)	
2	600	4	1	ca. 10	2 4 cm (ca. 500 Schuß). Später nur 1 2 cm-Flak (ca. 1000 Schuß)
2	1000	4	2 und 2 Deckrohre	ca. 14	Verschieden
2	1400	4 Bug-, 2 Heck- und Deckrohre			1 8,8 cm/1 2 cm-Flak
2	60	2	0		Keine (?)
2	1800	4	4	ca. 16 T	2 12 cm/4 Flak, Kaliber fraglich
2	1400	6	2	ca. 21 T	2 10 cm
2	1300	6	2	ca. 25 (+) T	2 10 cm
2	1250	6	2	ca. 21 T	2 10 cm

In dieser Tabelle benutzte Abkürzungen
(+) mehr als. (—) weniger als. ↑ über Wasser. ↓ Getaucht. ca. – circa (etwa). sm – Seemeile. kn – Knoten. H_2O_2 – Wasserstoffsuperoxyd. (?) hinter einer Angabe drückt aus, daß die Angabe nicht bestätigt ist. (?) anstelle einer Angabe bedeutet, daß dazu keine Unterlagen bekannt sind. t – Tonnen. Flak – Flieger-(Flugzeug-)Abwehrkanone. T – Torpedo. M – Mine. PS – Pferdestärken. Brems-PS – Brems-Pferdestärken. Zyl. – Zylinder.

Typ	XXVII A »Hecht«	XXVII B »Seehund«	»Molch«	»Neger«[2]	»Biber«	»Marder«
Beschreibung	Nur verwandt für Versuche und Ausbildung		Vollelektrisch/hauptsächlich für Unterwasserfahrt			
Zeit und Urheber des Entwurfs	1944/entwickelt aus dem Typ »Molch«	1944/entwickelt aus dem verbesserten Typ »Hecht«	1944/45	1944/45		
Besatzung	2	2	1	1	1	
Gewichte: Leer	12 (—) t	15 (—) t	11 t	ca. 5 t	7 t	
Gesamt	12,5 t	16 (—) t	?	?	—	
Länge	10,5 m	12 (—) m	10,8 m	8 m	9 m	
Breite	1,3 m	1,7 m	1,8 m (mit Torpedos)	ca. 0,6 m	1,1 m	
Tiefgang	1,4 m	1,7 (+) m (?)	ca. 2,3 m	ca. 1 m	1,7 m	
Durchmesser des Druckkörpers	—	—	1,2 m	ca. 0,6 m	—	
Höchstgeschwindigkeit	6,0 kn	↑7,5 kn ↓6 kn	↑4,3 kn ↓5 kn	ca. 20 kn (?) ca. 20 kn (?)	↑10 kn ↓6 kn	
Marschgeschwindigkeit	3,0 kn	3 bis 4 kn		4 kn	—	
Fahrbereich	20 bis 40 sm bei 6 kn 40 bis 70 sm bei 4 kn 45 bis 80 sm bei 2 kn	↑720 sm bei 6 kn ↓60 sm bei 3 kn	↑50 sm bei 4 kn ↓45 sm bei 5 kn	?	max. 300 km (?) ↑ca. 150 sm bei 9 kn (?) ↓ca. 15 sm bei 5 kn (?)	
Operationsradius	?	?		?	?	
Größte Tauchtiefe (nach Konstruktion/ tatsächlich erreicht)	2 m	max. 10 m Tauchzeit 5 (—) Sek.	25 m	?	max. 50 m	
Bewaffnung	1 M oder 1 T	2 T	2:G7T	1:G7T	2 T	
Art des Antriebs	1 E-Motor	1 Diesel 1 E-Motor	1 E-Motor	1 E-Motor	1 Benzinmotor 1 E-Motor	
Leistung	12 PS	60 PS (Diesel) 11 PS (E-Motor)	13 PS	12 PS (?)	32 PS (Benzin) 13 PS (E-Motor 110 V)	
Sonderausstattung						

	»Delphin«	»Hai«	»Seeteufel« (Elefant)	»Schwertwal I«	»Schwertwal II«	»Grundhai«
	Versuchsfahrzeug (Gerät 205) 1944 Dr. Ing. K. Haug		Auch landbeweglich wie ein Kettenfahrzeug 1944/Dipl. Ing. A. Lödige	Versuchsausführung als »Jagd-Fahrzeug« (ähnlich Jagd-Flugzeug) Versuchskommando 456		Tiefsee-Bergungsboot 1944/Versuchskommando Versuchskommando 456
Besatzung		1	2	2	1 Kommandant 1 L.I.	1 ?
Gewicht	ca. 2,5 t	ca. 5 t	18 t 20 t		7 t 18 t	ca. 1,5 t
Länge	ca. 5,5 m		13,5 m		13,5 m	3,6 m
Breite	ca. 1 m		ca. 2 m		2,8 m	2 m
Höhe	ca. 1 m		5,5 m (mit Schnorchel) 2,9 m (ohne Schnorchel) 1,8 m		2 m	0,8 m
Geschwindigkeit	17 kn (bei Versuchen erreicht) 14 kn (mit Schnorchel)	20 kn (bei Versuchen erreicht)	10 kn (Benzin) 8 kn (E-Motor) ca. 6 kn	30 kn 10 kn	32 kn (Turbine) 8,3 kn (E-Motor) 10 kn (Turbine) ca. 4 kn (E-Motor)	3 kn
Reichweite		30 sm bei 5 kn	300 sm bei 10 kn (Benzin) 80 sm bei 8 kn (E-Motor) 500 sm bei 6 kn (Benzin) 120 sm bei 6 kn (E-Motor) ca. 1000 sm (Diesel) Höchstfahrt: 30 Std. (Benzin) 10 Std. (E-Motor) Marschfahrt: 80 Std. (Benzin) 20 Std. (E-Motor)[5]	100 sm bei 30 kn 500 sm bei 10 kn (Höchstfahrt) 3 1/2 Std. (Marschfahrt) 50 Std.	100 sm bei 32 kn (Turbine) 80 sm bei 8 kn (E-Motor) ca. 500 sm bei 10 kn (Turbine) 120 sm bei 4 kn (E-Motor) Höchstfahrt: 3 1/2 Std. (Turbine) 10 Std. (E-Motor) Marschfahrt: 50 Std. (Turbine) 20 Std. (E-Motor)	20 sm ?
Tauchtiefe	Nicht erprobt		50 m[6]	100 m	100 m	1000 m
Bewaffnung	Keine[3] Der Prototyp hatte einen Torpedomotor[4]	T oder M	2 T (oder M) Dieselmotor vorgesehen[7]	T oder Spezial-Unterwasserwaffen, z. B. Raketen Walter-Turbine	Walter-Turbine E-Motor	keine 2 E-Motoren
Leistung			80 PS (Benzin) ca. 200–300 PS (Diesel) 30 PS (E-Motor)	800 PS	800 PS (Turbine) 30 (—) PS (E-Motor)	30 PS (je Motor)
Besonderes			Dräger-Lüftungs- und Lufterneuerungssystem	Dräger-Lüftungs- und Lufterneuerungssystem, automatische Steuerungs- und Zielsuchanlage		Gleisketten zum Fahren an Land und auf dem Meeresboden

Anmerkungen:
[2] Alle Angaben nach Schätzung.
[3] Verschiedene Waffen, z. B. Torpedos, Minen und sogar Schleppmine wurden vorgeschlagen.
[4] Otto-Kreislaufanlage und E-Motor geplant.
[5] An Land: 10 km/h (Benzin)
    30 km/h (Diesel)
[6] Prototyp tauchte bis 20 m.
[7] Der Prototyp war stattdessen mit einem Benzinmotor ausgerüstet. Außerdem E-Motor.

Die Boote

(Uboot-Typen, die in diesem Kapitel nicht behandelt werden, sind über die erste Entwurfsphase nicht hinausgediehen, ihr Bau wurde nicht ernstlich erwogen.)

Der Anfang

Der Ausdruck »Deutsche Marine« beschwört häufig Vorstellungen einer großen, ultramodernen und hochgradig leistungsfähigen Uboot-Flotte herauf. Eine solche Meinung ist verständlich, nachdem zweimal innerhalb von nur etwa dreißig Jahren die Uboote die mächtigste Marine auf See fast besiegt haben. Die Tatsachen enthüllen demgegenüber ein gänzlich anderes Bild. Die Uboote waren ohne Zweifel gute Muster deutscher Wertarbeit, aber ihre Konstruktionen waren weder revolutionär noch ultramodern; sie waren in der Tat nur um ein Geringes besser als ihre Vorläufer des Ersten Weltkrieges.

Vor dem Kriege und während der ersten Kriegsmonate gab es keine Persönlichkeit von hohem Range, die die Erfindung einer wirksamen Uboot-Abwehrwaffe durch die Engländer voraussah. Die Herren vom Oberkommando der Kriegsmarine, die für die Aufstellung der Baurichtlinien verantwortlich waren, begnügten sich mit herkömmlichen Vorstellungen. Sie zeigten wenig Interesse für neue Uboot-Entwürfe, die bereits sehr früh, 1934, vorgelegt worden waren. Auf die Herstellung konventioneller Uboote in großen Zahlen wurde weit größeres Gewicht gelegt als auf die Erforschung neuer Möglichkeiten. Als Folge dieser kurzsichtigen Stellungnahme hatte Deutschland 1943 einen schweren Rückschlag hinzunehmen, weil sich das konventionelle Uboot als überholt erwies und es nichts gab, was es ersetzen konnte. Es trifft selbstverständlich zu, daß die revolutionären Elektroboote (Typen XXI und XXIII) eingeführt wurden – gegen Ende 1944, aber sie kamen so spät zum Einsatz, daß man sagen kann, sie hätten keinen wirklichen Einfluß auf den schließlichen Ausgang des Krieges mehr gehabt.

Es ist von Interesse, die wesentlichen Gefechtswert-Tabellen der Boote, die die Hauptlast des Kampfes im Zweiten Weltkrieg trugen, mit ihren Vorgängern im Ersten Weltkrieg zu vergleichen. Drei Boote, die Typen II, VII und IX, gründeten sich auf Konstruktionen des Ersten Weltkrieges und können infolgedessen leicht mit ihnen verglichen werden (siehe Tabelle auf der nächsten Seite).

Weitere bemerkenswerte Verbesserungen bei Weltkrieg II-Booten, die in dieser Tabelle nicht erscheinen, waren die folgenden:

a) Die Dieselmotoren und E-Maschinen liefen wesentlich geräuschärmer. Das erleichterte der Besatzung das Leben und hatte zur Folge, daß das Boot nicht so leicht mit akustischen Methoden geortet werden konnte.

b) Die Batterien waren weitaus leistungsfähiger, daher waren längere Tauchzeiten möglich.

c) Die Torpedos konnten ohne Gebrauch von Preßluft ausgestossen werden, so daß kein verräterischer Luftschwall an der Wasseroberfläche den Standort des Bootes preisgab.

d) Der Torpedo hinterließ im Zweiten Weltkrieg keine Blasenbahn, und es waren außerordentlich günstige Voraussetzungen nötig, um seine Laufbahn im Wasser zu erkennen.

Typ	Verdrängung↑	Verdrängung↓	Höchstfahrt↑	Höchstfahrt↓	Fahrbereich↑	Fahrbereich↓	Größte Tauchtiefe	Bewaffnung
UB II (1915)	274 t	303 t	9,2 kn	5,8 kn	6450 sm bei 5 kn	45 sm bei 4 kn	50 m	2 Torpedorohre/ 1 8,8 cm-Geschütz
UF (1918)	364 t	381 t	11 kn	7 kn	3500 sm bei 7 kn	35 sm bei 4 kn	75 m	5 Torpedorohre/ 1 8,8 cm-Geschütz
II A (1935)	254 t	381 t	13 kn	6,9 kn	1600 sm bei 8 kn	35 sm bei 4 kn	150 m	3 Torpedorohre/ 1 oder 2 2 cm-Flak, später erhöht auf 4
II D (1940)	314 t	460 t	12,7 kn	7,4 kn	5650 sm bei 8 kn	56 sm bei 4 kn	150 m	Wie II A
UB III (1915/16) (Letzter Typ)	ca. 555 t	ca. 684 t	13,5 kn	7,5 kn	7120 sm bei 6 kn	50 sm bei 4 kn	75 m	5 Torpedorohre/ 1 10,5 cm-Geschütz
VII A (1936)	626 t	915 t	17 kn	8 kn	6200 sm bei 10 kn	94 sm bei 4 kn	200 m	5 Torpedorohre/ 1 8,8 cm-Geschütz und Flak
VII C (1940)	769 t	1070 t	17 (+) kn	7,6 kn	8500 sm bei 10 kn	80 sm bei 4 kn	200 m	Wie VII A
U 81 (1915)	808 t	946 t	16,8 kn	9,1 kn	11220 sm bei 8 kn	56 sm bei 5 kn	50 m	6 Torpedorohre/ Geschütze variabel
IX A (1935)	1032 t	1408 t	18,2 kn	7,7 kn	10500 sm bei 10 kn	78 sm bei 4 kn	200 m	6 Torpedorohre/ Geschütze variabel
IX C (1940)	1120 t	1540 t	18,3 kn	7,3 kn	13450 sm bei 10 kn	63 sm bei 4 kn	200 m	Wie IX A

HMS »Starling«. Der erfolgreichste U-Jäger, auf dessen Konto 14 Uboote kommen. Eine Zeitlang stand er unter dem Kommando von Captain F. Walker, der an der Versenkung von 25 Ubooten beteiligt war. Beachte das Radar vom Typ 272 M auf dem Gittermast achtern und eine HF/DF-Antenne auf der Spitze des vorderen Dreibeinmastes.

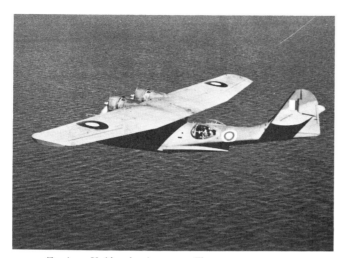 

Zwei zur U-Abwehr eingesetzte Flugzeuge:
Links, eine »Catalina« im Fluge. Der Rumpf des Flugzeuges bildete den Hauptschwimmer. Es hatte zwei Stützschwimmer, die nach dem Einziehen (wie auf dem Foto zu sehen), die Enden der Tragflächen bildeten. *Rechts*: Ein startbereites Fernkampfflugzeug vom Typ »Liberator«.

Typ I

I A (2), 25 und 26

Die Zahlen in Klammern geben die Gesamtzahl der vom Stapel gelaufenen Boote an, dahinter die Nummern der Uboote. (Das »U« ist bei allen Bootsnummern fortgelassen.)

Nur zwei Boote dieses Typs, U 25 und U 26, wurden gebaut. Sie basierten auf dem türkischen »Gür«, das in Cadiz von dem deutschen Uboot-Entwicklungsbüro, dem »Ingenieurskantoor voor Scheepsbouw«, gebaut worden war. Beide Boote hatten die charakteristische Eigenschaft, daß sie schon bei geringem Seegang nahezu außer Kontrolle gerieten und deshalb außerordentlich sorgfältig gesteuert werden mußten. Besonders mußte beim Alarmtauchen aufgepaßt werden, daß das Boot auf die gewollte Tiefe einsteuerte, weil beide Boote seitlich auszuscheren oder die Tiefe zu untersteuern pflegten. Sie auf Sehrohrtiefe zu halten, bereitete weitere besondere Kopfschmerzen, weil es schwierig war, Bug oder Heck vom Durchbrechen durch die Oberfläche infolge eines zu großen Anstellwinkels abzuhalten. Selbst voll aufgetaucht gab es allerhand auszusetzen, weil die Bauart des Turmes außerordentliche Wassermengen überkommen ließ. Beide Boote wurden zur Uboot-Schule verbannt unter dem Gesichtspunkt, daß »... Schüler, die diese Dinger beherrschen können, mit anderen Booten ebenfalls klarkommen werden.« Immerhin waren sie Hochsee-Uboote, und der Mangel an Booten machte später ihre Rückkehr zu Einsatzflottillen notwendig.

Typ II (mit Spitznamen »Einbäume« genannt)

II A (6) Hervorgegangen aus UB II (1915), UF (1918)
Prototyp: das finnische »Vesikko«
1, 2, 3, 4, 5, 6

II B (20) Verbesserter Typ II A
7, 8, 9, 10, 11, 12, 13, 14, 15, 16, 17, 18, 19, 20, 21, 22, 23, 24, 120, 121

II C (8) Verbessert aus Typ II A und B
56, 57, 58, 59, 60, 61, 62, 63

II D (16) Verbessert aus Typ II A, B und C
137, 138, 139, 140, 141, 142, 143, 144, 145, 146, 147, 148, 149, 150, 151, 152.

Eine Anzahl von diesem Typ war in Finnland, Holland und Spanien vorfabriziert und insgeheim nach Kiel transportiert worden, bevor der Vertrag von

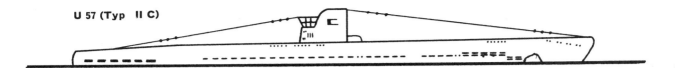

U 57 (Typ II C)

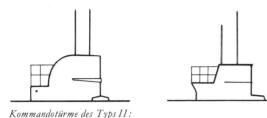

Kommandotürme des Typs II:

Links: U 120 und U 121, auch »China-Boote« genannt, weil sie ursprünglich für China gebaut wurden. Die Konstruktion des Turmes erwies sich als unbrauchbar und unpraktisch.
Rechts: Typ II B.

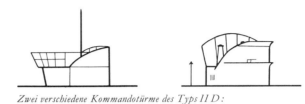

Zwei verschiedene Kommandotürme des Typs II D:

(Links U142, rechts U139)
Der Pfeil hinter dem Turm von U139 gibt ungefähr die Größe eines Mannes an.

Versailles von Hitler offiziell aufgekündigt wurde. Die ersten vom Stapel gelassenen Boote erwiesen sich als außerordentlich seetüchtig und ließen eine gute Konstruktion erkennen mit Ausnahme der Tatsache, daß ihr Fahrbereich auf nur 2000 Seemeilen begrenzt war. Der Flottilleningenieur der Flottille »Weddigen«, Korvettenkapitän (später Admiral) Thedsen, verbesserte die Inneneinteilung und erreichte es, ohne größere bauliche Veränderungen Platz für weitere etwa neun Tonnen Treibstoff in dem vorhandenen Druckkörper zu gewinnen, die den Fahrbereich fast verdoppelten. Die Maschinen wurden nicht verstärkt, um das vermehrte Gewicht auszugleichen, so daß eine kleine Verminderung der Höchstfahrt eintrat. Sie war aber so gering, daß sie kaum nennenswert war.

Der daraus entwickelte Typ II B wurde weiter zum Typ II C verbessert, und dieser wiederum wurde später geändert, um zum Typ II D zu werden. Der hauptsächliche Unterschied zwischen der Serie »C« und »D« war die Anbringung von Treibstoff-Bunkern außerhalb des Druckkörpers. Sie erweiterten den Fahrbereich des ursprünglichen U1 auf fast das Dreifache. Diese Vergrößerung des Fahrbereiches bedeutete aber nicht etwa, daß die Boote dreimal so lange in See bleiben konnten, oder daß sie eine dreimal so große Kampfkraft hatten. Es erfolgte keine entsprechende Vermehrung der Torpedoarmierung, und nur ein wenig mehr Raum wurde für Trinkwasser und Proviantvorrat verfügbar gemacht. Die Boote waren deshalb immer noch auf eine Seeausdauer von höchstens vier Wochen begrenzt. Falls lohnende Ziele zu Beginn einer Unternehmung angetroffen und angegriffen werden konnten, mußten die Boote häufig wenige Tage nach dem Auslaufen in den Stützpunkt zurückkehren, um neue Torpedos zu übernehmen.

Die Typ II-Boote wurden sehr erfolgreich als Minenleger verwendet, weil sie anstatt ihrer Torpedos etwa achtzehn Minen tragen konnten. Ihre geringe Größe in Verbindung mit guten Manöveriereigenschaften machten sie besonders geeignet, nahe an britische Häfen heranzugehen. Gegen Ende 1939 wurden diese Boote aus den Einsatzflottillen zurückgezogen und an die Uboot-Schulen in der Ostsee abgegeben. Sechs Typ II B-Boote wurden später in das Schwarze Meer überführt.

Es gab vom Typ II zwei vereinzelte Boote: U120 und U121, die ursprünglich für China gebaut wurden. Der Krieg hatte begonnen, bevor sie vom Stapel liefen, und sie wurden deswegen nicht abgeliefert. Beide hatten im Grunde Bootskörper vom Typ II B,

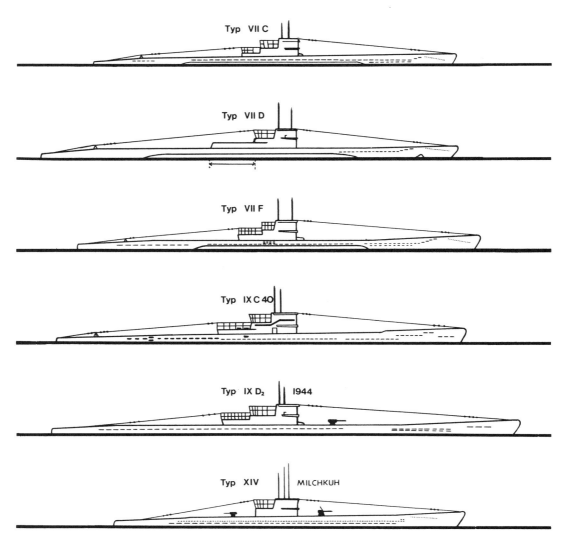

Typ VII C. 1944 mit zusätzlicher Flak-Plattform hinter dem Turm. Einzelheiten der Entlüftungen – siehe Fotos.

Typ VII D. Der Typ war ähnlich dem Typ VII C, er hatte nur eine zusätzliche Abteilung zur Aufnahme von 15 Minen eben hinter dem Turm.

Typ VII F. Ähnlich VII C, nur mit einer zusätzlichen Abteilung zur Aufnahme von Torpedos oder sonstiger Ladung vor dem Turm.

Typ IX C/40. 1944.

Typ IX D₂ (1944). Dies waren die großen Uboote, die die Fahrten in den Fernen Osten unternahmen.

Typ XIV oder »Milchkuh«. Ein großer Uboot-Tanker, der Kampfboote mit Treibstoff, Munition und Proviant versorgen konnte.

waren aber mit einer unterschiedlichen Turm-Konstruktion ausgerüstet, die sich als nicht seetüchtig erwies und nicht weitergebaut wurde.

Typ VII

VII A	(10)	Hervorgegangen aus UB III (1915), *Prototyp:* das finnische »Vetehinen« 27, 28, 29, 30, 31, 32, 33, 34, 35, 36
VII B	(24)	Verbesserter Typ VII A 45, 46, 47, 48, 49, 50, 51, 52, 53, 54, 55, 73, 74, 75, 76, 83, 84, 85, 86, 87, 99, 100, 101, 102
VII C	(über 600)	Verbessert aus Typ VII A und B
		69 bis 72
		77 bis 82
		88 bis 98
		132 bis 136
		201 bis 212
		221 bis 232
		235 bis 329
		331 bis 458
		465 bis 486
		551 bis 683
		701 bis 722
		731 bis 779
		821 bis 822
		825 bis 828
		901 bis 908
		921 bis 930
		951 bis 1032
		1051 bis 1058
		1063 bis 1065
		1101 bis 1110
		1131 bis 1132
		1161 bis 1172
		1191 bis 1210
		1271 bis 1279
		1301 bis 1308
VII C/41	(in VII C eingeschlossen)	Eine verbesserte Version des Typs VII C. Sie hatte einen stärkeren Druckkörper für Tauchtiefen bis etwa 250 Meter. Der Turm hatte besseren Splitterschutz, und es gab einige kleinere Änderungen. Sie waren aber so geringfügig, daß kein großer baulicher Unterschied zwischen diesem Typ und dem üblichen VII C bestand.
VII D	(6)	213, 214, 215, 216, 217, 218
VII F	(4)	1059, 1060, 1061, 1062.

Typ VII bildete das Rückgrat der deutschen Uboot-Marine mit reichlich 600 Booten, die gebaut wurden. Das erste, U 27, wurde im Juni 1936 vom Stapel gelassen, ungefähr ein Jahr nach U 1, und weitere zehn Boote wurden bis zum Jahresende fertiggestellt. Diese Gruppe erwies sich als außerordentlich seetüchtig und gut zu manövrieren, selbst unter schwierigsten Bedingungen. Einige Kinderkrankheiten wurden beseitigt, und eine völlig geänderte Version wurde etwa zwei Jahre nach dem ersten Typ VII A vom Stapel gelassen. Diese neuen Typ VII B-Boote galten zu der Zeit als Deutschlands beste Konstruktion, und man glaubte, daß es auf sie zukommen würde, der ganzen Wucht des Seekrieges ausgesetzt zu sein. Später aber brachten die Kriegsverhältnisse und die Schnelligkeit des allgemeinen Fortschritts unvorhergesehene Probleme mit sich, und 1940 wurde die Konstruktion nochmals geändert, um den Typ VII C zu ergeben. Diese Boote zeigten sich als eine hervorragende Klasse und ihr Bau wurde den ganzen Krieg hindurch bis Ende 1944 fortgesetzt. In der Tat wurde dieser Typ noch weitergebaut, nachdem er längst veraltet war und als bereits die neuen Elektroboote auf Stapel gelegt worden waren.

Boote vom Typ VII C wurden für die verschiedensten Aufgaben verwendet. Infolgedessen wurde

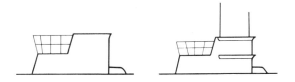

Kommandotürme des Typs VII

Links: VII A, 1936.
Rechts: VII B/C, 1941.

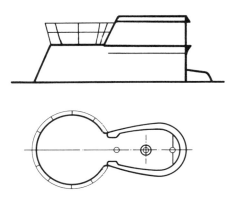
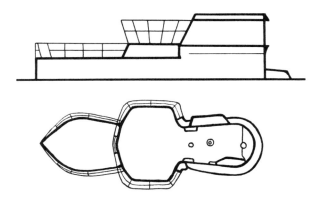

Seiten- und Draufsicht der Standard-Kommandotürme des Typs VII C

Oben links: Der erste Typ des Turmes. Gewöhnlich mit einer 2 cm-Flak auf der Plattform und einem 8,8 cm-Geschütz vor dem Turm.
Oben rechts: Der gleiche Turm-Typ nach Änderungen, um der Gefahr von Flugzeugangriffen zu begegnen. Das 8,8 cm-Geschütz war entfernt, die Wände des Turmes hatten Splitterschutz, um die Ausgucks besonders zu schützen, und die Flak-Plattform war vergrößert. Die tatsächliche Aufstellung der Fla-Geschütze variierte von Boot zu Boot. Zwei 2 cm-Zwillinge waren gewöhnlich auf der oberen Plattform. Die untere Plattform hatte entweder eine Einzel-3,7 cm oder eine 2 cm-Vierlingsflak.

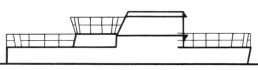

Typ VII C nach Umbau als »Flugzeug-Falle«

Kommandoturm von U 73 (Typ VII B)

April 1941.

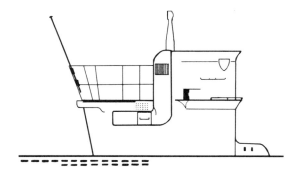

auch eine große Anzahl einzelner Änderungen vorgenommen, sowohl aus Gründen des Einsatzes als auch zu Versuchszwecken. Deshalb gab es, obgleich die Boote zum gleichen Typ gehörten, sehr viele Unterschiede in der Geräteausrüstung. Es ist nicht möglich, alle diese Unterschiede aufzuführen; bemerkenswerte Abweichungen, die auf Fotos erkennbar sein können, waren die folgenden:

1. »Schnorchel«, mit unterschiedlichen Typen von Kopfventilen, wurden vom Sommer 1943 an eingebaut.

2. Einige VII C-Boote hatten kein Hecktorpedorohr, andere hatten nur zwei Bugrohre. (Ohne Heckrohr: U 203, U 331, U 351, U 401, U 431, U 651. Mit zwei Bugrohren und einem Heckrohr: U 72, U 78, U 80, U 554, U 555).

3. *Atlantik-Steven* verschiedener Form wurden auf einigen Booten eingebaut. Siehe Zeichnung auf S. 123.

4. Auf einigen wenigen Booten wurde unter dem Bug ein »Balkon« zur Aufnahme von Unterwasserhorchempfängern angebracht. Siehe Zeichnung auf S. 123.

5. Kommandotürme und Bewaffnung wiesen ebenfalls sehr viele Unterschiede auf. Das wird auf den folgenden Seiten ausgeführt.

Typ VII D beruhte auch auf der Konstruktion VII C mit der Ausnahme, daß er eine zusätzliche Abteilung für die Aufnahme von fünfzehn Minen besaß, die unmittelbar hinter dem Turm eingefügt war. Auch Typ VII F war ähnlich, nur daß die zusätzliche Abteilung zur Lagerung von Torpedos oder sonstiger Zuladung hinter dem vorderen Torpedoraum eingebaut wurde. Boote des Typs VII C waren Einhüllen-Boote mit einem Teil der Treibstoff- und Tauchtanks außerhalb des Druckkörpers. (Das ist auf einigen Fotos deutlich zu erkennen.) Durch die vergrößerte Länge des Bootes wurden automatisch auch die Treibstofftanks vergrößert und gaben den VII D- und F-Booten einen wesentlich größeren Fahrbereich.

Verglichen mit britischen Ubooten ähnlicher Größe hatten die Boote vom Typ VII eine dürftige Inneneinrichtung, die auf die Bequemlichkeit der Besatzung wenig Rücksicht nahm. Die Wasch- und Erfrischungseinrichtungen zum Beispiel waren sehr schlecht oder überhaupt nicht vorhanden. Sowohl die Zentrale als auch die Wohnräume waren sehr beengt.

Typ IX

IX A (8) Entwickelt aus U 81 (1915).
37, 38, 39, 40, 41, 42, 43, 44.

IX B (14) Verbesserte Version des Typs IX A.
64, 65, 103, 104, 105, 106, 107, 108, 109, 110, 111, 122, 123, 124.

IX C (143) Verbessert aus den Typen IX A und B.
66 bis 68
125 bis 131
153 bis 176
183 bis 194
501 bis 550
801 bis 806
841 bis 846
853 bis 858
865 bis 870
877 bis 881
889 bis 891
1221 bis 1235

IX C/40 Verbesserte Version des Typs IX C.
Die Änderungen waren nur sehr gering. Siehe die »Zusammenstellung technischer Daten«.
Es scheint nicht ganz klar zu sein, welche Boote zu dieser Gruppe gehörten, deshalb sind alle Boote in der Liste des gewöhnlichen Typs IX C aufgeführt. Die folgenden Boote wurden wahrscheinlich mit den C/40-Änderungen gebaut:

167 bis 170
183 bis 194
525 bis 550
801 bis 806
841 bis 846
853 bis 858
865 bis 870
877 bis 881
1221 bis 1235

IX D$_1$ (2) Hervorgegangen aus den Typen IX A, B und C.
180 und 195

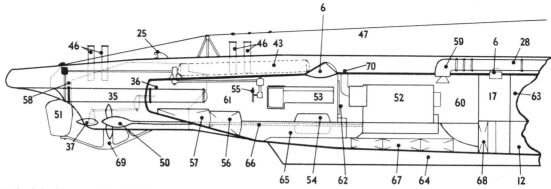

Schnitt durch das Heck eines Typs VII C

6. Luken. 12. Batterieraum. 17. Kombüse (Küche). 25. Kielwasserlaterne. 28. Zuluftleitung. 35. Torpedorohr. 36. Hand-Tiefenruder (nur im Notfall benutzt). 37. Tiefenruder. 43. Torpedo-Lagerraum. 46. Poller. 47. Netzabweiser. 50. Propeller. 51. Ruder. 52. Dieselmotor. 53. Fahrstand. 54. Elektromotor. 55. Not-Handruder. 56. Torpedozelle. 57. Trimmzelle. 58. Lage des Tauchtanks I. 59. Lufteintritt zum Motorenraum. 60. Dieselmotorenraum. 61. Achterer Torpedoraum und E-Motoren-Fahrstand. 62. Schott-Tür. 63. Wohnraum. 64. Kiel. 65. Lagerraum für Torpedos. 66. Schraubenwelle (ohne eingezeichnete Kupplungen). 67. Verschiedene Ölzellen. 68. Lage der Trink- und Abwasserzellen. 69. Schraubenschutz und unterer Ruderbügel. 70. Diesel-Auspuff.

Typ VII C, Vorderansicht.

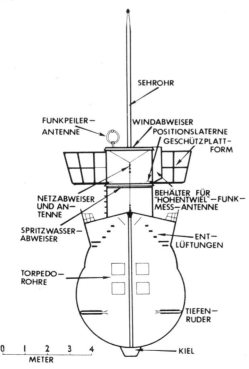

$IX\,D_2$ (30) Hervorgegangen aus den Typen IX A, B und C.
177, 178, 179, 181, 182, 196, 197, 198, 199, 200, 847, 848, 849, 850, 851, 852, 859, 860, 861, 862, 863, 864, 871, 872, 873, 874, 875, 876, 883, 884.

Spitzname *Seekuh* und Typ IX D *Überseekuh*. Dies war Deutschlands Versuch, große Fernfahrt-Uboote zu bauen; die ganze Konstruktion war aber nicht so gut wie der Typ VII C. Bei hoher Fahrt oder schwerem Seegang wurde der Turm viel nasser, und die größten Boote, Typ IX D, waren weniger manövrierfähig. Die Unterkünfte waren geräumiger, aber oft wurde zusätzlicher Proviant in das Boot gepackt, um ihm eine größere Seeausdauer zu geben, so daß der größere Raum der Besatzung gar nicht zugute kam – es war selbst für einen der beiden Aborte nichts Ungewöhnliches, als Speisekammer benutzt zu werden!

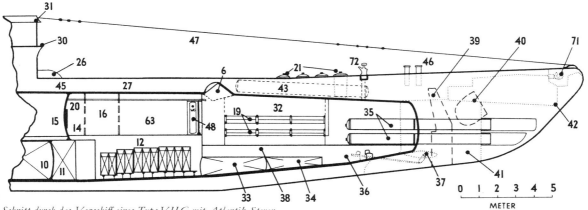

Schnitt durch das Vorschiff eines Typs VII C mit Atlantik-Steven

6. Luk. 10. Tauchtank III. 11. Ölzelle. 12. Batterieraum. 14. Runde Schott-Tür mit Zentralverschluß. 15. Zentrale. 16. Kommandanten-»Kajüte«. 19. Kojen. Dieser Platz konnte auch zur Lagerung von Torpedos benutzt werden. 20. Druckfeste Schotten. 21. Druckfeste Behälter für ausblasbare Rettungsflöße. 27. Hülle des Druckkörpers. 30. Wellen- und Spritzwasserabweiser. 31. Windabweiser. 32. Bugtorpedoraum und Mannschaftswohnraum. 33. Torpedotank. 34. Trimmzelle.

35. Torpedorohre. 36. Hand-Tiefenruder (nur im Notfall benutzt). 37. Tiefenruder. 38. Lagerraum für Torpedos. 39. Ankerkettenkasten. 40. Ankerklüse. 41. Lage des Tauchtanks II. 42. Ausgleichstank. 43. Lagerraum für Torpedos. 26. Magnetkompaß. 45. Lagerraum für starren Schnorchel. 46. Poller. 47. Netzabweiser und Antenne. (Verhindert, daß das Boot in Netzen hängenbleibt.) 48. Abort. 63. Wohnraum. 71. Schlepptroß mit Haken. 72. Spill.

Typ IX D_1 war ursprünglich als Frachttransporter entworfen und ohne Torpedorohre gebaut worden. Nur zwei Boote dieses Typs wurden gebaut, bevor die Konstruktion auf den Typ IX D_2 umgeschaltet wurde, der die Kampfboot-Ausführung des Typs IX D_1 darstellte. Diese großen Boote wurden besonders für Operationen im Indischen Ozean, im Pazifik und anderen fernen Seegebieten gebaut. Sie waren für Konvoischlachten im Nordatlantik ungeeignet, weil ihre Größe sie zu schwerfällig machte.

Typ X B

X B   (8)   Entwickelt aus dem Typ I A (1936) und aus dem Entwurf für Typ X A.
116, 117, 118, 119, 219, 220, 233, 234.

Dieser große Minenleger war für Konvoischlachten völlig ungeeignet. Er war viel zu schwerfällig, brauchte zu lange, um unter Wasser zu kommen und hatte nur zwei Heck-Torpedorohre. Statt Torpedos führte er eine große Zahl von Minen mit: achtzehn in sechs Schächten im Vorschiff und weitere 48 in seitlichen Schächten. Außer zu Minenaufgaben wurden diese Boote als Versorger verwendet.

Typ XIV

XIV   (10)   459, 460, 461, 462, 463, 464, 487, 488, 489, 490.

Spitzname *Milchkuh*. Diese Boote waren dazu konstruiert, Kampfboote mit den Grundbedarfsartikeln wie Munition und Proviant zu versorgen und ihnen längeren Aufenthalt im Operationsgebiet zu erlauben, ohne immer wieder in den Stützpunkt zurückzukehren. Alle zehn *Milchkühe* wurden aber in schneller Folge versenkt und haben in der Tat nicht wesentlich zu dem Gesamtgeschehen des Krieges beigetragen. Der Grund ihres baldigen Ablebens lag in ihrer Größe. Es dauerte zu lange, bis sie von der Oberfläche verschwanden, das machte sie zu einer leichten Beute für Flugzeuge mit Radar-Ausrüstung.

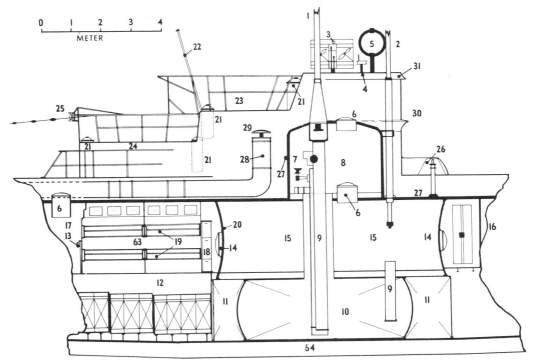

Das Nervenzentrum eines Typs VIIC.

1. Angriffsehrohr. 2. Luftziel- und Navigations-Sehrohr. 3. »Hohentwiel«-Funkmeßantenne. 4. Radar-Beobachtungsantenne. 5. Langwellen-Funkpeiler. 6. Turm- und Zentrale-Luk. 7. Kommandantensitz am Sehrohr. 8. Druckfester Raum im Kommandoturm. (Station des Kommandanten beim Unterwasserangriff.) 9. Sehrohrschacht. 10. Tauchtank III. 11. Ölzelle. 12. Batterieraum. 13. Wasserhahn. 14. Schott-Türen mit Zentralverschluß. 15. Zentrale. 16. Kommandanten-»Kajüte«. 17. Kombüse (Küche). 18. Spinde. 19. Kojen. 20. Druckfeste Schotten. 21. Druckfeste Munitionsbehälter. 22. Flaggenstock. 23. Obere Geschützplattform. 24. Untere Geschützplattform. 25. Hecklaterne. 26. Magnetkompaß. 27. Hülle des Druckkörpers. 28. Zuluftleitung zum Maschinenraum. 29. Zulufteintritt. 30. Wellen- und Spritzwasserabweiser. 31. Windabweiser. 63. Wohnraum. 64. Kiel.

Typ VIIC, Kommandoturm

Nach 1943 mit vergrößerter Geschützplattform (Draufsicht).

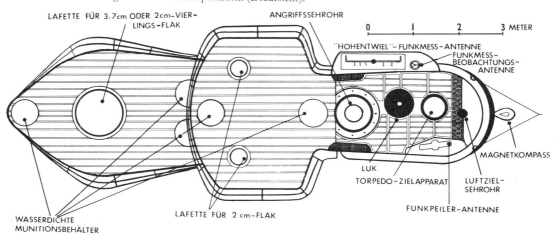

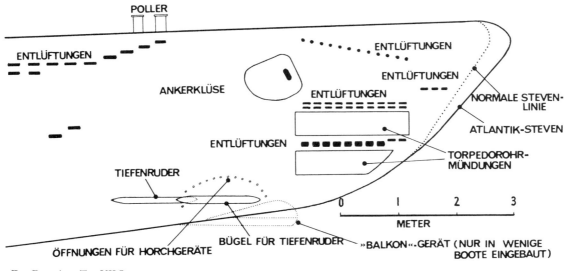

Der Bug eines Typ VII C

Typ IX D₁. 1943, mit starrem Schnorchel Ohne Maßstab

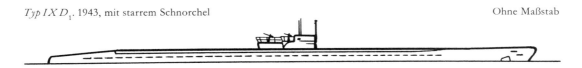

UA

Dies war ein konventionelles ozeanfähiges Uboot, ursprünglich für die Türkei gebaut wie »Batiray«, aber nicht abgeliefert. Es wurde im März 1939 fertiggestellt und am 20. September 1939 für die deutsche Marine in Dienst gestellt.

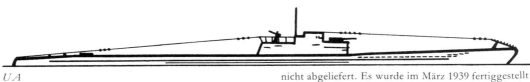

Minenleger Typ X B. U 119

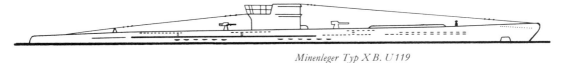

Die Zeichnung zeigt, wie die sechs Schächte im Vorschiff über und unter den Druckkörper des Typs X B hinausragten.

Die erhöhte Abteilung vor dem Kommandoturm enthielt sechs Schächte für je drei Minen. Außerdem waren vier Gruppen von sechs Minenschächten an den Seiten des Bootes vorhanden. Die beiden Steuerbord-Gruppen sind auf der Zeichnung dargestellt, aber da die Deckel mit dem Deck planeben waren, würde man sie auf einem Foto wahrscheinlich nur in Draufsicht auf das Boot von oben erkennen können.

Einfaches Unterscheidungsmerkmal: Dies war der einzige Typ, der die Erhöhung im Oberdeck vor dem Turm besaß.

Neuentwicklung seit 1943

Die Geschützplattformen

Das Jahr 1943 sah den Beginn einer drastischen Veränderung im äußeren Erscheinungsbild der Uboote. In Wirklichkeit begann dieser Wechsel bereits gegen Ende 1942, in einer Zeit, als eine dramatische Verminderung der Zahl von Ubooten versenkter Handelsschiffe eingetreten war. Zur gleichen Zeit stieg die Zahl der versenkten oder von Flugzeugen zumindest angegriffenen Uboote ständig an. Diese Verluste schnellten auf eine derart alarmierende Höhe hinauf, daß Dönitz am 24. Mai 1943 Hitler melden mußte, daß die Uboote einstweilen aus dem Atlantik zurückgezogen werden müßten. Hitler erwiderte sofort, daß der Atlantik Deutschlands wichtigstes Schlachtfeld sei, und gab Befehl, daß die Uboote auf diesem Kriegsschauplatz zu bleiben hätten. Dönitz glaubte sich sicher, daß auf die Dauer Flugzeuge Ubooten nichts anhaben könnten. Es wurden deshalb vordringlich Maßnahmen getroffen, die Fliegerabwehr-Bewaffnung der Uboote zu verstärken. Das geschah durch Vergrößerung der vorhandenen Geschützplattform und Einbau einer weiteren, die entweder ein 3,7 cm-Geschütz oder – häufiger – eine 2 cm-Vierlings-Flak trug. Letztere erwies sich nicht als erfolgreich. Solche Geschütze wirkten zwar gegen einzelne Flugzeuge, aber die RAF fand schnell ein neues Verfahren, diese neue Waffe zu bekämpfen. Statt direkt anzugreifen, umkreiste jetzt das Flugzeug das Uboot gut außerhalb der Reichweite von dessen Waffen und rief die nächste Überwasser-U-Jagdgruppe heran. Wenn diese Fahrzeuge am Horizont auftauchten, blieb dem Uboot keine andere Wahl, als schnellstens »in den Keller zu gehen«.

Das war der Zeitpunkt, in dem der »Kampf um die Sekunde« begann. Liberators, Sunderlands oder Catalinas brauchten etwa 40 bis 50 Sekunden für den letzten Anflug zur Vernichtung des Ubootes. Aber auch die kürzeste Zeit, die ein VII C-Boot bei voll besetztem »Wintergarten« brauchte, um von der Oberfläche zu verschwinden, betrug 30 bis 40 Sekunden. Diese Zeit konnte nur von einer sehr geübten Besatzung erreicht werden; der Abstand zwischen Leben und Tod war daher so knapp, daß manche der neuen Besatzungen eben nicht schnell genug reagieren, sondern nur der langen Liste von Ubooten, die auf einer der ersten Unternehmungen verloren gingen, ein neues hinzufügen konnten.

Die Unterwassergeschwindigkeit der Uboote war bis zu dieser Zeit schon ziemlich gering, aber der Anbau der größeren Geschützplattformen setzte sie noch weiter herab. Selbst wenn das Boot zeitig genug tauchen konnte, um einem direkten Angriff des Flugzeuges zu entgehen, war es jetzt schwieriger als vorher, der nachfolgenden Wasserbombenverfolgung zu entkommen.

Das gefährlichste Seegebiet für Flugzeugangriffe war der Golf von Biscaya, wo die *Royal Air Force* die Zufahrtwege zu den deutschen Stützpunkten in Frankreich unter ständiger Überwachung hielt. Um Verluste in diesem »finsteren Loch« zu vermeiden, wurden einige Uboote, beginnend mit U 441 (Kptlt. v. Hartmann), mit einer weiteren Geschützplattform vor dem Kommandoturm ausgestattet, um dem Boot eine genügende Feuerkraft zu geben, den Kampf mit angreifenden Flugzeugen aufzunehmen. Dönitz gab in Erkenntnis von deren Schlagkraft den Befehl, daß alle Uboote das »finstere Loch« in kleinen Gruppen zu durchfahren hätten, so daß ihr vereintes Flugabwehrfeuer gegen Angriffe aus der Luft wirksam würde. Diese »Flugzeugfallen« hatten großartigen Erfolg, bis die RAF ihrer gewahr wurde und, statt im Tiefflug anzufliegen, Überwasser-U-Jäger herbeirief. Jeder äußere Aufbau auf die ursprüngliche Bootskonstruktion verlängerte die Tauchzeit um kostbare Sekunden, da viel mehr Männer zur Bedienung der Geschütze an Oberdeck benötigt wurden. Diese Geschützplattformen wurden später wieder entfernt und die Uboote wieder in den Zustand mit zwei Plattformen hinter dem Turm gebracht. Die tatsächliche Form der geänderten Geschützplattformen variierte von Boot zu Boot. Die auf den Illustrationen gezeigten Typen waren die allgemein üblichen, aber keineswegs einzigen Formen. Zwei Konstruktionen sind jedoch in Nachkriegs-Publikationen beschrieben worden, die wahrscheinlich gar nicht existiert haben. Eine zeigt den ganzen Turm so umgekehrt, daß sich die Geschützplattformen an seiner Vorderseite befinden, die andere zeigt eine zur Aufstellung von vier 3,7 cm-Flak vergrößerte Plattform. Für diese Abweichungen konnte keine zuverlässige Quelle aufgefunden werden. Es kann angenommen werden, daß sie vielleicht geplant, aber nicht gebaut worden sind.

Der »Schnorchel«

Deutschlands Uboote waren dazu konstruiert, die meiste Zeit über Wasser zu operieren, und tauchten nur, um dem Gegner zu entkommen oder einen der seltenen Unterwasserangriffe zu fahren. Sie blieben in den ersten Kriegsjahren so viel über Wasser, daß regelmäßige Prüfungen durchgeführt werden mußten, um sicher zu gehen, daß das Boot noch tauchfähig war und daß der dafür wichtige Mechanismus nicht »festgefressen« war. Die Einführung von Radar und neuen U-Jagd-Taktiken ließen sehr deutlich werden, daß Uboote nicht mehr länger sicher über Wasser operieren konnten. Da die bisherigen Boote wirklich nur zum Operieren über Wasser geeignet waren, war es notwendig, eine gänzlich neue Art von Boot zu entwickeln, das vollständig getaucht operieren konnte. Das konnte nicht über Nacht geschehen. So kam der Luftmast oder »Schnorchel« als eine zeitweilige Lösung auf.

Das war natürlich keine neue Idee, nachdem sie schon vor 1881 vorgeschlagen worden war. Der erste Schnorchel ist wahrscheinlich 1897 auf dem amerikanischen Uboot »Argonaut I« eingebaut worden. Mehrere Länder hatten mit ähnlichen Luftmasten Versuche angestellt, um der Besatzung Frischluft zuzuführen, aber man gab ihnen keine große Zukunft, und die Versuche wurden nicht in größerem Umfange fortgeführt. Die Königlich Niederländische Marine griff den Gedanken in den frühen 30er Jahren wieder auf mit dem Ziel, nicht nur frische Luft für die Besatzung zuzuführen, sondern auch einen Weg zu finden, die Dieselmotoren laufen zu lassen, während das Boot getaucht war. Kptlt. t. z. J. J. Wichers entwickelte das Prinzip weiter, und die ersten Schnorchel mit Kopfventilen für die Luftzufuhr zu den Dieselmotoren wurden im Laufe des Jahres 1938 in die holländischen Uboote

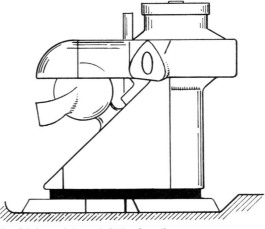

Ausfahrbares Schnorchel-Kopfventil.

O 19 und O 20 eingebaut. Geänderte Versionen dieser Vorrichtung wurden später auf O 21 bis O 23 angebracht. Einige Boote fielen bei der Niederlage Hollands 1940 in deutsche Hand. Zu dieser Zeit befaßte sich die Kriegsmarine mit der Anbringung von Luftmasten auf Ubooten, aber man nahm an, daß die Uboote bereits ausreichende Belüftungssysteme hatten. Da niemand eine Notwendigkeit sah, die Dieselmotoren unter Wasser laufen zu lassen, ließ man den Gedanken wieder fallen. Er wurde 1943 wieder zu neuem Leben erweckt, als solch ein Mast auf U 58 angebracht und die Anlage im Sommer dieses Jahres in der Ostsee erprobt wurde.

Der Schnorchel war sicher keine Antwort auf das Radar, da er die Uboots-Lage nicht von der Defensive zur Offensive umkehren konnte. Anscheinend brachte er tatsächlich viel mehr Schwierigkeiten mit sich als er solche beseitigte und war nur auf den Spielraum zwischen dem Tode und einer kärglichen Überlebenschance berechnet. Er befähigte die Uboote, ständig unter Wasser zu bleiben, die Batterien ohne Auftauchen aufzuladen und ebenfalls mit Dieselantrieb zu marschieren, ohne aufzutauchen. Dabei war aber die Fahrt unter Wasser auf höchstens sechs Knoten beschränkt, weil andernfalls der Mast abbrechen würde. Solch eine geringe Geschwindigkeit erschwerte das Verfolgen von Konvois oder vielmehr zunächst deren Auffinden, da die Ausgucks

Typ III

Entwurf von 1933, der aber nie in Bau ging. Dies Boot war zum Transport von zwei Torpedo-Schnellbooten in einer Halle hinter dem Kommandoturm vorgesehen. Der Gedanke war, daß das Uboot halb getaucht den Booten ein Ein- und Auslaufen erlauben würde, das konnte aber nur bei sehr ruhigem Wetter geschehen.

sich auf die geringe Sichtweite des Sehrohres beschränken mußten.

Das Schnorcheln war außerdem ein höchst unbequemes und gefährliches Unterfangen. Zeitweise schlossen die Wellen das Kopfventil, was bedeutete, daß die Diesel den größten Teil der Luft im Boot ansaugten, bevor sie gestoppt wurden, und auf diese Art fast ein Vakuum innerhalb des Druckkörpers hervorriefen. Das hatte zur Folge, daß die hilflose Besatzung starke Schmerzen zu ertragen hatte und völlig unbeweglich gemacht wurde. U 1203 wurde im Oktober 1944 mit einem starren Schnorchel ausgerüstet, der im Oslo-Fjord erprobt wurde. Zwei Mann konnten sich dem ungeheuren Druckunterschied nicht anpassen und mußten danach mit geplatzten Trommelfellen von Bord gegeben werden. Das plötzliche Vakuum war wahrscheinlich die schlimmste aller Erfahrungen mit dem Schnorcheln. Eines der übelsten Gebiete für die Benutzung des Schnorchels war die Umgebung der Shetland-Inseln, wo die See besonders stürmisch ist. In diesem Seegebiet war es eine wahre Kunst, das Boot in der richtigen Tiefe »aufgehängt« zu halten.

Bei Feindunternehmungen begannen die Boote gewöhnlich bei der Ansteuerungstonne die Tauchfahrt, wo das Minengeleit durch die zum Schutz der Stützpunkte ausgelegten Sperren umkehrte. Bei Rückkehr von der Unternehmung tauchten die Boote an dieser Stelle auf und erwarteten das Geleit. Während der Stunden des Tageslichts marschierten die Boote mit ihren Elektromotoren in einer Tiefe von etwa 60 Metern. In dieser Zeit war an Bord »Nacht«, und die meisten der Männer schliefen. Es gab wenig zu tun, da die Boote völlig »blind« waren.

Die einzige Möglichkeit, einen Gegner zu finden, bestand darin, alle Stunde oder so zu stoppen und mit dem Horchgerät zu suchen. Davon abgesehen, waren die Männer gegen alle anderen Reize abgeschirmt.

Das Herannahen der Dunkelheit bedeutete Tätigkeit im Boot. Zuerst gab es zu essen, danach wurde das Boot auf Sehrohrtiefe »aufgehängt« für eine dreistündige Schnorchel-Periode. Wenn sie begann, mußte jedermann wach sein. Schlafen wurde wegen des Luftdruckproblems verhindert, die Männer konnten aber auf ihren Kojen sitzen oder liegen. Sie durften sich nicht zu viel im Boot herumbewegen, weil das Gleichgewicht des Bootes so empfindlich war, daß sogar ein einzelner Mann, der von einer Abteilung in die andere ging, den Trimm gestört hätte. Normalerweise spielte das keine große Rolle, weil der L.I. automatisch den Unterschied ausgeglichen hätte. Beim Schnorcheln jedoch konnten starke Bewegungen ein Schließen des Kopfventiles an der »Nasenspitze« verursachen und das unangenehme Vakuum schaffen. Für größere Bewegungen im Boot mußten die Männer zuerst Erlaubnis einholen, so daß der L.I. und die Tiefenrudergänger sich auf die Trimmänderung einstellen konnten. Übrigens war die Schnorchelzeit auch die einzige, in der die Besatzung den Abort benutzen konnte. In einer Tiefe von 60 Metern war der Wasserdruck zu groß, um den Inhalt hinauszupumpen!

Nach der dreistündigen Bannzeit des Schnorchelns kehrte das Boot auf eine Tiefe von 60 Metern zurück und benutzte nun wieder nur die E-Motoren. Alle nötigen Alltagsarbeiten zur Wartung mußten jetzt durchgeführt werden, da manches davon während des Schnorchelns wegen der Gefahr der Vakuumbildung unmöglich war, und weil außerdem das Boot dicht unter der Wasseroberfläche stärker dem Seegang ausgesetzt war. Vor Tagesanbruch ging das Boot dann wieder dicht unter die Wasseroberfläche für eine weitere dreistündige Schnorchelperiode, um sicherzustellen, daß die Batterien für die Zeit des Tageslichts voll aufgeladen waren. Das Kopfstück des Schnorchels war gut zu erkennen, da es ein auffälliges Kielwasser nach sich zog. Er wurde deshalb in der Zeit des Tageslichts selten benutzt, um nicht von einem passierenden Flugzeug entdeckt zu werden.

Die Fahrt mit Schnorchel brachte außerdem ein großes Problem der Abfallbeseitigung mit sich. Vor dieser »Erfindung eines Zuluftwunders« war es möglich, Müll über Bord zu werfen, während das Boot über Wasser die Batterien auflud. Jetzt wurde das Turmluk nur selten geöffnet und die Abfallbeseitigung wurde zu einem wirklichen Problem. Ausstoß durch die Torpedorohre war eins der Mittel, das angewandt wurde; das mußte jedoch mit großer Vorsicht geschehen, damit nicht irgendwelcher Abfall die Ausstoßvorrichtung verstopfte. Der Gedanke, daß ein Rohr infolge Blockierens ausfiel, war unvorstellbar schrecklich. Es gab ein weiteres, auf einigen Booten eingebautes Ausstoßverfahren. Es handelte sich um das Gerät zum Ausstoßen des *Asdic*-Täuschers (»Foxer«). Der Müll konnte in einem leeren Blechgefäß zusammengepreßt und ausgestoßen werden. Das war ein mühsames Geschäft, da jeweils nur ein Gefäß bei einem Ausstoß beseitigt werden und das außerdem nur mit Gefäßen von passender Größe geschehen konnte.

Für die Besatzungen blieb nur eine praktikable Methode – den Abfall zu verstauen. Ein bevorzugter Platz hierfür war der Torpedoraum, wo es möglich war, die leeren Hüllen, mit denen die Schwanzstücke der Torpedos beim Laden geschützt wurden, vollzustopfen. Vierzig bis fünfzig Mann verursachten eine große Menge Abfall. Alleine Kartoffelschalen und Gemüseabfälle fielen haufenweise an. Die Feuchtigkeit im Bootsinneren ließ gewöhnlich andere Lebensmittel wie Brot schimmelig werden, die dann auf den Abfallhaufen geworfen werden mußten. Normalerweise war die Luft in einem Uboot schon widerlich genug, aber der zusätzliche Gestank der Abfälle erschwerte das Leben für die Besatzung noch mehr. Alles was sie tun konnte, war, dagegen völlige Gleichgültigkeit zu üben.

Neue Uboote werden entworfen

Im Laufe des Jahres 1943 erreichten die Ubootverluste ein solches Ausmaß, daß jedes zweite Boot von einer Unternehmung nicht zurückkehrte. Diese furchtbaren Verluste können dem Radar, »Huff-Duff« und erfolgreichen U-Jagd-Taktiken zugeschrieben werden. Die Deutschen trugen ebenfalls zu ihren eigenen Verlusten bei, indem sie gewöhnliche Boote, ohne Schnorchel, noch zu »traditionellen« Feindfahrten auslaufen ließen, was in Wirklichkeit hieß, daß die Besatzungen in den Tod geschickt wurden. Die neuen Boote besaßen häufig nur ungenügend ausgebildete Besatzungen, die einfach nicht ausreichende Erfahrung im Umgang mit ihren komplizierten Anlagen hatten. Im Kriege war die Ausbildungszeit zu kurz, und es gab zu viele Notlagen, in denen zwischen Leben und Tod nur Sekunden lagen. Unter solchen Umständen mußte jede Maßnahme fehlerlos sein, und jedermann mußte unverzüglich handeln.

Es müßte auf der Hand liegen, daß diese schweren Verluste deutlich gemacht hätten, daß eine neue Generation von Ubooten gebraucht wurde. Als Dönitz zuerst an seine Vorgesetzten herantrat, wurde ihm gesagt, daß solche Boote unmöglich wären, und daß er mit den vorhandenen Typen zurechtkommen müßte. Die Seekriegsleitung ließ ganz klar erkennen, daß die Forderung nach neuen Booten als etwas unverschämt angesehen wurde. »Zuerst forderte er die VII C's; dann gaben wir ihm die VII C's, und jetzt fordert er plötzlich einen überhaupt völlig andersartigen Typ«.

Schließlich wurden im Jahre 1943 die Verluste so schwer, daß man einsah, daß die gesamte Uboot-Flotte veraltet war und daß sie vollständig untergehen würde, wenn nicht etwas unternommen würde, eine schnelle Flotte von wirklichen Unterwasserbooten zu schaffen.

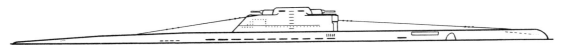

Typ XXI

Dieses Boot war zur Nachfolge des Typs VII C in der Schlacht um den Atlantik vorgesehen, aber der Krieg ging zu Ende, nachdem zwei dieser Boote zur Feindfahrt ausgelaufen waren. Das lange rechtwinkelige Gehäuse zwischen dem Kommandoturm und dem Bug enthielt ausfahrbare Tiefenruder.

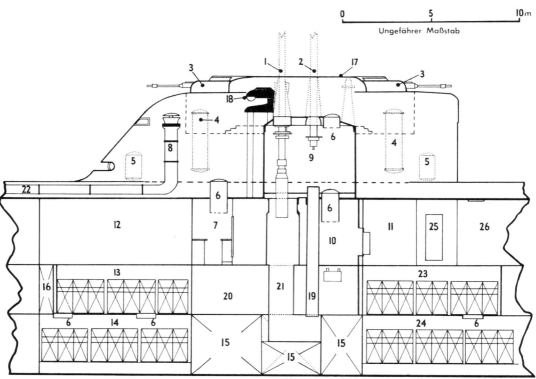

Längsschnitt durch den Kommandoturm eines Typ XXI-Bootes

1. und 2. Sehrohre. 3. Fla-Waffen. 4. Wasserdichte Behälter für Flak-Munition. 5. Wasserdichte Behälter für Schlauchboote. 6. Luken. 7. Kombüse (Küche). 8. Lufteintritt (wenn das Boot über Wasser fuhr). 9. Kommando-Raum. 10. Zentrale. 11. Kommandanten-Kammer. 12. Wohnraum der Besatzung. 13. Batterieraum. 14. Batterieraum. 15. Zellen für verschiedene Zwecke. 16. Trinkwasserzelle. 17. Lage der Funkpeiler-Antenne. 18. Schnorchel (ausfahrbar). 19. Sehrohrschacht. 20. Diese Abteilung enthielt: Raum für Munition, Kartoffeln, Tiefkühlanlage und Abwasserzelle. 21. Sehrohrschacht. 22. Luftzufuhr zum Maschinenraum. 23. Batterieraum. 24. Batterieraum. 25. Funk- und Horchraum. 26. Wohnraum.

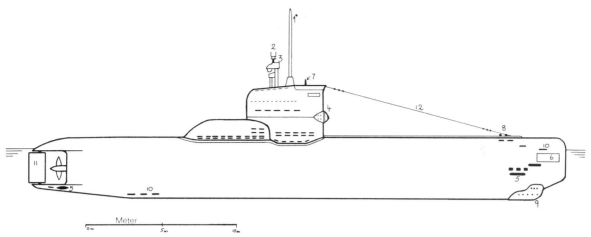

Typ XXIII

1. Sehrohr. 2. Funkmeß-Beobachtungsantenne. 3. Schnorchel-Kopf. 4. Behälter für Schlauchboote. 5. Tiefenruder. 6. Mündung eines Torpedorohres. 7. Lage der ausfahrbaren Antenne. 8. Poller. 9. »Balkon«-Gerät (für Unterwasser-Horchgerät). 10. Entlüftungen. 11. Ruder. 12. Netzabweiser und Antenne.

Es gab keinen Mangel an Ideen. Professor Walter und die Germania-Werft hatten sogar Versuche mit einem Boot durchgeführt, das unter Wasser fast 30 Knoten lief und keine Luft zum Betrieb seiner Maschinen benötigte (30 Knoten ist schneller als die meisten Schiffe der *Royal Navy* über Wasser laufen konnten). Diese revolutionäre Idee des Verzichts auf konventionelle Antriebsysteme war lange Zeit vor dem Kriege schon bearbeitet worden. Aber man hatte anfangs konventionellen Konstruktionen den Vorzug gegeben, die in großen Zahlen gebaut werden konnten.

Die Walter-Turbine hatte verschiedene Nachteile. Erstens konnten zwei Typ VII C-Boote für den gleichen Preis wie ein Walter-Boot gebaut werden. Zweitens war der Treibstoff, der für das Walter-Boot benötigt wurde, konzentriertes Wasserstoffsuperoxyd. Es wurde in solchen Mengen verbraucht, daß das Eichmaß für Treibstoffbestand besser nach hundert als nach zehn Litern hätte unterteilt werden können. Drittens war der Spezialtreibstoff eine seltene Chemikalie, die den Bau einer vollständigen neuen Fabrik zu deren Produktion für den Ubootbedarf erfordert hätte.

Eine der ersten Fragen des Ausschusses zur Untersuchung eines Uboot-Typs zum Ersatz des VII C war: »Wo beabsichtigt Professor Walter derart große Treibstoffmengen unterzubringen?« Walter hatte diese Schwierigkeit ganz einfach durch den Entwurf eines Bootes mit zwei Druckkörpern beseitigt, die übereinander in Form einer »8« angeordnet würden. Der obere sollte die Turbine, die Wohnräume und die üblichen Steuerungsanlagen enthalten, während der untere ein einziger großer Treibstoffbehälter sein würde. Ein Ausschußmitglied machte sofort den Vorschlag, daß ein neues schnelles Unterwasserboot viel leichter gebaut werden könnte, wenn man die obere Hülle für das konventionelle Antriebsystem nutzte und die untere mit zusätzlichen Batterien füllte. Die größere elektrische Energie würde für eine wesentlich höhere Unterwassergeschwindigkeit sorgen. Schließlich wurde entschieden, die Versuche mit neuen Antriebsystemen fortzusetzen und gleichzeitig mit der Massenanfertigung von Zweihüllen-Walter-Booten mit den zusätzlichen Batterien zu beginnen. Zwei verschiedene Typen dieses »Elektrobootes« wurden in Bau gegeben, der große Typ XXI zur Ablösung des Typs VII C und ein kleiner Typ eines Küsten-Ubootes.

Die Verantwortung für den Bau dieser Boote wurde Dr. Speers »Reichsministerium für Bewaffnung und

Munition« übertragen, das annahm, es werde möglich sein, etwa zwanzig Typ XXI-Boote monatlich bauen zu können. Das erste dieses Typs (U 2501), vom Stapel gelaufen am 17. Juli 1944, kam jedoch nicht mehr zum Kampfeinsatz, weil der Krieg endete, bevor die Erprobungen abgeschlossen werden konnten. Verschiedene größere Probleme hemmten die Fertigstellung. Die Facharbeiter in den Werften waren um etwa 70% reduziert worden, weil die meisten dieser Männer zum Kriegsdienst einberufen worden waren. Der größte Teil der Arbeiten wurde von alten Männern, Frauen und Kindern ausgeführt, und den Booten fehlte die Note der deutschen Wertarbeit. Die Lage wurde noch dadurch erschwert, daß man den Typ VII C nicht ausrangierte. Stattdessen wurde dieses veraltete Boot noch weitergebaut und nahm eine große Zahl von Facharbeitern in Anspruch, die andernfalls für die neuen Typen hätten eingesetzt werden können. Es war für das Werftpersonal nicht mehr möglich, zusammen mit der Besatzung die erste Probefahrt zu machen, und alle Kinderkrankheiten mußten von der Besatzung beseitigt werden, von denen viele niemals für solche Aufgaben ausgebildet worden waren. Diese schwierigen Bauarbeiten erfolgten in einer Zeit, nachdem die RAF die Luftüberlegenheit über weite Bereiche Deutschlands gewonnen hatte. Städte wie Hamburg und Bremen hatten oftmals Luftangriffe von vier oder fünf Wellen von Bombern in jeder Nacht durchzumachen, so daß die Bauarbeiten an Schiffen fast unmöglich wurden. Den Uboot-Werften wurde vom Propaganda-Ministerium starker Flakschutz zugesagt, aber dieser war nicht mehr vorhanden. Interessant ist aber die Feststellung, daß trotz all dieser Schwierigkeiten die neuen Boote in einer erstaunlich schnellen Folge gebaut wurden.

Die Elektro-Boote – Typen XXI und XXIII

XXI Folgende Boote wurden in Dienst gestellt:
2501 bis 2552
3001 bis 3025
3037 bis 3041
3044
3501 bis 3530

XXIII Folgende Boote liefen zu Unternehmungen aus:

2321, 2322, 2324, 2326, 2329, 2336.
Als der Krieg endete, lagen weitere zwölf Boote in norwegischen Häfen und warteten auf den Auslaufbefehl zur Unternehmung.
Folgende Boote wurden in Dienst gestellt:
2321 bis 2371
4701 bis 4707
4709 bis 4712

Ein neues beim Typ XXI angewandtes Verfahren war, die Boote in Sektionen zu bauen, wobei verschiedene Werften die verschiedenen Teile fertigten. Jede Sektion benötigte zum Bau etwa drei Wochen; der Transport zu einer Werft an der Küste dauerte etwa fünf Tage. Der Zusammenbau der Sektionen wurde oft in weniger als achtzehn Tagen beendet, und danach wurden nur 10 bis 14 Tage für die Ausrüstung und Durchführung der ersten Erprobungen benötigt. Derartige Produktionsverfahren wären unter Friedensbedingungen hervorragend, aber im Kriege erwies sich dies Verfahren als weniger wirksam.

Die Verzögerungen nahmen so zu, daß nur vier Boote vom Typ XXI bis zum Januar 1945 fertiggestellt wurden und zwei Boote, U 2511 (unter dem Kommando von Korv.Kapt. *A. Schnee*) und U 3008 (unter dem Kommando von Kptlt. *Manseck*) schließlich zu Unternehmungen ausliefen. U 2511 lief am 30. April 1945 aus und ging nördlich von England auf Wartestellung für einen Konvoi. Später erhielt es wegen der unmittelbar bevorstehenden Kapitulation des Dritten Reiches den Befehl, nicht mehr anzugreifen. Auf dem Rückweg traf Schnee auf einen Kriegsschiffverband und fuhr einen Scheinangriff, nur um zu sehen, ob das alte Verfahren noch möglich war. Ohne bemerkt zu werden, gelangte er in eine günstige Schußposition in etwa 500 Meter Entfernung von HMS »Norfolk«. Er entsann sich aber des Befehls, nicht anzugreifen, und stahl sich still wieder davon.

Dieser Vorgang zeigt nur, daß der Typ XXI gegen die alliierte Schiffahrt äußerst erfolgreich hätte sein können, wenn er ein paar Jahre früher in Dienst gekommen wäre. Es war mit Sicherheit ein seinem Vorläufer VII C weit überlegenes Boot. Zusätzlich zu der allgemeinen Leistungsfähigkeit, wie sie in der Zusammenstellung der technischen Daten enthalten ist, war dafür gesorgt worden, eine Tiefkühlanlage einzubauen, um die Verpflegung zu verbessern. Eine Luftreinigungsanlage war ebenfalls zum ersten Male während des Zweiten Weltkrieges installiert worden, obwohl das keine neue Idee war, nachdem sie bereits im Ersten Weltkrieg benutzt worden war. Die vielleicht am meisten umwälzende direkte Erleichterung für die Besatzung war die hydraulische Torpedo-Ladevorrichtung, mit der sie alle sechs Bugrohre binnen zwölf Minuten nachladen konnte (bei einem VII C-Boot dauerte es 10 bis 20 Minuten, *ein* Rohr nachzuladen!).

Die Typ XXIII-Boote hatten überhaupt keine Einrichtung zum Nachladen von Torpedos. Das Innere des Bootes war so beengt, daß die Torpedos von außen geladen werden mußten und keine Reservetorpedos mitgeführt werden konnten. Außerdem war der Platz für die Besatzung sehr eng. Das hieß, daß ein sehr hoher Grad von Zusammenhalt erreicht sein mußte, um das Aufkommen von Spannungen zu vermeiden. Nur sehr wenige Boote dieses Typs kamen tatsächlich zum Einsatz gegen den Feind. Sie hatten einige Erfolge, aber sie kamen wirklich zu spät, um noch irgendeinen Einfluß auf das Kriegsgeschehen haben zu können.

Versuche, die nicht mehr in Serienfertigung gingen

Die Leistungen und Einzelheiten über die Versuchsboote sind, soweit sie bekannt sind, in die Zusammenstellung technischer Daten aufgenommen worden. Eine Anzahl dieser Versuchsboote fiel bei Kriegsende in die Hände der Alliierten, obgleich leider einige dieser besonderen Typen von den Deutschen zerstört wurden.

Zwei Projekte sind zusätzlich zu den neuen Booten, die in anderen Abschnitten dieses Buches erwähnt sind, einer näheren Betrachtung wert. Das erste war ein Gedanke an ein schnelles Unterwasserboot, das, unabhängig von dem von Professor Walter entwickelten »Kreislauf«-System, auf einem Verfahren beruhte, Sauerstoff zum Antrieb der Turbine aus dem Seewasser zu gewinnen. Es ist nicht bekannt, bis zu welchem Grade dieses Projekt tatsächlich vorangetrieben wurde. Zweitens machte Deutschland auch Versuche mit der Möglichkeit, Raketen von Ubooten zu starten. Man fragt sich, welchen Einfluß sie auf den Krieg gewonnen hätten, wenn sie zum Beschießen von New York benutzt worden wären. Der ganze Gedanke an gelenkte Flugkörper und Raketen kam gleich nach dem Ersten Weltkrieg auf, als Deutschland durch den Vertrag von Versailles Bau und Besitz von schwerer Artillerie verboten wurde. An ihrer Stelle begann Deutschland, Versuche mit Alternativ-Waffen anzustellen. Hitler setzte in Wirklichkeit nie großes Vertrauen in Raketen und war überzeugt, daß er den Krieg ohne sie gewinnen könne. Diese neuen Ideen wurden deshalb nicht bis zu allen Möglichkeiten weiterentwickelt.

Die Verbindung zwischen Raketen und Ubooten kam inoffiziell zustande, weil Dr. Steinhoff, Mitarbeiter der Peenemünder Raketenversuchsanstalt, einen Bruder hatte, der Kommandant von U 511 war. Dieses Boot wurde für eine kurze Zeit von seiner gewohnten Verwendung zur Unterstützung der Raketenforschung abgestellt. Gemeinsam starteten die beiden Brüder im Sommer 1942 eine 21 cm-Festtreibstoff-Rakete aus einer Tiefe von zwölf Metern. Wie bei vielen anderen Erfindungen zeigte die Behördenhierarchie kein Interesse, und nachdem die Zustimmung zu »offiziellen« Versuchen nicht zu erhalten war, mußte das Projekt abgebrochen werden. Die Idee, Raketen von Ubooten zu starten, kam wieder zu neuem Leben in den letzten Monaten des Jahres 1943, als der Vorschlag gemacht wurde, daß ein mit Schnorchel ausgerüstetes Uboot einen Spezialbehälter mit einer »A 4«- (besser bekannt als »V 2«)-Rakete bis auf 300 Kilometer an New York heranschleppen und starten könnte. Die Rakete selber sollte in einen besonderen wasserdichten Behälter eingebaut werden, der nach dem Loswerfen aufrecht schwimmen und als Startplattform dienen sollte. Der Auftrag für drei solcher Behälter, die das meiste waren, was als Belastung eines Bootes erwartet werden konnte, wurde im Dezember 1944 an

Dieser Angriff mit Wasserbomben und Flugzeug-Bordwaffen hat sein Ziel verfehlt, obgleich er ohnehin nicht mehr nötig erscheint, da das Boot bereits im Sinken ist. Mehrere aufgeblasene Rettungsflöße sind über Bord geworfen worden und schwimmen in der Nähe des Buges dieses Typ VII C-Bootes.

eine Bauwerft in Stettin vergeben, aber wie es vielen anderen deutschen Projekten erging: der Krieg endete, bevor es auch nur ins Versuchsstadium kam.

Bewaffnung

Die Uboote waren nicht immer genau gleich; häufig gab es kleinere Unterschiede, selbst zwischen Booten des gleichen Typs. Nirgends waren diese Unterschiede mehr bemerkbar als auf dem Gebiet von *Bewaffnung* und *Radar*.

Torpedos

Alle deutschen Torpedos einschließlich der von den Klein-Ubooten benutzten hatten den gleichen Durchmesser von 53 cm. Versuche mit kleineren Modellen wurden zwar durchgeführt, kamen aber nie zur Verwendung auf Einsatzbooten.
Deutschland hatte zwei Grundtypen im Gebrauch: die Torpedos G 7 a und G 7 e. Der erstere wurde mit Preßluft[1] angetrieben; er wurde kurz nach Ausbruch des Krieges durch den letzteren ersetzt, der von einem elektrischen Motor angetrieben wurde. Dies Antriebsaggregat blieb den ganzen Krieg hindurch im Gebrauch und wurde später auch in die neuen Torpedos wie den *Zaunkönig* und den *Flächenabsuch-Torpedo* eingebaut. Die Leistungen der Torpedos wurden immer »streng geheim« gehalten. Es ist nicht sicher, ob die folgenden Zahlen zutreffen, so daß sie nur als grober Anhalt dienen können:

G 7 a: 30 Knoten bei 14 Kilometern Laufstrecke (Weitschuß)

40 Knoten bei 8 Kilometern Laufstrecke (Nahschuß)

44 Knoten bei 6 Kilometern Laufstrecke (Schnellschuß)

G 7 e: 30 Knoten bei 6 Kilometern Laufstrecke
Sprengladung: ca. 300 Kilogramm
Gewicht: ca. $1^{1}/_{2}$ Tonnen
Kosten (1938): ca. RM 40 000.– je Torpedo.

---

[1] Hier sollte vielleicht erklärt werden, daß es sich dabei nicht um einen »Düsenantrieb« handelte, sondern daß die Preßluft Propeller drehte.

Links und unten: 17. August 1943. Ein Aufbringen, das nicht glückte! Der US Coast Guard-Kutter »Spencer« steuert U175 auf Kollisionskurs an. Die Deutschen verlassen ihr noch in Fahrt befindliches Uboot und sind auf dem oberen Bild zu erkennen. Dann ändert »Spencer« Kurs, stoppt und bringt ein Beiboot zu Wasser. Lieutenant Ross Bullard gelang es, auf den Turm hinüberzuspringen, aber das Boot war bereits im Sinken und ging wenige Minuten später unter. Beachte die Funkmeß-Beobachtungsantenne auf dem unteren Foto.

Ein Typ IX B, wahrscheinlich U106, bei einem Flugzeugangriff.

»...*Enterkommando klar*...« – *eine Aufbringung*.

Das Ziel, das sich jede Flugzeugbesatzung des *Coastal Command* sehnlichst wünschte: ein gestopptes Uboot an der Wasseroberfläche beim Ausblasen seiner Tanks. Das Foto zeigt vermutlich U 955, aber Squadron Leader J.H. Thompson muß sich ein ähnliches Bild geboten haben, als U 570 unter seiner *Hudson S* am 27. August 1941 auftauchte.

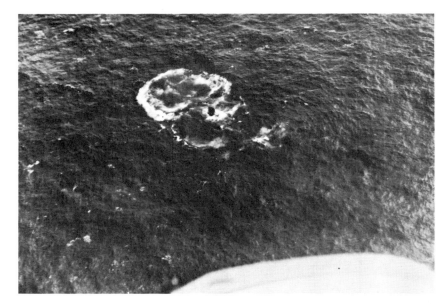

U 570 nach seiner Übergabe. HMS »Burwell« bewacht das Boot.

U 570. Im Hintergrund HMS »Burwell«.

Die Torpedos hatten verschiedene Zündeinrichtungen. Sie detonierten entweder beim Aufschlag oder wurden mittels einer Magnetpistole durch das magnetische Feld des Zieles ausgelöst. In diesem Falle detonierte der Torpedo direkt unter dem Ziel, was normalerweise ausreichte, ein Handelsschiff zu »zerbrechen«. Später wurde der *Zaunkönig*, T5 oder akustische Torpedo eingeführt. Der offenkundige Vorteil dieses Torpedos war, daß er nur in die allgemeine Richtung des Gegners gezielt werden mußte und dann sein Ziel selber fand. Eine weitere aussichtsreiche Neueinführung war der *Flächenabsuch-Torpedo*, der auf eine bestimmte Laufstrecke mit geradem Kurs eingestellt werden konnte, um dann Zickzack-Kurs mit plötzlichen Laufrichtungsänderungen aufzunehmen. Er war besonders wirksam gegen Konvois, weil er früher oder später auf ein Schiff treffen und detonieren würde.

Das Handhaben der Torpedos und ihre Regelung war eine der schmutzigsten und schwersten Aufgaben auf einem Uboot. Torpedos in den Rohren mußten alle vier bis fünf Tage zur Regelung gezogen werden. Gewöhnlich wurde jeden Tag ein Torpedo gezogen, so daß immer die drei anderen schußbereit waren. Das Laden war eine harte Arbeit, die über Wasser nicht durchgeführt werden konnte, wenn die See nicht völlig ruhig war. Zum Laden der Reservetorpedos mußten sie mit Kettenflaschenzügen von unter den »Flurplatten« angehievt und von Hand in die Rohre eingeführt werden. Das war zu gefährlich, wenn das Boot erheblich schlingerte oder stampfte. Während des Ladens wurde das Boot etwas vorlastig getrimmt, so daß die Torpedos leichter in ihre Lage gleiten konnten.

Die Gesamtzahl der mitgeführten Torpedos wurde von dem Kommandanten im Einvernehmen mit seinen Vorgesetzten bestimmt. Die entsprechende Zahl wurde dann mit einem Spezial-Elektrokarren zum Boot gebracht und unter Aufsicht des Torpedomechanikers oder seines Maaten an Bord genommen. Es gab eine »große Regelung« oder eine »kleine Regelung«, die erfolgen mußte. Bei der »großen Regelung« wurde der gesamte Torpedo überprüft, bevor er an Bord genommen wurde. Die »kleine Regelung« umfaßte nur die wichtigsten Teile, die vom Mechaniker überprüft werden mußten. Nach Anbordnahme wurden die Torpedos abgenommen und waren von dann an ein Teil des Verbrauchsmaterials des Bootes.

Geschütze

Seeziel-Artillerie

10,5 cm mit ca. 4,7 m Rohrlänge.
8,8 cm mit ca. 3,9 m Rohrlänge.

Dies waren allgemeine Schnellfeuerkanonen, die gegen Überwasserziele, aber nicht als Fliegerabwehrgeschütze eingesetzt werden konnten. 8,8 cm-Geschütze waren gewöhnlich auf dem Typ VII, 10,5 cm dagegen auf den Typen I, IX und X eingebaut. Sie waren in allen Fällen vor dem Kommandoturm aufgestellt. In englischen Büchern veröffentlichte Fotos, die ein solches Geschütz hinter dem Turm zeigen, sind in Wirklichkeit Bilder italienischer Uboote. Die Munition für diese Geschütze war in einem Spezialspind innerhalb des Druckkörpers gelagert, und die Patronen mußten durch eine »Kette« von Hand durch das Turmluk nach oben zu der Geschützbedienung gemannt werden.

3,7 cm-Flak. Dies Geschütz war gewöhnlich auf der unteren Geschützplattform hinter dem Kommandoturm aufgestellt. Einige Boote, z. B. Typen IX und XIV, hatten es direkt auf dem Oberdeck aufgestellt.

2 cm-Flak. Eingebaut als Einzel-, Zwillings- oder Vierlingsgeschütz. Die Einzellafette war die normale Flak-Bestückung, bis Flugzeuge 1943 eine wirkliche Gefahr wurden.

15 mm-Flak. Es ist behauptet worden, sogar von früheren Ubootfahrern, daß solche Geschütze auf Ubooten eingebaut wurden, aber es gibt keine zuverlässige gedruckte Quelle dafür.

8 mm-Flak. In einem englischen Buch wird behauptet, daß solche Gewehre auf Ubooten eingebaut waren. Deutschland hat in der Tat Versuche mit kleinkalibrigen Fla-Waffen angestellt, aber es gibt keine zuverlässige Quelle, daß 8 mm-Gewehre während des Zweiten Weltkrieges auf Ubooten montiert waren.

Temporary Lieutenant H. B. Campbell (rechts, stehend) führt das Enterkommando, um U 570, das sich ergeben hat, zu übernehmen. Die See ging zu hoch, um ein Beiboot auszusetzen, deshalb fuhren die Männer in einem Schlauchboot rüber.

Die kanadische Korvette »Chilliwack« und die Fregatte »St. Catharines«, dazwischen U 744. Einige Männer von HMCS »Chilliwack« gelangten an Bord, hissten die britische Kriegsflagge und erbeuteten einige Geheimsachen.

Munitionsausstattung: Die gewöhnliche Zahl der mitgeführten Patronen ist in der Zusammenstellung technischer Daten angegeben. Gegen Ende des Krieges, als die Luftangriffe immer häufiger wurden, war weit mehr Munition an Bord vorhanden als angegeben. Es ist bekannt, daß Boote Brest verließen, nachdem sie sämtlichen verfügbaren Raum auf dem Kommandoturm mit Fla-Munition ausgefüllt hatten. Die Munition war im Inneren des Druckkörpers gestaut; jedoch wurden besondere wasser- und druckdichte Behälter in der Nähe der Geschütze an Deck angebracht, um leichter und schneller zugänglich zu sein.

Die Boote führten außerdem verschiedene kleine Handwaffen mit. Zahl und Art der an Bord befindlichen Waffen waren verschieden. Im folgenden ist nur eine grobe Übersicht für die in Deutschland stationierten Boote angegeben. Boote im Ausland hatten eine größere Zahl von leichten Handwaffen an Bord, je nachdem wo sie sich befanden und für welche Aufgaben sie eingesetzt wurden:

6 Mauser-Pistolen
7 Gewehre
1 einläufige Signal-Pistole
1 doppelläufige Signal-Pistole
Sprengpatronen

Typ II

Geschütze wie angegeben. Einige Boote erhielten nach 1943 schwerere Fla-Waffen.

Typen VII A, VII B und VII C

Das 8,8 cm-Geschütz wurde in oder nach 1943 entfernt und die Fla-Bewaffnung verstärkt. In einigen Fällen wurde, besonders auf in der Ostsee eingesetzten Booten, die 8,8 später wieder eingebaut. Die Zahl der Fla-Waffen wurde vergrößert, so daß auf der unteren Geschützplattform entweder eine Einzel-3,7 cm oder ein 2 cm-Vierling aufgestellt wurde. Auf der oberen Plattform befanden sich üblicherweise zwei 2 cm-Zwillinge. Die »Flugzeugfallen«, d. h. U 211, U 256, U 271, U 441, U 621 und U 953, waren mit einem 3,7 cm-Geschütz, einem 2 cm-Vierling und zwei 2 cm-Zwillingen ausgerüstet. Der Umbau zu »Flugzeugfallen« hielt nur für eine verhältnismäßig kurze Zeit an, und später wurden die Boote wieder umgeändert, so daß sie wie gewöhnliche Boote aussahen.

Typ VII D

Es sind Pläne veröffentlicht worden, die diesen Typ mit einer weiteren Geschützplattform zeigen. Es gibt keine zuverlässige Quelle hierfür, anscheinend hatten diese Boote nur die übliche einzelne Plattform.

Typ IX

Das 10,5 cm-Geschütz wurde in oder nach 1943 entfernt und die Fla-Bewaffnung wie auf den Typen VII A bis C vermehrt.

Typ XIV

Nicht mit einem schweren Geschütz wie 8,8 cm oder 10,5 cm ausgerüstet. Dieser Typ besaß nur Flak.

»BESETZT«? – DER ABORT

Jedes Uboot, mit Ausnahme der Kleinst-Uboote, hatte einen Abort. Die größeren hatten sogar zwei, wobei auf Fernfahrten der eine häufig als Speisekammer benutzt wurde, wie bereits beschrieben. Jeder Vorgang auf einem Uboot mußte sorgfältig überlegt werden – selbst ein Gang zu »Für Knaben«. Es wurde schon erwähnt, daß die Aborte nur benutzt werden konnten, wenn das Boot nahe der Wasseroberfläche war, da unter 25 Meter Tiefe der Wasserdruck zu groß wurde, um den Inhalt auspumpen zu können. Natürlich verbrachten in den ersten Jahren des Krieges die Boote ihre meiste Zeit über Wasser, so daß dies nur geringe Schwierigkeiten mit sich brachte. Als später die Boote gezwungen waren, lange Zeiten getaucht zu bleiben (die Boote im Mittelmeer blieben häufig bis zu 24 Stunden »im

Nur ein Mann (Geschützführer Maat Fischer) wurde während des Aufbringens von U 505 getötet. Seine Kameraden legten ihn auf eine Tragbahre. Das Bild zeigt die Anbordnahme auf USS »Guadalcanal«.

Ein *Avenger*-Torpedoflugzeug der *US Navy*, mit ausgefahrenen Landeklappen zur Herabsetzung der Geschwindigkeit, im Begriff, auf USS »Guadalcanal« zu landen, die U 505 in Schlepp hat. Das Fahren in Ubootgefährdetem Seegebiet bedeutete, daß der Träger in den vier Tagen, an denen er das erbeutete Uboot in Schlepp hatte, die Flugzeugoperationen fortführen mußte. Später kam ein Hochseeschlepper und übernahm das Schleppen.

Der achtere Torpedoraum von U 505 nach der Aufbringung. Vor den runden Verschlußklappen der Torpedorohre befindet sich der Handruderstand. Der Eisenträger, mit dem die Torpedos in die Rohre geladen werden, ist oben zu sehen. Er konnte zur Benutzung für beide Rohre von einer Seite zur anderen geschoben werden.

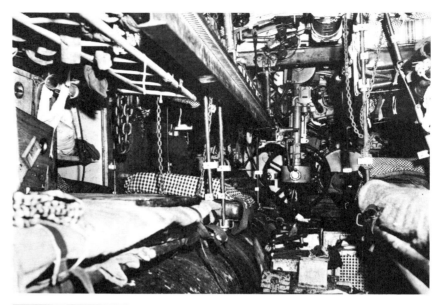

... Nur die Glücklichen kehrten zurück ...

Korvettenkapitän Lehmann-Willenbrock, Chef der 9. U-Flottille, erwartet mit dem Maskottchen der Flottille ein einlaufendes Uboot ...

... U 377 unter dem Kommando von Oberleutnant zur See Gerhard Kluth beim Einlaufen in Brest am 10. Oktober 1943.

Keller«), mußte ein neuer Hochdruck-Abort eingebaut werden. Vom Wohlbefinden der Besatzung hing ihre Sicherheit ab; äußerste Konzentration war höchst nötig, und ein funktionierender »Lokus« konnte genau den Unterschied zwischen voller oder nur teilweiser Konzentration auf empfindliche Instrumente ausmachen.

Als das Fahren in großer Tiefe immer üblicher wurde, wurden Hochdruck-Aborte eingebaut, aber nicht überall. Die Bedienung dieser Einrichtung erwies sich als so schwierig, daß Männer mit technischer Begabung besonders ausgebildet wurden, mit der neuen Anlage umzugehen. Die Seeleute legten diesen Abort-Bedienern einen besonderen Titel zu, der vielleicht mit »Lokus-Doktor« am besten umschrieben werden kann. Diese komplizierten »Donnerstühle«, wie sie oft genannt wurden, forderten auch ihren Tribut. Ein Uboot, U 1206 unter den Kommando von Kptlt. Schlitt, wurde als direktes Ergebnis falscher Bedienung des Abortes versenkt. Kptlt. Schlitt versuchte die Hebel selber zu bedienen und hatte Schwierigkeiten, den Inhalt des Abortes rauszubekommen. Der L.I. schickte in der Vermutung, daß der »Alte« von der Technik nichts verstand, einen von den »Lokus-Doktoren«, um ihn zu befreien. Irgendwie wurden, nachdem sich nun zwei Männer den Kopf zerbrachen, die Hebel in der verkehrten Reihenfolge bedient, so daß der Inhalt des Aborts zusammen mit einem dicken Wasserstrahl den Männern ins Gesicht schoß. Als der L.I. sah, was geschehen war, brachte er das Boot auf Sehrohrtiefe, um den hohen Wasserdruck zu vermindern. Dabei konnten die Männer die Ventile schliessen. Immerhin war aber eine große Menge Salzwasser in das Boot gekommen und in die Batterien unter dem Abort gelaufen. Langsam begann Chlorgas sich im Boot zu verbreiten, und Schlitt blieb nichts anderes übrig als aufzutauchen, um das Innere des Bootes durchzulüften. (Chlorgas entsteht, wenn salzhaltiges Seewasser mit der Schwefelsäure in den Batterien reagiert.) Als U 1206 durch die Wasseroberfläche brach, wurde es von einem Flugzeug mit Wasserbomben belegt, die ein Tauchen und eine Weiterfahrt unmöglich machten. Das Boot mußte aufgegeben werden.

Ausländische, für die Kriegsmarine in Dienst gestellte Uboote

UA	Gebaut von der Germaniawerft in Kiel für die Türkei, (wie »Batiray«), aber nicht abgeliefert.
UB	ex HMS »Seal«, aufgebracht von deutschen Streitkräften
UC 1	ex norwegisches B 5 ⎫ gleicher Typ
UC 2	ex norwegisches B 6 ⎭
UD 1	ex holländisches O 8
UD 2	ex holländisches O 12
UD 3	ex holländisches O 25 ⎫
UD 4	ex holländisches O 26 ⎬ gleicher Typ
UD 5	ex holländisches O 27 ⎭
UF 2	ex französisches »La Favorite«
UIT 17	ex italienisches CM 1
UIT 21	ex italienisches »Giuseppe Finzi«
UIT 22	ex italienisches »Alpino Bagnolini« ⎫ gleicher Typ
UIT 23	ex italienisches »Reginaldo Guiliani« ⎭
UIT 24	ex italienisches »Commandante Cappellini«
UIT 25	ex italienisches »Luigi Torelli«

Versuchs-Uboote

Typ	Anzahl	Bemerkungen und Nummern der vom Stapel gelaufenen Boote
V B 60	0	Ähnlich V 80, aber viel kleiner. Entworfen 1939. Es gab keine Pläne, dies Boot zu bauen.
V 80	1	Ein wirkliches Unterwasserboot, angetrieben von einer Turbine, die zum Betrieb keine Luft benötigte. Entwickelt aus VB 60 durch Professor Walter und die Germaniawerft. Vom Stapel am 19. Januar 1940. Etwa 100 Probefahrten wurden durchgeführt. V 80 – keine andere Nummernbezeichnung.
XVII A (V 300)	0	Bauauftrag an die Germaniawerft in Kiel 1942 vergeben. Vor Fertigstellung des Bootes 1944 eingestellt. U 791.
XVII A (V 300 II)	0	Weiterentwicklung von V 300. Bau dieses Typs wurde nicht erwogen.
XVII A (V 300 III)	0	Letzter Entwicklungsstand von V 300. Baupläne wurden zugunsten von Wa 201 verworfen.

Oben: Lehmann-Willenbrock begrüßt die Besatzung bei der Rückkehr. Gerhard Kluth, der Kommandant, (mit weißer Mütze) wurde durch Bordwaffen einer »Liberator« verwundet, die auch zwei Mann töteten.
Oben links: U 377 beim Einlaufen in Brest.

Der Bug von U 377 mit seiner Beschädigung aus der Nähe. Das Loch lag unmittelbar neben dem Tauchtank, so daß der Schaden nicht tödlich war und das Boot es schaffte, damit aus dem Atlantik zurückzuschleichen. An der Vorkante des Loches ist eben die Ankerkette zu sehen.

Typ	Anzahl	Bemerkungen und Nummern der vom Stapel gelaufenen Boote
XVII A (Wa 201)	2	Versuchsboote, entworfen von der Germaniawerft, Blohm & Voss und Professor Walter. U 792 und 793.
XVII A (Wk 202)	2	Wie Wa 201. U 794 und 795.
XVII B	5	Versuchsboote, Entwurf des Ingenieurbüros Glückauf von 1941/42. Die folgenden wurden fertiggestellt: 1405, 1406, 1407. Folgende liefen vom Stapel, wurden aber nicht fertiggestellt: 1408 und 1409. (Alle gebaut bei Blohm & Voss in Hamburg.) Der Bauauftrag für folgende wurde im Jahre 1943 an Blohm & Voss vergeben, aber 1945 zurückgezogen: 1410 bis 1416.
XVII B₂	0	Projektierte Verbesserungen gegenüber XVII B.
XVII B₃	0	Projektierte Verbesserungen gegenüber XVII B.
XVII G	0	Entworfen 1941/42 vom Ingenieurbüro Glückauf. Bauauftrag für zwölf Boote 1943 an die Germania-Werft in Kiel vergeben, aber alle zurückgezogen. Es handelte sich um ein 350 t-Boot, etwa vierzig Meter lang und mit etwa 19 Mann Besatzung.
XVII G₂	0	Projektierte Verbesserungen gegenüber XVII G.
XVII K	1	Ein Versuchsboot, das seinen Sauerstoff aus dem Wasser und nicht aus der Luft bezog. Am 16. Februar 1945 bei der Germania-Werft in Kiel vom Stapel gelaufen, aber nicht fertiggestellt. U 798.
V S 5	1 (?)	Entworfen 1939. Hatte eine Besatzung von 17 Mann und galt als sehr gefährlich. Einzelheiten fehlen. Über den Verbleib keine Unterlagen.

Uboote in Planung, aber nicht fertiggestellt

Typ	Bemerkungen
III	Entwurf von 1933/34. Eine Änderung gegenüber dem türkischen »Gür«, mit einer Halle zur Aufnahme von zwei kleinen Torpedobooten. Diese Boote konnten zu Wasser gebracht werden, während das Uboot zum Teil getaucht war; das konnte jedoch nur bei ruhigem Wetter geschehen, und das Projekt kam nicht über das anfängliche Entwurfstadium hinaus.
VII C/42	Eine verbesserte Version der Typen VII C und VII C/41 mit zahlreichen kleineren Änderungen.
VII C/42 A *VII C/42 B* *VII C/43*	Änderung des Typs VII C/42. Keine dieser Typen wurde zum Bau vorgesehen.
VII E	Wie Typ VII C, jedoch zur Ersparnis von Raum und Gewicht mit kleinerer Maschine. Das Projekt wurde bereits in frühem Stadium abgebrochen.
X A	Ein großer 2500 t-U-Kreuzer mit zwei Hüllen, entworfen 1938. Das Projekt wurde abgebrochen und auf Typ X B umgeschaltet.
XI	Ein großer U-Kreuzer, der gemeinsam mit der Überwasserflotte hätte operieren können. Vier Boote (U 112 bis U 115) waren zum Bau bei der Deschimag-AG Weser in Bremen vorgesehen, jedoch wurde der Bauauftrag nicht vergeben. Weitere Einzelheiten in der Zusammenstellung technischer Daten.
XII	Ein schneller 1600 t-U-Kreuzer, der über Wasser etwa 22 Knoten laufen konnte. Projekt in einem frühen Stadium abgebrochen.
XIII	Ein kleines Einhüllen-Küsten-Uboot von etwa 400 t. Projekt in einem frühen Stadium abgebrochen.
XV und XVI	Große U-Kreuzer, die für Transport von Proviant, Treibstoff und Instandsetzungseinrichtungen in entfernte ozeanische Seegebiete vorgesehen waren. Sie waren mit einer Werkstatt zur Instandsetzung operativer Uboote ausgestattet.
XVIII	Entworfen 1941/42 vom Ingenieurbüro Glückauf mit ähnlichem Aussehen wie Typ XXI. Weitere Einzelheiten in der Zusammenstellung technischer Daten.

Typ	Bemerkungen
XIX	Ein 2000 t-U-Kreuzer, entworfen vom Ingenieurbüro Glückauf. Aufgegeben in einem frühen Stadium.
XX	Ein großer Transporter für Ladung und Treibstoff. Entwickelt vom Ingenieurbüro Glückauf zu möglichen Fahrten nach dem Fernen Osten. Weitere Einzelheiten siehe Zusammenstellung technischer Daten.
XXII	Ein kleines Küsten-Uboot, aus dem Typ XXIII entwickelt wurde. Projekt am 14. August 1943 abgebrochen. Siehe Zusammenstellung technischer Daten.
XXIV	Ein ozeanfähiges 2000 t-Boot, ähnlich dem Typ XXI. Hervorgegangen aus dem Typ XVIII, nur mit wesentlich stärkerer Torpedobewaffnung. Projekt aufgegeben.
XXV	Ein 160 t-Elektro-Küsten-Uboot, das nur zwei Torpedos tragen konnte. Es hatte einen Fahrbereich von 400 Seemeilen unter Wasser bei 6 Knoten. Projekt in einem frühen Stadium abgebrochen.
XXVI	Ein Hochsee-Uboot ohne Kommandoturm, mit einer Walter-Turbine ausgerüstet. Es gab zu diesem Entwurf verschiedene Modifizierungen, sie wurden aber alle in einem frühen Stadium aufgegeben.
XXVIII	Ein 200 t-Küsten-Uboot, entworfen zum Einsatz im Mittelmeer. Es hätte unter Wasser einen Fahrbereich von über 2000 Seemeilen bei 6 Knoten gehabt. Projekt aufgegeben.
XXIX A, XXIX B, XXIX B_1, XXIX C, XXIX F, XXIX G, XXIX K_1 bis K_4 (?)	Uboote von 600 bis 1000 t ohne Kommandoturm. Entwurfstadien nicht abgeschlossen.
XXX, XXXI, XXXII, XXXIII, XXXIV, XXXV, XXXVI	Alle diese Boote erreichten nur das Stadium erster Zeichnungen. Einzelheiten wurden nicht veröffentlicht.

Ausländische Uboote, die von Deutschland erbeutet, aber nicht für die Kriegsmarine in Dienst gestellt wurden

Boot Nr.	Bemerkungen
UF 1	ex französisches »L'Africaine«
UF 3	ex französisches »L'Astere«
UIT 1	ex italienisches R 10
UIT 2	ex italienisches R 11
UIT 3	ex italienisches R 12
UIT 4	ex italienisches R 7
UIT 5	ex italienisches R 8
UIT 6	ex italienisches R 9
UIT 7	ex italienisches »Bario«
UIT 8	ex italienisches »Litio«
UIT 9	ex italienisches »Sodio«
UIT 10	ex italienisches »Potassio«
UIT 11	ex italienisches »Rame«
UIT 12	ex italienisches »Ferro«
UIT 13	ex italienisches »Plombo«
UIT 14	ex italienisches »Zinco«
UIT 15	ex italienisches »Sparide«
UIT 16	ex italienisches »Murena«
UIT 18	ex italienisches CM 2
UIT 19	ex italienisches »Nautilo«
UIT 20	ex italienisches »Grongo«

KLEINST-UBOOTE UND KLEINKAMPFMITTEL

Der Bau einer umfassenden Uboot-Flotte von großen Kreuzern wie dem Typ XI bis zum Kleinst-Uboot wäre der Neubaupolitik der Kriegsmarine vor dem Kriege angemessen gewesen. Es war aber nicht geplant, die letzteren früher als in den späten 40er Jahren einzuführen. Der Ausbruch des Krieges ließ den Bedarf an kleinen Ubooten nicht wachsen, da es offensichtlich wurde, daß die entscheidende Schlacht im Atlantik geführt werden würde, wo viel größere Boote benötigt wurden. Die Anfangserfolge auf diesem Kriegsschauplatz ließen die Bedeutung von Kleinst-Ubooten noch weiter in den Hintergrund treten, und es wurde nicht einmal in Erwägung gezogen, solche zu bauen, bis wirklich die alliierte Invasion Europas drohte. Das veranlaßte das OKM, eine neue Abteilung zu bilden und das »Kommando der Kleinkampfverbände« (oder K-Verband) aufzustellen, um die Möglichkeiten von Kleinkampfmitteln zu untersuchen. Das war eine von der Uboot-Waffe völlig getrennte Abteilung. Auch an ihrer Spitze stand ein Offizier im Admiralsrang, der alleine für die Entwicklung aller Arten von Kleinkampfmitteln verantwortlich war.

Die anfängliche Aufgabe des *K-Verbandes* war keineswegs leicht. Es mangelte ihm nicht an Ideen, aber bisher waren diese belächelt worden, und jetzt wurde plötzlich von ihnen erwartet, daß sie über Nacht einen »letzten Strohhalm« darstellen sollten, um das Reich zu retten. Das war zu einer Zeit, als die Industrie unter schweren Rückschlägen infolge von Material- und Arbeitermangel sowie fortgesetzten Bombenangriffen zu leiden hatte.

Die Klein-Uboote und Kleinkampfmittel wurden nicht als »Selbstmordwaffen« konstruiert, sondern sie sollten dem Fahrer eine redliche Chance zum Überleben geben. Der Plan sah vor, sie in einer günstigen Position des Hinterlandes in Betonbunkern bereitzustellen, von denen aus sie auf Straße oder Schiene zum Ort des Einsatzes gebracht werden konnten. Der Gedanke als solcher war durchaus gut; jedoch trug die chaotische Situation des Krieges zu einem großen Teil dazu bei, daß die Kleinkampfmittel als wirksame Kriegswaffen nicht zum Erfolg kamen. Der Hauptgrund für den Mißerfolg war, daß diese Kleinst-Uboote so hastig und minderwertig gebaut wurden, daß sie viel zu primitiv und kaum tauglich waren, in den Kampf geschickt zu werden. Einige Konstruktionen waren so unzureichend, daß die Fahrer nicht nur mehrere Aufgaben zur gleichen Zeit auszuführen hatten, sondern auch ein großes Maß an Konzentration bis zu einer Zeit von sechzig Stunden bei einem Einsatz aufbringen mußten. Die technische Beschaffenheit der Fahrzeuge war auch außerordentlich dürftig. Das war hauptsächlich auf das Fehlen geeigneten Materials und den Mangel an qualifizierten Arbeitern zurückzuführen. Mehr als die Hälfte der Fahrzeuge, die an ihren Einsatzorten ankamen, war infolge technischer Störungen untauglich, zum Angriff angesetzt zu werden. Und doch fanden einige Kleinkampffahrzeuge trotz all dieser Schwierigkeiten lohnende Ziele.

IN GROSSEN SERIEN HERGESTELLTE KLEINKAMPFMITTEL

Typ Hecht XXVII A

(Hervorgegangen aus dem Typ Molch. Etwa 3 wurden fertiggestellt.)

Die Ausgangsidee für den *Hecht* war, ein kleines Uboot ähnlich dem italienischen »bemannten Torpedo« zu bauen, der mit einer schweren Mine verbunden werden konnte. Das Fahrzeug sollte in feindliche Häfen eindringen und festliegende Schiffe angreifen. Der ganze Plan wurde aufgegeben, bevor die Boote fertiggestellt wurden. Die wenigen wirklich zu Ende gebrachten wurden nur zu Versuchen und zur Ausbildung benutzt.

Typ Seehund XXVII B

(Hervorgegangen aus dem Typ Hecht. Über 300 fertiggestellt.) Der *Seehund* stellte sich als das erfolgreichste aller Kleinkampfmittel heraus. Eines davon ist im Deutschen Museum in München zu besichtigen.

Typ Adam

Ein Prototyp, der als Typ Biber in die Serienfertigung ging.

Typ Biber

(Etwa 325 wurden fertiggestellt.)

Ein Ein-Mann-Uboot, von dem etwa 300 in Dienst gestellt wurden. *Biber 90* befindet sich jetzt im Imperial War Museum in London. Er wurde am 29. Dezember 1944 etwa 50 km östlich von Ramsgate in Kent in sinkendem Zustand gefunden. Der Fahrer war tot. Von der Verpflegung war nichts verbraucht, und es wurde angenommen, daß Kohlenmonoxyd von dem Benzinmotor den Fahrer getötet hatte. Es gelang, *Biber 90* in den Hafen von Dover einzuschleppen, wo er später zu Versuchen benutzt wurde, um den Alliierten Erfahrungen mit diesem Kleinkampfmittel-Typ zu vermitteln.

Alle nachstehenden Abbildungen von Kleinst-Ubooten sind ohne Maßstab.

Kleinst-Uboot Typ Molch. Der Pfeil unter dem Boot zeigt ungefähr die Länge eines deutschen Torpedos an.

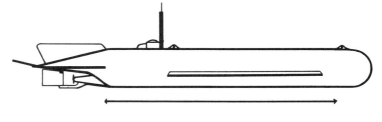

Kleinst-Uboot Typ Hecht. Der Pfeil zeigt ungefähr die Länge eines Torpedos an. Die Abteilung am Bug war zur Aufnahme einer Mine vorgesehen.

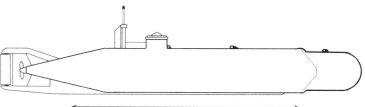

Kleinst-Uboot Typ Delphin. Von diesem schnellen Unterwasserfahrzeug wurde nur der Prototyp gebaut.
Der Pfeil gibt ungefähr die Größe eines Menschen an.

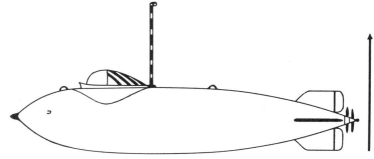

Kleinst-Uboot Seeteufel, auch als »Elefant« oder »Projekt Lödige« bezeichnet. Es war landbeweglich und konnte mit eigener Kraft ins Wasser fahren. Nur der Prototyp wurde gebaut. Der Pfeil zeigt ungefähr die Länge eines Torpedos an.

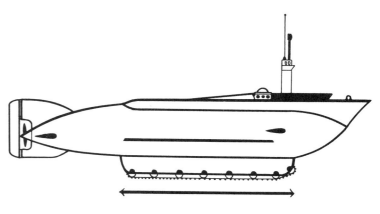

Kleinst-Uboot Schwertwal I.
Es war als »Unterwasser-Jagd-Fahrzeug« vorgesehen für Aufgaben ähnlich denen eines Jagdflugzeuges. Nur der Prototyp wurde gebaut.

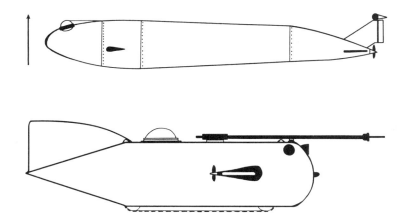

Kleinst-Uboot Schwertwal II. Ebenfalls als »Unterwasser-Jäger« geplant. Nur Prototyp gebaut. Der Pfeil zeigt ungefähr die Größe eines Menschen an.

Projekt Grundhai. Dieses Tiefwasser-Bergungsfahrzeug wurde nie gebaut. Es sollte bis 1000 m Tiefe tauchen können. Am Bug drei runde Scheinwerfer. Zwei Elektromotoren, einer an jeder Seite. Oben auf dem Fahrzeug befindet sich das Luk und ein elektromagnetischer Greifer. Es hatte Räder und Gleisketten, so daß es auf dem Meeresboden fahren konnte.

Typ Seehund.

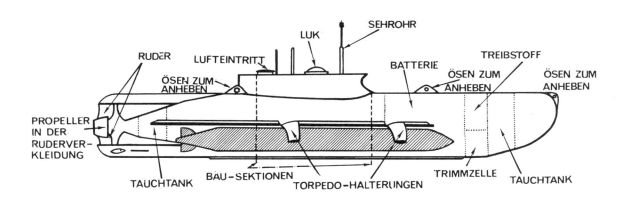

Typ Marder

(Etwa 300 wurden fertiggestellt.)

Dies war in Wirklichkeit ein normaler Torpedo mit kleinen Änderungen, um anstelle eines Sprengkopfes einen Fahrer zu tragen, und einem anderen, darunter angebrachten Normaltorpedo. Er hatte nur einen elektrischen Motor und war so konstruiert, daß er völlig getaucht fahren konnte. Nachdem der Fahrer seine tödliche Ladung auf Schußentfernung zu einem Ziel gebracht hatte, sollte er den unteren Torpedo losmachen und mit dem oberen Fahrteil wieder ablaufen.

Typ Molch

(Etwa 390 wurden fertiggestellt.)

Ein Ein-Mann-Uboot, das zu vollständiger Unterwasserfahrt konstruiert war und nur elektrische Motoren hatte.

Typ Neger

Ein Ein-Mann-Fahrzeug, von dem etwa 200 fertiggestellt wurden. Zuverlässige Einzelheiten fehlen.

Bei Rückkehr eines Ubootes wurde es immer feierlich empfangen.

Ein Kriegsurlaubsschein.
Oben Vorderseite, unten Rückseite.

Der Kommandant wird mit einem Blumenstrauß begrüßt.
Das hörte gegen Ende des Krieges auf...
(Oblt. z. S. Kluth von U 377 mit weißer Mütze).

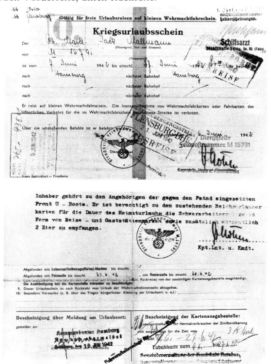

Uboot-Stützpunkte.

Nahaufnahme eines Kommandoturmes. Das »Hufeisen« an der Turmwand ist eine Rettungsboje. (Otto Kretschmers U 99 – *Das goldene Hufeisen* – hatte richtige Hufeisen. Sie waren an den Seiten des Turmes, vor den Positionslaternen, in halber Höhe zwischen dem Spritzwasser- und Windabweiser befestigt.)

Ein Typ VII C-Boot längsseits von einem Tender. Der Dieselauspuff ist über dem 5. Entlüftungsschlitz von links deutlich zu erkennen.

Ein Typ VII C-Uboot zieht über den Achtersteven aus dem Betonbunker in Brest heraus.

Neun Tage vor Weihnachten 1943: U 377 läuft aus Brest zu seiner letzten Feindfahrt aus – der 13. Oben der Uboot-Bunker, rechts die französische Marineschule, die von der 1. U-Flottille als Stabsgebäude benutzt wurde.

Uboot-Bunker in Drontheim nach der Kapitulation. Das vorderste Boot ist U 861 (Korvettenkapitän J. Oesten), daneben U 953 Oberleutnant zur See Herbert A. Werner). Auf den unteren Geschützplattformen beider Boote sind 3,7 cm-Flak aufgestellt. U 953 hat einen starren Schnorchel mit einem »Bierfaß«-Kopfventil, von dem nur eine kleine Zahl eingeführt wurde.

Das Innere des Uboot-Bunkers in St. Nazaire. Das Wasser konnte aus dem Becken gepumpt werden, so daß es auch als Trockendock dienen konnte.

VERSUCHSKOMMANDO 456

Der hauptsächliche Nachteil der in großen Serien hergestellten Kleinkampfmittel war, daß sie zu langsam, ihr Fahrbereich zu klein und ihre Waffen unzulänglich waren. Obwohl sie normale Torpedos mitführten, wurde häufig die Hälfte ihrer Batterien entfernt, um sie leichter zu machen. Das setzte natürlich ebenfalls Geschwindigkeit und Laufstrecke der Torpedos herab. Es wurde bald klar, daß der Erfolg der Kleinkampfmittel, verglichen mit dem Aufwand, der für Herstellung ihrer Einsatzbereitschaft benötigt wurde, gering war, und daß viel bessere Kleinkampfwaffen gebraucht würden. Admiral *Hellmuth Heye*, Befehlshaber des K-Verbandes, stellte deshalb im Juli 1944 diese Versuchsgruppe auf, um wirksamere Kleinst-Uboote zu bauen. Das »Versuchskommando 456« wurde in Kiel in Nähe der Walter-Werke untergebracht und machte Versuche sowohl mit Kleinkampf-Fahrzeugen als auch mit für sie bestimmten Waffen. Die folgenden Versuchs-Uboote wurden gebaut:

Typ Delphin

(3 wurden fertiggestellt.)
Der *Delphin*, anfänglich als »Gerät 205« bezeichnet, wurde am Pfingstwochenende 1944 von Dr. Ing. K. Haug entworfen, und das erste Boot war bis zum Herbst fertig zu Versuchsfahrten. Diese Versuche wurden von Lt. (Ing.) Wittgen durchgeführt. Sie fanden ein plötzliches Ende, als der *Delphin* am 18. Januar 1945 mit seinem Begleitboot kollidierte! Zwei weitere Boote waren in Berlin von der selben Firma gebaut worden, die die Hüllen für die V 1- und V 2-Raketen konstruiert hatte. Diese kamen auf dem Transport noch gerade bis zur Travemündung, wo sie kurz vor dem Eintreffen der vorrückenden britischen Truppen zerstört wurden.
Sachkundige meinten, daß das Boot zu schwach wäre, um von irgendeinem bedeutenden Wert sein zu können, aber nach den ersten Kinderkrankheiten erwies es sich als recht zuverlässig. Der Prototyp erreichte eine Geschwindigkeit von 17 Knoten mit einem verbesserten Torpedomotor anstelle einer Walter-Kreislaufturbine. Er tauchte auf dynamischem Wege und benötigte keine Tauchtanks.

Typ Hai

Nur 1 fertiggestellt (?).
Ein Ein-Mann-Torpedo von fünf Tonnen Gewicht, der eine Geschwindigkeit von 20 Knoten erreichte. Nur ein Prototyp wurde fertiggestellt. Typ *Hai* darf nicht mit dem Typ *Grundhai* verwechselt werden.

Typ Seeteufel

(Auch als »Projekt Elefant« bezeichnet wegen seines plumpen Aussehens, oder als »Projekt Lödige« nach seinem Konstrukteur.)
Das größte Problem mit allen Kleinkampfmitteln war, sie zu Wasser zu bringen. Sie waren zu schwer, um von Hand hineingeschoben zu werden. Es wurden deshalb Hafeneinrichtungen mit Kränen benötigt. Solche Geräte stehen in Friedenszeit in großer Zahl zur Verfügung, aber bis 1944 hatten selbst kleine Häfen ihren Anteil an Bombenangriffen abbekommen und Kräne waren sehr knapp geworden. Um mit diesem Problem fertigzuwerden, hatte Dipl. Ing. Alois Lödige ein Kleinst-Uboot mit Gleisketten-Fahrwerk entwickelt. Der *Seeteufel* konnte per Schiene oder Straße an jeden Punkt der Küste verbracht werden, und das Boot konnte dann mit eigener Kraft langsam ins Wasser fahren. Das Ungetüm sah sehr labil aus, aber es reagierte sowohl an Land als auch im Wasser ungewöhnlich gut.
Die Steuerorgane waren denen eines Flugzeuges ähnlich. Einmal ausgetrimmt, konnte das Boot tauchen und auftauchen, ohne Lufttanks zu benutzen. Das Problem, das Boot auf Schnorcheltiefe zu halten, wurde dadurch beseitigt, daß ein roter Strich auf den Luftmast gemalt wurde, den der Fahrer durch seine Plexiglas-Kuppel sehen und leicht in Höhe des Wasserspiegels halten konnte. Der Kopf des Sehrohres konnte ein Doppelglas tragen, so daß der Kommandant, der mit einer Sicherheitsleine mit dem Luftmast verbunden war, es als normales Torpedo-Zielgerät benutzen konnte. Außerdem war eine besondere Sprechverbindung vorhanden,

Das Innere des Schnellboot-Bunkers in Cherbourg mit dem Torpedo-Lager. Die Aufnahme wurde von amerikanischen Truppen aufgenommen, kurz nachdem die Deutschen überstürzt abgerückt waren. Das Metallgefäß mit hölzernem Handgriff, auf dem vorderen Tisch ganz links, ist eine Handgranate.

Das Bild zeigt den Zustand einiger der deutschen Stützpunkte in Frankreich im Sommer 1944 (Cherbourg).

Die Decken der Uboot-Bunker waren mit einer Stärke von drei bis fünf Metern konstruiert. Aus stark bewehrtem Eisenbeton gebaut, konnten sie jedem Luftangriff widerstehen, bis sie von der RAF-Squadron 617 mit *Barnes Wallis'* Spezialbomben *Blockbuster* oder *Earthquake* bombardiert wurden. Die Deutschen glaubten, daß diese besondere Bomben mit Raketenantrieb seien und zogen Hunderte von Bauarbeitern heran, um die Stärke der Decken auf acht Meter zu erhöhen. Diese neue zusätzliche Betonschicht ist über dem älteren, dunkleren Deckenbauwerk des Bunkers in St. Nazaire zu erkennen.

die es ihm erlaubte, mit dem Maschinisten im Innern des Bootes zu sprechen.

Die Leistung konnte mit dem Prototyp nicht erreicht werden, weil nur Behelfs-Motoren eingebaut waren. Anstelle eines starken Dieselmotors war ein kleiner LKW-Motor von 80 PS eingebaut, und ein Torpedomotor wurde benutzt, um den Propeller anzutreiben. Die Boote wurden bei den Carl Borgward-Werken in Bremen in Serienfertigung gegeben. Es ist nicht sicher, ob die Arbeit begonnen wurde, aber sehr wahrscheinlich, daß keines fertiggestellt wurde. Der Prototyp wurde in Lübeck gesprengt, kurz bevor britische Truppen einrückten.

Typen Schwertwal I und Schwertwal II

Das *Schwertwal*-Projekt unterschied sich vollständig von den anderen Kleinst-Ubooten insoweit, als es dafür vorgesehen war, eine ähnliche Rolle wie Jagdflugzeuge zu erfüllen. Mit einer Höchstgeschwindigkeit von 30 Knoten sollte das Fahrzeug aus der Tiefe hochsteigen, um Überwasser-U-Jäger zu vernichten. Die beiden Prototypen waren mit automatischer Steuerung, wie sie in Flugzeugen verwandt wird, ausgerüstet. Das war für den Fahrer eine große Erleichterung, da er keine Zeit und Kraft aufzuwenden hatte, um das Fahrzeug auf richtigem Kurs zu halten.

Dieser Typ erwies sich als so vielversprechend, daß die Deutschen ihn nicht zerstörten. Stattdessen wurde der Prototyp mit wichtigen Plänen und Schriftstücken gefüllt und auf den Grund des größeren der Plöner Seen (Schleswig-Holstein) versenkt. Nach dem Kriege ließen es sich die *Royal Marine Engineers* besonders angelegen sein, ihn zu bergen. Nach Prüfung dieses ungewöhnlichen Fahrzeuges zeigte England aber kein weiteres Interesse daran, und es wurde später verschrottet.

Typ Grundhai

Dieses Projekt kam nicht über das Zeichenbrett und die Modellanfertigung hinaus. Es wurde entworfen als ein Bergungsfahrzeug für Uboote, das beim Heben gesunkener Uboote Hilfe leisten und möglicherweise sogar bei Rettung der Besatzung helfen sollte.

Typ Schwein

Einzelheiten nicht bekannt.

Die Männer

Die Männer, die auf den Ubooten fuhren, wurden aus allen Teilen Deutschlands einberufen. Es wurden nur Freiwillige ausgewählt. Dazu muß aber gesagt werden, daß die Werbungsaktionen von einem enormen Propagandaaufwand unterstützt wurden, der den Eindruck vermittelte, daß das Leben auf Ubooten äußerst angenehm sei, und nicht die tatsächlichen Schrecken des Ubootkrieges nannte. Nach freiwilliger Meldung bei der örtlichen Wehrersatzdienststelle hatten sich die Männer einer gründlichen ärztlichen Untersuchung zu unterziehen und nahmen an einer kurzen Prüfung zur Einschätzung ihrer geistigen Fähigkeiten teil. Wenn diese glatt bestanden wurden, erhielt der Rekrut einen Freifahrschein mit der Anweisung, sich bei einem der Ausbildungstruppenteile der Marine zu melden.

Hier begann bei einer Landeinheit der Marine, einer »Schiffsstammabteilung«, eine dreimonatige Zeit intensiver Grundausbildung. Alle Rekruten erhielten, unabhängig davon, zu welchem Kampfverband der Marine sie später kamen, diese Ausbildung. Sie umfaßte im wesentlichen allgemeine militärische Ausbildung, um den Männern militärische Disziplin beizubringen und sie an den Umgang mit Waffen und die neuen Lebensumstände zu gewöhnen.

Während dieser Grundausbildung erhielten die Männer gewöhnlich drei Arten von Uniformen:

1. Eine blaue Marineuniform von guter Qualität (1. Garnitur). Sie blieb nach der Grundausbildung im Besitz des Rekruten.
2. Eine feldgraue Uniform
3. Exerzieranzug (Drillich)

Heeresähnliche Bekleidung, die nach Abschluß der Grundausbildung abgegeben wurde.

Nach der Grundausbildung erhielten diejenigen Rekruten, die zur Uboot-Waffe kamen, folgende Bekleidung:

1. Die bereits in ihrem Besitz befindliche blaue Marineuniform.
2. Eine gleichartige von minderer Beschaffenheit (2. Garnitur).
3. Weißes Arbeitszeug, von dem zwei Garnituren ausgegeben wurden, so daß eine getragen werden konnte, während die andere gewaschen wurde.
4. »Takelzeug«, das ähnlich wie das unter 3. genannte aussah, aber aus einem groben, rauhen Stoff war.
5. Einen braunen Uboots-Arbeitsanzug mit zwei Garnituren (»Overall«). Er wurde an Land getragen und normalerweise nicht mit an Bord genommen. Es gab ihn in Sommer- und Winterausführung.
6. Einen grauen Lederanzug. Die Seeleute hatten lange Jacken mit Rockaufschlägen, das technische Personal kurze Jacken mit Stehkragen.
7. Regenzeug. Es gehörte als normales Nicht-Verbrauchsmaterial zum Bestand des Bootes und nicht dem einzelnen Mann. Es war nur eine begrenzte Zahl auf jedem Boot vorhanden, in die sich die Besatzung teilen mußte.

Andere Ausrüstung wie Schwimmwesten, Tauchretter, (»Dräger-Lungen«), Seestiefel und besondere Ubootschuhe wurde ausgegeben, wenn die Besatzung in See ging. Es war strenge Vorschrift der Kriegsmarine, daß die gesamte Ausrüstung in bestem Zustand zu halten war.

Die dreimonatige Grundausbildung schloß mit einer großen Übung ab, und danach wurden die Männer zu ihrer Fachausbildung in Marsch gesetzt. Deren Dauer war zwischen den einzelnen Schulen unterschiedlich und hing auch von der Art des Lehrganges ab. Im Durchschnitt dauerte sie drei Monate.

Nach Bestehen der Abschlußprüfung kam der U-boot-Nachwuchs zu einer der besonderen Uboot-Schulen, wo ihm das Verhalten auf dem Uboot beigebracht wurde, einschließlich dem des »Aussteigens« aus einem gesunkenen Boot. Diese Schulen lagen meist in der Nähe von Städten, in denen sich Ubootwerften befanden, so daß die Männer leicht an Bord richtiger Boote gehen konnten, um das Gelernte in die Praxis umzusetzen. Wenn ein Schüler das Ausbildungsziel nicht erreichte, wurde er zu einem Frontkommando der Kriegsmarine an Land versetzt. Oft gab es aber auch die Möglichkeit, einen Lehrgang zu wiederholen.

An Bord der Uboote wurde die Besatzung eingeteilt in eine »seemännische« und eine »technische« Division, wobei die Funker und Torpedomechaniker zu der ersten gehörten. Schlüsselstellungen auf einem Uboot waren folgende:

Kommandant

I.W.O.: Erster Wachoffizier, genannt »Eins-W.O.« Dieser Offizier hatte Aussicht, in der Zukunft einmal selber Kommandant zu werden.

II.W.O.: Zweiter Wachoffizier, genannt »Zwo-W.O.«

L.I.: Leitender Ingenieur.

Obersteuermann: Für die Navigation verantwortlich, außerdem für die »Menage« (Verpflegung).

Diesel-Maschinist.

Elektro-Maschinist (E-Maschinist).

Smut oder Smutje (Koch): Seine einzige Aufgabe war die Zubereitung der Verpflegung für die gesamte Besatzung, ohne Rücksicht darauf, in welcher Lage sich das Boot selber befand – in grober See oder im Angriff. Man muß bedenken, daß nur wenige dieser Männer gelernte Köche waren, sondern daß die meisten von ihnen erst das Kochen nach ihrer Grundausbildung gelernt hatten. Bei Alltagsarbeit wie Kartoffelschälen und Gemüseputzen wurde ihm gewöhnlich Hilfe geleistet. Manchmal übernahm er auch selber andere Aufgaben freiwillig, wie z.B. die eines Ausgucks.

Funker: Er war für Empfang und Senden aller Funksprüche verantwortlich. Unter Wasser bediente er das Horchgerät. (Funksprüche konnten nur empfangen werden, solange die Antenne über Wasser war. Nur Längstwellen von 5000 bis 20000 m (60 bis 15 kHz) konnten von Ubooten unter Wasser in geringer Tauchtiefe empfangen werden, ohne eine Antenne auszufahren. Dazu war ein eigener Sender nördlich von Magdeburg errichtet worden, der bei einer Sendeleistung von 500 bis 1000 kW Reichweiten bis an die amerikanische Ostküste und in die Karibik erzielte.) Akustische Empfänger waren von den Deutschen zu höchster Empfindlichkeit entwickelt worden, und ihr Gerät konnte Schraubengeräusche auffassen, lange bevor sie mit bloßem Ohr wahrnehmbar wurden. Der Nachteil dieses Gerätes war, daß es in den Kopfhörern ein ständiges, monotones Rauschen verursachte, das auf den Horcher leicht einschläfernd wirkte. Der Kommandant, dessen Koje neben dem Funkraum lag, hatte oft einen zusätzlichen Kopfhörer an den Empfänger angeschlossen, wenn er sich hinlegte.

Torpedomechaniker: Siehe Abschnitt »Bewaffnung«.

Ausgucks: Sie wurden von der gesamten Besatzung gestellt, und sogar die Mechaniker mußten häufig eine Vier-Stunden-Wache mitgehen, wenn sie unten im Boot nicht benötigt wurden. Gewöhnlich waren vier Ausgucks aufgezogen, von denen jeder einen Quadranten als Sektor beobachtete. Infolge nicht ausreichenden Schlafes kam es manchmal vor, daß ein Ausguck mit dem Doppelglas vor den Augen einschlief. Natürlich war der Teufel los, wenn das von einem Offizier bemerkt wurde. Gelegentlich haben schlafende Ausgucks zu ihrem eigenen Tod beigetragen – z.B. beim Alarmtauchen konnte es passieren, daß bei der Eile des Einsteigens über den Turm-Niedergang jemand übersehen wurde. Wegen der beschränkten Bewegungsmöglichkeit im Boot wurde ein Mann vielleicht für einige Zeit überhaupt nicht vermißt. Wenn das Fehlen schnell genug bemerkt wurde, konnte das Boot unter Umständen sogar wieder auftauchen, um nach einem Mann zu suchen. Allzuoft konnte der Mann aber nur noch tot geborgen werden. Seine Schwimmweste hatte ihn zwar über Wasser gehalten, aber er war im kalten Wasser an Unterkühlung gestorben.

Im ganzen war die Unterbringung sehr schlecht, verglichen mit der auf englischen Ubooten. Der

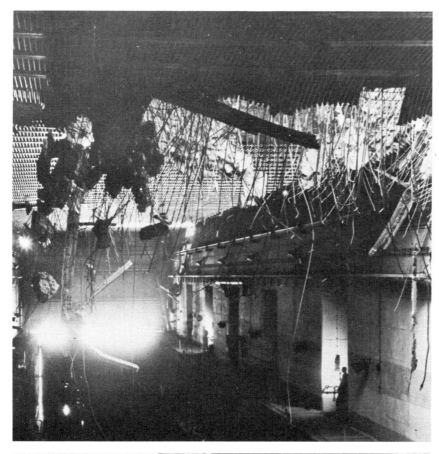

In Brest durchschlug eine der von Barnes Wallis konstruierten »Trumpf As«-Spezialbomben die Betondecke und detonierte innerhalb des Uboot-Bunkers. Zwei unmittelbar darunter liegende Boote wurden zerstört, aber die Bunker waren so gut gebaut, daß die Zehn-Tonnen-Bombe die Uboote an der anderen Seite des Schutzraumes nicht ernstlich beschädigte. Eins dieser Boote ging kurz darauf in See.

Der Uboot-Bunker in Lorient (?) von der Landseite. Die großen Tore waren breit genug, daß ein VIIC-Boot zu Reparaturen an Land gezogen werden konnte.

Schnorchel

Gegenüberliegende Seite: Der Vorläufer des deutschen »Schnorchels«: das Uboot O 21 der Königlich Niederländischen Marine bei Versuchen mit einem Zuluftmast im Februar 1940. Von links nach rechts: Navigations- oder Luftzielsehrohr, Angriffsehrohr, Stabantenne, Dieselzuluft-Mast mit Kopfventil, Auspuffrohr (alle ausfahrbar).

U 313 (Typ VII C) mit starrem Schnorchel. Bei Nichtbenutzung wurde der Zuluftmast in der Ausnehmung im Deck gelagert. Er konnte durch ein besonderes Getriebe, das im Bootsinneren betätigt wurde, aufgerichtet werden. Beachte die (matratzenartige) »Hohentwiel«-Funkmeßantenne auf dem Turm des Bootes links.

Typ VII C-Boote in Lisnahilly nach dem Kriege. Im Vordergrund U 826. Zwei Arten von Schnorchel-Kopfventilen sind zu erkennen. Beachte außerdem den Größenunterschied zwischen den Optiken am Kopf der Sehrohre (links Luftzielsehrohre, rechts Angriffsehrohre). Die rechteckige Öffnung über der hufeisenförmigen Rettungsboje ist das Gehäuse für die »Hohentwiel«-Funkmeßantenne, die auf dem zweiten Boot in ausgefahrener Stellung zu sehen ist.

Ausfahrbarer Schnorchel und Sehrohr eines Bootes vom Typ XXI oder XXIII. Der Pfeil zeigt auf die Auspuff-öffnungen am hinteren Schacht.

Nahaufnahme des Kopfventiles eines ausfahrbaren Schnorchels.

Kommandant hatte eine kleine »Kajüte«, die gegenüber dem übrigen Boot durch einen schweren Vorhang abgeschlossen werden konnte. Die Offiziere und Unteroffiziere hatten Kojen, vor die Vorhänge gezogen werden konnten. Es gab auch einige Kojen für Mannschaften, nur daß diese oft zur Lagerung von Torpedos benötigt wurden und die Männer dann zusehen mußten, irgendwo einen Platz zum Schlafen zu finden. Einige, insbesondere die Torpedomechaniker, schliefen immer in Hängematten.
Trinkwasser war oft rationiert. Der Verbrauch wurde vor dem Auslaufen des Bootes bestimmt. Wenn dann das Boot länger in See bleiben mußte als vorgesehen, vielleicht weil noch nicht alle Torpedos verschossen waren, kalkulierten die Offiziere zuerst, wieviel Treibstoff ihnen noch blieb, und zweitens, wie lange ihr Trinkwasser reichen würde. Verpflegung und Wasser wurden dann noch mehr eingeschränkt, selbst wenn der Frischwassererzeuger die ganze Zeit über in Betrieb war. Dieser Apparat lieferte in Wirklichkeit destilliertes Wasser, das einen faden Geschmack hatte. Trinkwasser konnte nur in der Kombüse entnommen werden, so daß es nicht einfach war, etwas zu stehlen. Bei großer Wasserknappheit nahmen die Offiziere sogar den Handgriff vom Hahn ab. Der Torpedomechaniker hatte immer Gelegenheit, sich etwas Wasser aus dem hydraulischen Torpedoausstoßsystem zu besorgen. Dies Wasser mußte aber mit Saft gemischt werden, um es trinkbar zu machen, weil es ebenfalls sehr übel schmeckte. Das war natürlich ein mit schwerer Strafe bedrohter Verstoß, aber verzweifelte Lagen haben verzweifelte Suche nach Auswegen zur Folge.
Uboote führten zwei Arten Wasser mit. Es gab einen Trinkwasser- und einen Waschwassertank, und auf kurzen Fahrten konnte zusätzlich Wasser in die Behälter für Reservetorpedos eingefüllt werden. Der einzige Unterschied zwischen diesen Tanks war der, daß der Trinkwassertank besser gereinigt wurde als

der andere. Trinkwasser wurde mit einem Schlauch aus einem Hahn an Land übernommen, während Waschwasser gewöhnlich dem Feuerlösch-Hydranten entnommen wurde. Tatsächlich war Waschwasser nicht etwa schmutzig, und im Notfalle wurde sein Gebrauch zum Waschen verboten, so daß es als Trinkwasser benutzt werden konnte. Das Waschwasser wurde nur an Offiziere und Unteroffiziere ausgegeben, die Mannschaften mußten sich mit Seewasser waschen oder, wenn sie Glück hatten, mit dem Kühlwasser der Dieselmotoren. Jeder Mann erhielt eine besondere Salzwasserseife. Sie half etwas, entfernte aber Oel und Schmutz nicht richtig von der Haut. So gab es nur eine Lösung: die Männer mußten eine Gleichgültigkeit dagegen entwickeln, schmutzig zu sein. »Du mußt Deinen Anzug teeren lassen – es kommen schon weiße Flecken durch« war ein allgemein üblicher Spruch der Ubootfahrer.

Es ist oft gesagt worden, daß die Uboot-Waffe mit äußerster Entschlossenheit und Hingabe bis zum bitteren Ende gekämpft hat. Das trifft selbstverständlich zu, aber dazu müssen ein oder zwei Feststellungen getroffen werden.

Die Entschlossenheit, bis zum Ende zu kämpfen wurde von Hitlers SS und dem Geheimen Sicherheitsdienst gestärkt. Deren Einheiten waren hinter der Front stationiert, und sie erschossen jeden, der zurückging oder desertierte. Auch in den deutschen Städten war die SS bestrebt, Deserteure abzuschrecken. Ein abgelaufener Urlaubschein reichte aus, um jemanden als Deserteur zu behandeln!

Die meisten Ubootfahrer waren nicht auf den Kampf erpicht. Der Verfasser hat noch nie von einem früheren Ubootfahrer gehört, der nach 1940 wirklich mit Freuden in See ging. Wenn man den Männern die Wahl gelassen hätte, nach Hause zu gehen oder bei den Ubooten zu bleiben, wäre Hitler mit einer Handvoll Fanatikern allein geblieben. Die neuen Rekruten, die zur Uboot-Waffe kamen, waren einsatzfreudig. Das war aber eine Folge der Propaganda, von der sie durchdrungen waren, und nicht des Anhörens detonierender Wasserbomben! Ungewöhnlich starke Nerven waren nötig, dem Leben auf einem Einsatz-Uboot gewachsen zu sein, und es waren nicht wenige, die schon nach einigen Unternehmungen vom Einsatz in See abgezogen wurden, weil ihre Nerven den Belastungen nicht standzuhalten vermochten. Es grenzt an Wunder, daß so viele Männer ihre Entschlossenheit behielten und willig blieben, während ihre Heimatstädte in Schutthalden verwandelt wurden.

Das Sterben der Uboot-Waffe

Der dramatische Kampf um die Überlegenheit auf den nordatlantischen Seewegen erreichte seinen Höhepunkt in der Zeit vom 16. bis 20. März 1943, als vierzig Schiffe des schnellen Konvois HX 229 die 51 Schiffe des langsameren Konvois SC 122 einholten. Eine Gesamtzahl von 44 Ubooten wurde zum Angriff auf diese Menge von Handelsschiffen angesetzt. Die schwache Geleitsicherung schlug sich mühsam, um die Seewölfe in Schach zu halten, aber trotz der sie beseelenden Tapferkeit kamen an die neunzehn Uboote so nahe heran, daß sie schießen konnten. Insgesamt 21 Handelsschiffe mit über 142 600 BRT sanken auf den Grund des Meeres. Dieser Erfolg wurde dem deutschen Volk durch Sondermeldungen bekanntgegeben, die das laufende Rundfunkprogramm unterbrachen und den Eindruck erweckten, daß deutsche Uboote den Atlantik beherrschten.

Nur zwei Monate später war die Lage vollständig in das Gegenteil umgeschlagen. Die monatlichen Ubootverluste stiegen dramatisch an – Januar: sechs Verluste; Februar: neunzehn Verluste; März: sechzehn Verluste; April: fünfzehn Verluste; und dann im Mai: 42 Verluste. In diesem Zeitraum des Jahres 1943 brach die Uboot-Offensive vollständig zusammen, und Deutschland wurde im Atlantik in die Defensive gedrängt. Nie wieder kamen Uboote in die Lage, in den Kämpfen den Ton anzugeben: die Schlacht um den Atlantik war verloren.

Das war keineswegs die Folge einer einzelnen Spezialwaffe, die von den Alliierten eingeführt worden war, sondern eines Zusammentreffens mehrerer Faktoren:

1. Der wichtigste, am meisten tödliche und am meisten gefürchtete war *Radar*. Besonders das neue Kurzwellengerät, das Deutschland mit dem »Metox« nicht erfassen konnte. Es erlaubte den Alliierten, Uboote bei jeder Wetterlage zu orten, wie schlecht die Sicht auch immer war. Überwasser-Geleitfahrzeuge konnten sie orten, bevor die Uboot-Ausgucks den Geleitzug sichten konnten.

2. Kurzwellen-Funkpeiler (»Huff-Duff«) waren eingebaut. Sie versetzten die Alliierten in die Lage, jedes Funken in der Herkunftsrichtung genau einzupeilen, selbst wenn das Uboot nur ein vierstelliges Kurzsignal abgab.

3. Die Marinen der Alliierten wurden mit neuen Waffen wie z. B. dem »Hedgehog« (Igel) und später dem »Squid« (Tintenfisch) ausgerüstet. Sie waren in der Lage, ein gestreutes Feld von Unterwassersprengkörpern nach voraus zu schießen und machten Zerstörer wirkungsvoller. Wasserbomben wurden mit dem neuen Sprengstoff »Minol« gefüllt, der die doppelte Sprengkraft des vorher verwendeten »Torpex« besaß. Sie erhielten außerdem besondere Zündpistolen für flache und tiefe Einstellungen, die sie vielseitiger verwendbar machten.

4. Zu Beginn des Krieges jagten Geleitfahrzeuge ein Uboot in der Regel selbständig und allein. Das bedeutete, daß sie den *Asdic*-Kontakt im letzten Abschnitt verloren und ihre Wasserbomben »blind« werfen mußten. Hinzu kam, daß auch das Uboot *Asdic* hören konnte und daher ein überraschender Angriff unmöglich war. Die Uboote konnten außerdem den Zerstörer beim Anlaufen zum Angriff horchen, das gab den Kommandanten gerade genug Zeit zum Ausweichen, bevor die Wasserbomben detonierten.

Im späteren Verlauf des Krieges wurden die U-Jäger zu besonderen »Hunter-Killer-Groups« von drei Geleitfahrzeugen zusammengefaßt. Zwei konnten *Asdic*-Kontakt zu dem Uboot halten, während das

U 776.
Nahaufnahme des Kolbens, mit dem der starre Schnorchel aus- und eingefahren wurde. Der Pfeil weist auf die Schnorchel-Röhre.

Neue Elektro-Boote

Typ XXIII, vermutlich U 2326, in einem britischen Hafen nach dem Kriege. Dieser Typ war für vollständiges Unterwasser-Operieren konstruiert und besaß keine Decks-Beplankung. Ein mit Wasserbomben gefülltes Gerüst ist eben rechts vom Kommandoturm auf dem Schiff im Hintergrund zu erkennen. Ein beladener Wasserbomben-Werfer an der Achterkante des Decksaufbaus.

Drei Typ XXI-Boote und ein Typ XXIII in Lisnahilly nach dem Kriege.

dritte Wasserbomben warf. Diese Gruppen waren ebenso wie die Konvoisicherungen mit VHF (Very High Frequency – Ultrakurzwellen)-Sprechfunk ausgerüstet, was hieß, daß den Kommandanten ein gegenseitiger Sprechverkehr möglich war, ohne daß die ausgestrahlten Wellen weit genug reichten, um in Europa von deutschen Funkbeobachtungsstellen abgehört zu werden. Vorher hatten die Kommandanten am Konvoi nur durch Morselampen oder Winkerflaggen miteinander verkehren können.

5. Flugzeugträger, darunter manche aus Handelsschiffen umgebaut, fingen an, die Mitte des Atlantik zu überwachen und schlossen das »air gap« (Lücke in der Luftüberwachung), das die Uboote bis zum Frühjahr 1943 geschützt hatte.

6. Es wurden mehr und mehr Nachrichten und wissenschaftliche Erkenntnisse verfügbar, die es den Alliierten ermöglichten, Uboote bereits abzufangen, bevor sie zum Angriff kamen.

7. Das deutsche Menschenpotential wurde über seine Grenzen hinaus beansprucht, und viele neue Ubootbesatzungen hatten einfach nicht genügend Erfahrung. Viele der Männer waren sich nicht bewußt, welche Gefahren in ihren komplizierten Booten auf sie zukamen, und handelten in kritischen Situationen nicht schnell genug.

Weshalb wurden denn die Uboote noch in den Kampf geschickt, nachdem sie sich als überholt erwiesen und so schwere Verluste erlitten hatten? Die Seekriegsleitung setzte großes Vertrauen in die neuerdings verstärkte Flakarmierung und gab sich der Hoffnung hin, daß sie ausreichend sein würde, um Verluste durch Angriffe von Flugzeugen zu vermeiden. Darüber hinaus vertraute man auf neue Waffen, wie den akustischen Torpedo (»Zaunkönig« – T5), und hatte die Hoffnung, daß sie die Lage einschneidend ändern würden. Hitler bestand darauf, Uboote im Atlantik einzusetzen, um die *Royal Navy* und die *Royal Air Force* mit ihnen beschäftigt zu halten und damit deren gesamten Personal- und Materialeinsatz gegen Deutschland selber zu schwächen.

Die Invasion von 700 Schiffen, 4000 Landungsfahrzeugen, fast 400 Minensuchern und 42 Divisionen, unterstützt von Tausenden von Flugzeugen, brandete in der Morgendämmerung des 6. Juni 1944, des »D-Tages«, gegen die französische Küste. Sie war die größte militärische Landungsoperation der Geschichte. Uboote waren in ihren Stützpunkten an der französischen Atlantikküste für eine Verteidigung gegen die Landung besonders zusammengezogen worden, aber ihre Kommandanten erhielten erst über zwölf Stunden nach der alliierten Landung Auslaufbefehle. Das war nicht auf ein Versagen des örtlichen Befehlshabers zurückzuführen, sondern auf die verworrene allgemeine Lage. Es hatte schon zahlreiche falsche Alarme gegeben, und anfangs waren sich die Deutschen nicht im klaren, was vor sich ging. Der dem Landungsraum nächstgelegene U-Stützpunkt war Brest, über den die Ubootfahrer nur eine unglückliche Geschichte erzählen konnten. Folgende Boote waren am 6. Juni bestimmt in Brest, es können aber auch eins oder zwei mehr gewesen sein:

U 218, Kptlt. R. Becker.
Verließ Brest am 10. August und schlich sich am 23. September nach Bergen rein.

U 247, Oblt. z. S. Matschulat.
Wurde kurz nach dem Auslaufen aus Brest angegriffen und mußte zur Vornahme lebenswichtiger Reparaturen umkehren. Lief am 26. August erneut zum Bristol-Kanal aus, wurde aber unterwegs versenkt.

U 256, Oblt. z. S. Boddenberg.
Das Boot war umgebaut worden und hatte eine zusätzliche Geschützplattform vor dem Kommandoturm erhalten. Der Umbau erwies sich als nutzlos, und die Plattform wurde wieder entfernt. Das Boot lief am Abend des 6. Juni aus und war bereits um Mitternacht des nächsten Tages wieder zurück. Wegen schwerer Beschädigungen wurde es aus dem Einsatz zurückgezogen. Später wurde es instandgesetzt und fuhr unter dem Kommando von Heinrich Lehmann-Willenbrock nach Norwegen.

U 269, Oblt. z. S. Georg Uhl.
Verließ Brest am Abend des 6. Juni. Am 25. Juni vernichtet.

U 373, Kptlt. (»Teddy«) von Lehsten.
Lief am 7. Juni zur 12. Feindfahrt aus, um vor Lizard Head und bei den Scilly-Inseln zu operieren. Es wurde einen Tag nach dem Verlassen des Hafens versenkt.

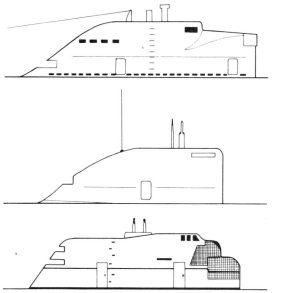

Oben: Der Kommandoturm von »Roland Morillot« (ex U 2518)

Mitte: Der Kommandoturm von U 3008 nach Umänderung in USA.

Unten: Kommandoturm von »Wilhelm Bauer« (ex U 2540).

U 309, Oblt. z. S. Geissler.
Lief am 27. Juni aus. Versenkt am 5. Juli.
U 413, Oblt. z. S. Sachse.
Verließ Brest am 6. Juni und kehrte drei Tage danach mit schweren Beschädigungen zurück. Erneuter Ausbruchversuch am 2. August, diesmal mit Erfolg, aber weniger als drei Wochen später versenkt.
U 415, Oblt. z. S. Herbert A. Werner.
Der Flottilleningenieur ließ den I.W.O. (der Kommandant war nicht an Bord) mit dem Boot aus dem Bunker auslaufen. Die Dieselmotoren brachten eine Mine zur Zündung, und das Boot sank vor dem Ubootbunker.
U 441, Kptlt. K. Hartmann.
Lief am Abend des 6. Juni aus. Weniger als zwei Wochen danach versenkt.
U 621, Oblt. z. S. Stuckmann.
Lief am 13. August nach La Pallice aus. Hatte keinen Schnorchel. Versenkt am 18. August.
U 629, Oblt. z. S. H. Bugs.
Verließ Brest am Abend des 6. Juni mit Kurs auf das Seegebiet vor Plymouth. Zwei Tage später versenkt.
U 740, Kptlt. G. Stark.
Lief am 6. Juni zu seiner zweiten Feindfahrt aus, um vor Lizard Head und bei den Scilly-Inseln zu operieren, auf dem Anmarsch versenkt.
U 763, Kptlt. Ernst Cordes.
Ausgelaufen am 10. Juni. Kehrte nach drei Tagen zurück, nachdem es zufällig auf den Ankerplatz der *Royal Navy* bei Spithead (die Gewässer zwischen der Isle of Wight und Portsmouth) getroffen war. Lief erneut am 9. August aus Brest aus und erreichte glücklich La Pallice am 14. August. Am 23. August wieder ausgelaufen und nach Bergen gegangen, wo es am 25. August eintraf.
U 821, Oblt. z. S. Knackfuß.
Zur 2. Feindfahrt am Abend des 6. Juni ausgelaufen. Vier Tage darauf versenkt.
U 953, Kptlt. Heinz Marbach.
Der Kommandant war in Berlin, um das Ritterkreuz in Empfang zu nehmen, und konnte nicht zurückkehren, weil die Landverbindung von alliierten Truppen abgeschnitten worden war. Oblt. z.S. Herbert A. Werner erhielt das Kommando über U 953, und das Boot verließ Brest mit wichtigen Versuchsgeräten und etwa 90 Leuten an Bord. Die zusätzlichen Leute und die Geräte wurden in einem anderen französischen Stützpunkt ausgeschifft, und das Boot ging dann unter Ausnutzen seines Schnorchels nach Norwegen.
U 984, Oblt. z. S. Heinz Sieder.
Lief am Abend des 6. Juni aus. Kehrte schwer beschädigt am 9. Juni zurück. Lief am 12. Juni erneut aus und kam kurz darauf zurück. Erneuter Ausbruchversuch am 26. Juli. Am 20. August von alliierten Streitkräften vernichtet.
Keines dieser Boote erreichte sein vorgesehenes Operationsgebiet. Diejenigen, die es schafften, nach Brest zurückzukehren, waren alle durch Feindeinwirkung beschädigt. Ein Boot, U 256, war so schwer beschädigt, daß es aus dem Einsatz zurückgezogen werden mußte. Da aber immer noch genügend Ersatzteile und recht gute Instandsetzungsmöglichkeiten in Frankreich zur Verfügung standen, wurde das Boot völlig neu ausgerüstet und danach als wieder seefähig erklärt. Die 9. U-Flottille

Typ XXI-Boote in der Endmontage in der Nähe von Bremen. Im Hintergrund die Weser.

Vorgefertigte Sektionen von Typ XXI-Booten in Hamburg nach der Kapitulation.

wurde aufgelöst, und ihr letzter Chef, Freg. Kapt. Heinrich Lehmann-Willenbrock, erhielt Befehl, es nach Norwegen zu überführen. Man wartete auf schlechtes Wetter, so daß Regen, Nebel oder hoher Seegang und starker Wind das Auslaufen decken würden. Das Boot konnte schließlich am 3. September 1944 zu seiner 5. Unternehmung auslaufen und marschierte durch den englischen Kanal. Es traf in Bergen am 17. Oktober ein, wo es außer Dienst gestellt wurde.

Die Besatzungen, die mit nicht mehr fahrbereiten Ubooten in den U-Stützpunkten an der französischen Atlantikküste eintrafen, wurden in der ersten Zeit über Land nach Deutschland in Marsch gesetzt, und viele von ihnen kamen an Bord anderer Boote. Nachdem die alliierten Armeen die Landwege nach Deutschland unterbrochen hatten, gab es keine andere Wahl als entweder über See nach Norwegen zu gehen oder in den französischen Stützpunkten zu bleiben und auf eine Wendung zum Besseren zu hoffen. Diejenigen, die an Land bleiben mußten, wurden mit Heereswaffen ausgerüstet und zur Verteidigung der Stützpunkte gegen die heranrückenden Armeen ausgebildet. Um Brest entbrannte ein blutiges Ringen, besonders um einige der Häuser, die als Stabsgebäude für die Uboote gedient hatten. Hier waren die Männer sehr damit beschäftigt, alle Unterlagen zu vernichten, die zur Vernichtung weiterer Uboote von Wert sein konnten. Seit dem »D-Tag« waren die Stützpunkte im Kanal und am Atlantik unter so dichter Überwachung durch die alliierten Streitkräfte, daß sie aufgehört hatten, von Bedeutung zu sein.

Hitler gab niemals eine Niederlage zu. Er sagte dem deutschen Volke am 1. Januar 1944, daß ein »geringfügiges Nachlassen« des Ubootkrieges nur auf eine einzige englische Erfindung (Hitler nannte alles, was britisch oder alliiert war, immer »englisch«) zurückzuführen sei, und daß deutsche Gegenmaßnahmen nicht lange auf sich warten lassen würden. Als später, 1945, die Lage noch verzweifelter wurde, befahl Hitler, daß »jeder Deutsche bis zum letzten Atemzuge kämpfen wird. Keiner wird sich ergeben, und jeder, der einen Rückzugbefehl gibt, sollte auf der Stelle erschossen werden.« Er fügte hinzu, daß jedermann, ohne Rücksicht auf seinen Rang, die Führung übernehmen und den Kampf führen könnte.

Es steht außer Zweifel, daß diese erbarmungslosen Grundsätze der NSDAP mehrere Autoren dazu veranlaßt haben, verschiedene seltsame Behauptungen über die Uboot-Waffe zu veröffentlichen. Zum Beispiel ist angedeutet oder behauptet worden, daß Dönitz Arbeiter aus Konzentrationslagern oder Zwangsarbeiter in den Werften einsetzte; daß er den Ubootkommandanten selbstmörderische Befehle gab; daß Uboote in erbärmlichem Zustand losgeschickt worden seien, so daß ihre Besatzungen keine Chance zum Überleben gehabt hätten; und schließlich: daß Deutschland ähnlich den Japanern selbstmörderische Waffen gebaut hätte. Es dürfte nicht unpassend sein, zu diesen Punkten hier einmal Stellung zu nehmen.

Beim Bau der Uboot-Bunker wurden Zwangsarbeiter eingesetzt, aber das hatte weder mit der Uboot-Waffe noch mit Dönitz etwas zu tun. Diese Arbeiten wurden von der »Organisation Todt« ausgeführt. Dönitz gab seine Zustimmung, daß Arbeiter in den Konzentrationslagern herangezogen wurden, aber das war vor dem Kriege, und wie die meisten übrigen Deutschen hatte er keinerlei Kenntnis von den dort verübten Greueltaten; er war des Glaubens, daß diese Männer gewöhnliche Strafgefangene waren. Es steht nicht fest, ob solche Arbeitskräfte auf die Dauer tatsächlich dafür eingesetzt worden sind.

Ich habe mich sehr interessiert für »Selbstmord«-Befehle, weil mein Vater mit U 377 verschollen ist zu einer Zeit, nachdem diese angeblich erteilt worden waren. Ich habe mich sehr bemüht, hierfür einen Beweis zu finden, konnte aber auch nicht eine einzige Spur eines Anzeichens hiervon finden. Meine Überzeugung ist daher, daß Deutschland keine »selbstmörderischen« Befehle gekannt oder »Selbstmord«-Waffen gebaut hat. Sogar Kleinkampf-Fahrzeuge wie die »Menschen-Torpedos« (ein englischer Ausdruck, der in Deutschland nie üblich war), wurden so konstruiert, daß sie dem Fahrer eine gute Chance zum Überleben ließen. Es ist außerdem behauptet worden, daß Ubootkommandanten Befehl gehabt hätten, alliierte Radar-Ausstrahlungen

Bug-Torpedorohre von Typ XXI-Booten, offen und geschlossen.
Unten am Boot das große, knollenförmige »Balkon-Gerät« zur Aufnahme der Empfänger für das Unterwasser-Horchgerät. (Davor ein britischer Soldat.)

Bau von Booten des Typs XXI. Die Bug-Sektion, die am dritten Boot zu sehen ist, ist bei den ersten beiden noch nicht angebracht. (Die Soldaten sind britisch.)

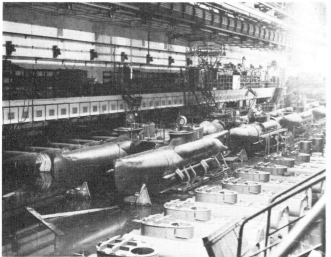

Kleinst-Uboote

Das Innere eines Betonbunkers, der zum Bau des Typs »Seehund« benutzt wird.

Ein schlechtes Foto des Typs »Marder« oder »Neger«.

Teile des »Seehund«-Typs im Deutschen Museum in München.

anzusteuern, um den Gegner zu finden. Der Vorschlag ist sicher gemacht worden, und das war eine gute Methode, Konvois zu finden, aber es gibt keine zuverlässige Quelle, daß dies ein *Befehl* gewesen sein soll; offenbar haben die Kommandanten, die dieses Verfahren anwandten, um den Gegner aufzufinden, das aus freien Stücken getan.

Ich habe weiterhin keine zuverlässige Unterlage gefunden, daß Uboote in schlechtem Fahrbereitschaftszustand einen Auslaufbefehl erhalten haben. Selbst das schwer beschädigte U 256 wurde neu ausgerüstet, so daß es keine größeren Mängel mehr aufwies.

Es gab von 1944 an keine bemerkenswerte Änderung in der Haltung der Ubootbesatzungen. Beim Eintreffen in den Büros der Stäbe an Land begann man »Guten Morgen« zu sagen statt des sonst vorgeschriebenen »Heil Hitler!« Lieder wie »Denn wir fahren gegen Engeland« oder das Lied von U 47 »So klein ist das Boot und so groß ist das Meer« wurden abgelöst durch solche weit höhnischeren Inhaltes, der die unzureichenden Waffen der Uboote beklagte und das *Radar*, das zur Jagd auf sie benutzt wurde. Die Männer wußten, daß sie geschlagen waren und daß ihr Ende unvermeidlich war – aber niemand wußte, wie lange Deutschland durchhalten würde, und da war immer noch ein schwacher Hoffnungsschimmer auf die von Hitler versprochenen neuen Waffen.

Das bittere letzte Ende kam ganz plötzlich und ohne jede Vorwarnung. U 1203 unter dem Kommando von Oblt. z.S. Sigurd Seeger war gerade bei den Vorbereitungen für die nächste Feindfahrt, als es den Waffenstillstands-Befehl erhielt. U 1203 rüstete im Lo-Fjord bei Drontheim aus, weil es im Stützpunkt keinen Platz mehr gab. Zuerst waren alle über die Nachricht erstaunt. Die ersten Gedanken waren auf eine Rückkehr nach Deutschland und nach Hause gerichtet. Einige wollten mit dem Boot an die deutsche Küste fahren, es zerstören und dann auf eigene Faust nach Hause zurückkehren. Andere schlugen vor, das Boot sofort zu versenken, und einige schlugen sogar vor, mit ihm nach Südamerika auszulaufen. Schließlich entschied sich die Besatzung, an Ort und Stelle zu bleiben, den Weisungen ihrer neuen Vorgesetzten zu folgen und auf eine gute Entwicklung zu hoffen.

Die Kriegsflagge wurde niedergeholt, an Deck gelegt, mit Benzin getränkt und verbrannt. Dann warteten die Männer auf ihr ungewisses Schicksal, aber die Gegner kamen nicht in Scharen, wie sie erwartet worden waren. Nach einigen Tagen erschien ein Zerstörer der *Royal Navy*, und seine Besatzung prüfte, daß keine Sprengladungen angebracht waren. Dabei plünderten sie die deutschen Spinde von den Wertsachen und verschwanden wieder. Sie nahmen nicht einmal die Waffen mit. Den Ubootmännern wurde gesagt, sie sollten sich weiter verhalten wie bisher, ihre Uniformen mit Abzeichen weiter tragen, nur die Hakenkreuze waren zu entfernen.

Einige Befehle der neuen Vorgesetzten wurden nicht befolgt. Zum Beispiel wurde einigen Ubootleuten befohlen, sich mit voller Bewaffnung in Drontheim einzufinden, um beim Ausheben einiger russischer Gefangener mitzuhelfen, die von den alliierten Truppen freigelassen worden waren und jetzt plünderten und Gewalttätigkeiten begingen. Die Deutschen wollten schießwütigen Soldaten keinen Vorwand bieten, sie zu erschießen und weigerten sich, Waffen zu tragen. Die Besatzungen wurden außerdem aufgefordert, sich freiwillig zum Minenräumen zu melden. Aber kein einziger meldete sich. Alles, was die Ubootmänner sich wünschten, war, zu ihren Familien zu kommen und Uboote für immer zu vergessen, aber das war ihnen nicht vergönnt. Nach gründlicher Vernehmung, durch die Kriegsverbrecher aufgefunden werden sollten, wurden die Besatzungen in Kriegsgefangenenlager überführt.

Auch die Uboote in See erhielten Befehl, alle Kampfhandlungen einzustellen. Danach wurde ihnen befohlen, aufgetaucht zu fahren, eine schwarze Flagge zu setzen und in bestimmte Häfen einzulaufen. Diese schwarze Flagge ist seither zu einem ständigen Zankapfel unter deutschen Seeleuten geworden, weil sie annahmen, sie sei eine Piratenflagge. Aber diese schwarze Flagge hatte nicht den Zweck, die Ubootfahrer als Piraten zu bezeichnen. Jedenfalls muß in England eine schwarze Flagge einen Totenschädel und gekreuzte Gebeine zeigen, wenn sie als Piratenflagge betrachtet wird. In den Augen der

Oben: Prototyp des »Delphin« wird zu Wasser gelassen. Dies war ein Ein-Mann-Fahrzeug mit hoher Geschwindigkeit.

Unten: Ein Prototyp »Adam«, der später als Typ »Biber« in die Serienfertigung ging.

Kommandoturm mit G 7 e-Torpedo.

Biber 90

Teile von »Biber 90« im Imperial War Museum in London.
Rückansicht des Kommandoturmes. Das aus ihm herauskommende Rohr ist der Auspuff. Er kann geschlossen oder geöffnet werden durch Drehen des kleinen Gestänges. (Das Metallband vom Auspuffrohr zum Lukendeckel ist angebracht, um ein Zuschlagen des Deckels zu verhindern.)

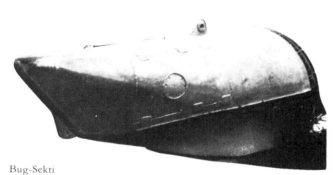

Bug-Sekti

Royal Navy war mit dem Setzen dieser Flagge nichts Demütigendes verbunden, da sie, »Jolly Roger« genannt, von den Schiffen der Royal Navy immer dann geführt wurde, wenn sie in den Hafen zurückkehrten, um einen Erfolg, nicht aber eine Schlappe anzuzeigen.

Die Boote, die den Krieg überlebt hatten und nicht selber versenkt worden waren, wurden in kontinentalen und britischen Häfen zusammengezogen. Die auf dem Kontinent wurden fahrbereit gemacht und mit deutschen Rumpfbesatzungen nach England überführt. Die meisten dieser Boote wurden in den Atlantik hinausgebracht und im Rahmen der Operation »Deadlight« versenkt. Einige wenige wurden behalten und unter den alliierten Marinen verteilt.

Zeittafel der Uboote

1933
1. Okt.: Gründung der Unterseeboots-Abwehr-Schule in Kiel.

1934
20. März: Erste Versuche zur Funkmeß-Entfernungsmessung *(Radar)* in Deutschland.

1935
16. März: Aufkündigung des Versailler Vertrages und Wiedereinführung allgemeiner Wehrpflicht.
17. Juni: Deutsch-Britischer Flottenvertrag unterzeichnet.
29. Juni: Indienststellung von U 1
27. Sept.: Aufstellung der 1. Uboot-Flottille (»U-Flottille Weddigen«), Flottillenchef Karl Dönitz.

1936
7. März: Einzug deutscher Truppen in die entmilitarisierte Zone des Rheinlandes.
12. Aug.: Indienststellung von U 27, des ersten Bootes vom Typ VII.
1. Sept.: Aufstellung der 2. Uboot-Flottille (»U-Flottille Saltzwedel«) in Wilhelmshaven.
3. Sept.: Unterzeichnung des Londoner Uboot-Protokolls (Prisenordnung).
22. Nov.: Untergang des ersten Ubootes seit dem Ende des Ersten Weltkrieges: Kollisionsunglück von U 18 mit dem Tender T 156.

1938
4. Febr.: Hitler ernennt sich selber zum Obersten Befehlshaber der Wehrmacht.
13. März: »Anschluß« Österreichs.
4. Aug.: Indienststellung des ersten Bootes vom Typ IX (U 37).
Sept.: Aufstellung des »Z«-Planes.
29. Sept.: Münchener Konferenz – Chamberlain: »Frieden in unserer Zeit«.

1939
27. Jan.: Hitler gibt dem »Z«-Plan die höchste Dringlichkeitsstufe.
8. März: U 48, das erfolgreichste Uboot des Zweiten Weltkrieges, läuft vom Stapel.
27. Apr.: Aufkündigung des Deutsch-Britischen Flottenvertrages durch Hitler.
22. Juli: Zusammenkunft Großadmiral Raeders mit den Führern der Uboot-Waffe an Bord des Avisos »Grille« in Swinemünde: Raeder teilt ihnen mit, daß es nach Hitlers Worten keinen Krieg gegen England geben wird.
26. Aug.: Die Admiralität in London übernimmt die Lenkung der Handelsschiffahrt.
1. Sept.: Einmarsch deutscher Truppen in Polen.
3. Sept.: England und Frankreich erklären Deutschland den Krieg.
4. Sept.: Der Passagierdampfer »Athenia« sinkt, nachdem er in den späten Abendstunden des 3. von U 30 torpediert wurde.
14. Sept.: U 39 unter dem Kommando von Kptlt. Glattes versenkt: das erste Uboot, das durch Feindeinwirkung verloren ging.
17. Sept.: U 29 unter dem Kommando von Kplt. Schuhart versenkt den Flugzeugträger HMS »Courageous« westlich von den britischen Inseln. Das veranlaßt die Admiralität in London, Flugzeugträger aus der Uboot-Bekämpfung abzuziehen.
28. Sept.: Hitler besucht Uboote in Wilhelmshaven.
13./14. Okt.: U 47 unter dem Kommando von Kptlt. Günther Prien durchbricht die Sicherung von Scapa Flow und versenkt das Schlachtschiff HMS »Royal Oak«.

1940
19. Jan.: V 80, ein Vorläufer des wirklichen Untersee-Bootes, läuft vom Stapel.

18. Apr.: U 99 wird unter Otto Kretschmer in Dienst gestellt. Er wird der erfolgreichste Uboot-Kommandant des Zweiten Weltkrieges.

Juni: Die Luftsicherung wird bis zu der Westansteuerung (»Western Approaches«) der britischen Inseln ausgedehnt, aber nicht wesentlich über den 12. westl. Längengrad hinaus.

10. Juni: Italien tritt an der Seite Deutschlands in den Krieg ein.

25. Juni: Deutsch-französischer Waffenstillstand.

17. Aug.: Hitler erklärt die totale Blockade der britischen Inseln.

19. Sept.: Stapellauf des ersten Typ VII C-Bootes, U 69.

19. Nov.: Zum ersten Male wird ein Uboot mit Radar geortet. Das Boot entkommt.

1941

29. Jan.: U 152, das letzte Boot des Typs II, wird in Dienst gestellt. Es wird während seiner gesamten Lebensdauer als Schulboot verwendet.

10. Febr.: Zum ersten Male wird die Versenkung eines Ubootes durch ein Whitley-Flugzeug nach vorheriger Ortung durch Radar gemeldet. Das Boot muß aber entkommen sein, da in den Listen für diesen Monat kein Uboot-Verlust enthalten ist.

5. März: Hitler erläßt Richtlinien für die Unterstützung Japans.

7. März: Letzte Meldung von Günther Prien (U 47).

17. März: Verlust von zwei Uboot-»Assen«: U 100 unter dem Kommando von Kptlt. J. Schepke wird von HMS »Vanoc« gerammt, und U 99 unter dem Kommando von Otto Kretschmer wird von HMS »Walker« versenkt. Schepke fiel, Kretschmer lebt heute noch.

23. Apr.: Kptlt. (Ing.) Zürn von U 48 wird mit dem Ritterkreuz ausgezeichnet, dem ersten, das einem Uboot-L.I. verliehen wurde.

9. Mai: U 110 wird von der *Royal Navy* aufgebracht (»The Secret Capture«).

27. Mai: Schlachtschiff »Bismarck« versenkt.

2. Juli: Dönitz' Schwiegersohn, Kptlt. Hessler, kehrt nach der erfolgreichsten Feindfahrt eines Ubootes im Zweiten Weltkrieg mit U 107 nach Lorient zurück.

28. Aug.: U 570 wird aufgebracht (HMS »Graph«).

Okt.: H/F D/F (»Huff-Duff«) – Kurzwellenpeiler – werden in größerer Anzahl eingebaut.

14. Nov.: U 81 unter dem Kommando von Kptlt. Guggenberger versenkt den Flugzeugträger HMS »Ark Royal«.

15. Nov.: Indienststellung von U 459, des ersten Bootes vom Typ XIV.

25. Nov.: Das Schlachtschiff HMS »Barham« wird von U 331 unter dem Kommando von Oblt. z. S. Frhr. v. Tiesenhausen versenkt.

26. Nov.: Das »As« Otto Kretschmer wird als erster Uboot-Kommandant mit dem Eichenlaub mit Schwertern zum Ritterkreuz des Eisernen Kreuzes ausgezeichnet. Kretschmer befand sich zu dieser Zeit in einem britischen Kriegsgefangenenlager.

7. Dez.: Japanische Streitkräfte greifen Pearl Harbour an und vernichten einen Teil der amerikanischen Pazifik-Flotte.

11. Dez.: Deutschland und Italien erklären den Vereinigten Staaten von Amerika den Krieg.

1942

13. Jan.: Der »Paukenschlag« gegen Amerika beginnt.

14. März: Indienststellung von U 177, des ersten Bootes vom Typ IX D$_2$.

27. Juni: Konvoi »PQ 17« verläßt Reykjavik auf Island.

5. Juli: Konvoi »PQ 17« wird aufgelöst und zerstreut sich.

11. Aug.: Der Flugzeugträger HMS »Eagle« wird von U 73 unter dem Kommando von Kptlt. Rosenbaum versenkt.

12. Sept.: Der Passagierdampfer »Laconia« wird im Südatlantik von U 156 unter dem Kommando von K. Kapt. Hartenstein torpediert und versenkt.

Dez.: »Hohentwiel«-Funkmeßantenne für Uboote eingeführt.

1943

30. Jan.: Großadmiral Erich Raeder tritt zurück, sein Nachfolger wird Karl Dönitz. Dönitz bleibt zugleich Befehlshaber der Uboote.

2. Febr.: Fall von Stalingrad – der Wendepunkt des Zweiten Weltkrieges.

Schwanzende des »Biber 90« mit G 7 e-Torpedo. Beachte die primitive Lenkung von Seiten- und Tiefenruder.

12. Febr.: Ein Radar-Gerät stürzt mit einem Flugzeug bei Rotterdam ab.
22. Febr.: Eine Forschungsgruppe »Rotterdam« unter Leitung von Dipl. Ing. Leo Brandt wird gebildet.
16./20. März: Größte Konvoi-Schlacht (Konvois HX 229 und SC 122).
24. Mai: Dönitz meldet Hitler, daß die Uboote wegen schwerer Verluste vorläufig aus dem Atlantik zurückgezogen werden müßten.
31. Mai: Die Verantwortung für den Ubootbau geht auf das Reichsministerium für Bewaffnung und Munition unter Dr. Speer über.
Sommer: Radar-Beobachtungsgerät »Naxos« wird eingeführt.
4. Aug.: U 489, Typ XIV, sinkt. Nur zwei »Milchkühe« bleiben übrig.
9. Aug.: K. Kapt. Wolfgang Lüth wird als erster Angehöriger der Uboot-Waffe mit dem Eichenlaub mit Schwertern und Brillanten zum Ritterkreuz ausgezeichnet.
16. Nov.: Indienststellung von U 792, des ersten der »neuen« wirklichen Untersee-Boote mit Walter-Turbinen, als Versuchsboot.
1. Jan.: Hitler teilt dem deutschen Volke mit, daß das »Nachlassen« des Ubootkrieges auf eine einzige englische Erfindung zurückzuführen sei, und daß bald Gegenmaßnahmen eingeführt werden würden.

1944

17. Apr.: Stapellauf von U 2321, des ersten Bootes vom Typ XXIII.
Mai: Einführung des »Schnorchels« in großer Zahl.
12. Mai: Stapellauf von U 2501, des ersten Bootes vom Typ XXI.
4. Juni: U 505 wird von US-Streitkräften aufgebracht.
6. Juni: »D-Tag«, »Der längste Tag«, »Die Invasion«.
11. Juni: U 490, die letzte »Milchkuh« wird versenkt.
12. Juni: U 2321, das erste Boot vom Typ XXIII, in Dienst gestellt.
27. Juni: U 2501, das erste Boot vom Typ XXI, in Dienst gestellt.
Juli: Versuchskommando 456 wird auf Befehl von Vizeadmiral Hellmuth Heye zu Versuchen mit

Schwanzende von »Biber 90«.

Achterteil der Steuerbordseite.

Steuerbordseite ohne Torpedo (Blick nach vorn).

Kleinst-Ubooten und Kleinkampfmitteln aufgestellt.

23. August: U 953 unter dem Kommando von Oblt. z. S. Herbert Werner verläßt Brest. Das letzte Boot aus diesem Stützpunkt.

23. Nov.: Freg. Kapt. Albrecht Brandi wird mit dem Eichenlaub mit Schwertern und Brillanten zum Ritterkreuz ausgezeichnet.

1945

18. Jan.: Das schnelle Versuchs-Kleinst-Uboot Typ »Delphin« kollidiert mit seinem Begleitboot. Weitere Versuche werden dadurch unmöglich.

15. Apr.: Zwei Boote vom Typ »Delphin« kommen zu Probefahrten an der Ostsee an.

30. Apr.: Hitler begeht Selbstmord. Dönitz wird Staatsoberhaupt. Das erste Boot vom Typ XXI läuft zur Feindfahrt aus (U 2511 unter dem Kommando von Schnee).

1. Mai: Die beiden neuen Kleinst-Uboote vom Typ »Delphin« werden gesprengt.

4. Mai: 18.30 Uhr. Die deutschen Unterhändler unterzeichnen die Kapitulationsurkunde.

5. Mai: Fertigstellung des Prototyps des Kleinst-Ubootes Typ »Schwertwal I«.

7. Mai: Bedingungslose Kapitulation der Deutschen Wehrmacht. U 320 unter dem Kommando von Oblt. z. S. Emmerich wird als letztes Uboot durch Feindeinwirkung versenkt.

1965

19. Juli: Trawler »Snoopy« gesunken. Das letzte Schiff, das durch einen deutschen Torpedo aus dem Zweiten Weltkrieg, der sich in seinem Netz verfangen hatte, versenkt wurde.

Uboot-Kriegführung Anfang der 40er Jahre

Die heutigen modernen Atom-Uboote sind in der Lage, getaucht um die ganze Welt zu fahren. Sie können gelenkte Flugkörper unter Wasser auslösen und sogar unter der Eiskappe des Nordpols hindurchfahren. All dies trägt zu der verbreiteten falschen Auffassung bei, daß Unterseeboote während des Zweiten Weltkrieges zu ähnlichen Großtaten fähig waren, was sie aber sicherlich nicht waren. Die damaligen Uboote hätten in Wirklichkeit besser als »Tauchboote« oder »tauchfähige Fahrzeuge« bezeichnet werden sollen, da sie in der Regel über Wasser fuhren und nur tauchten, um dem Gegner zu entkommen oder einen der seltenen Unterwasserangriffe zu fahren. Diese Boote waren sicher nicht in der Lage, mit großer Geschwindigkeit durch die Tiefe zu jagen! Angenommen, man legt eine Karte von Europa über den Atlantik. Dann könnte je ein Uboot in Berlin, Warschau, Prag oder Wien Befehl erhalten, ein bewegliches Ziel in London anzugreifen. Das Uboot würde sich über Wasser mit der Geschwindigkeit eines Radfahrers dorthin begeben. Sobald es tauchte, würde seine Geschwindigkeit auf die eines Fußgängers verringert werden.

Hilfsmittel für Navigation und Feindortung steckten noch in den Kinderschuhen, und die einzigen bemerkenswerten Vorteile, die Uboote Nelson gegenüber besaßen, waren ein Kreiselkompaß, eine kleine Rechenmaschine, Funkgeräte und hervorragende Doppelgläser. Fast alle ihre Ziele wurden ausfindig gemacht, indem Ausgucks auf dem Kommandoturm postiert wurden, die den Horizont absuchten. Da die Kommandotürme nicht sehr hoch waren, war die Sichtweite dieser Ausgucks auf einen Umkreis von etwa zehn Kilometern Halbmesser begrenzt. Sobald das Boot tauchte, war die Sichtweite noch weiter auf einige wenige Kilometer eingeschränkt, je nachdem wie weit das Sehrohr über die Wasseroberfläche ausgefahren war und wie hoch die Wellen waren. Das Sehrohr war nur eine Röhre mit einigen Linsen und Prismen. Es gab dem Kommandanten die Möglichkeit, zu sehen, was an der Wasseroberfläche los war, ohne das Boot auftauchen zu lassen. Das kleine Angriffssehrohr hatte einen sehr üblen »blinden Sektor« nach oben, in dem eine ganze Staffel von Flugzeugen verborgen sein konnte. Diese konnten nur mit dem Luftziel- oder Navigationssehrohr erkannt werden; das hatte aber einen so dicken Kopfteil, daß es nicht ratsam war, es bei Tageslicht zu benutzen, weil es dann unter Umständen bemerkt werden könnte.

Uboote waren bei Nacht über Wasser im Vorteil, weil sie erstaunlich schlecht zu erkennen waren, selbst in verhältnismäßig heller Nacht. Es ist recht leicht, Schiffe am Horizont zu erkennen, wo sie sich gegen den etwas helleren Himmel abheben, und das Uboot mit seinem kleinen Umriß konnte das massigere Überwasserschiff leicht ausmachen. Dann drehte das Uboot auf das Ziel zu und zeigte so seine schmalste Silhouette. Sobald das Uboot unter den Horizont des Ausgucks auf dem Überwasserschiff gekommen ist, ist es fast unmöglich gegen die dunklen Wellen auszumachen. Von einem Zerstörer der *Royal Navy* ist bekannt, daß er ein Uboot in einer Entfernung von weniger als hundert Metern passiert hat, ohne es zu bemerken.

Für ein konventionelles Uboot gibt es zwei Arten des Tauchens oder Auftauchens. Einmal kann eine Anzahl von Tanks mit Wasser oder Luft gefüllt werden, um das Boot leicht oder schwer zu machen. Das Boot hat Tauchtanks und sogenannte »Trimmzellen«. Die Trimmzellen werden dazu benutzt, das Boot im Gleichgewicht zu halten und außerdem den Auftrieb

Das Ende...
4. Mai 1945, etwa 18.30 Uhr.
Generaladmiral Hans-Georg v. Friedeburg unterzeichnet die
Kapitulationsurkunde, während Feldmarschall Montgomery zuschaut.
(v. Friedeburg war Chef der Organisationsabteilung der Uboot-Waffe,
danach deren 2. Admiral und seit Dönitz' Ernennung zum Ob. d. M.
Kommandierender Admiral der Uboote. Kurz vor dem Ende des
Krieges wurde er zum Ob. d. M. ernannt.)

zu regulieren. Gewöhnlich wurde das Uboot so ausgetrimmt, daß es weder steigen noch fallen, sondern in gleicher Wassertiefe bleiben würde. Beim Ausblasen der Tauchtanks wäre das Boot plötzlich leichter geworden und an die Oberfläche geschossen. Dabei wäre elektrische Energie und Preßluft verbraucht worden, deswegen wurde nur in Notfällen auf diese Weise aufgetaucht. Im Normalfall wurde auf die andere Art verfahren, bei der die Tiefenruder dazu benutzt wurden, die Hauptarbeit zu leisten. Sie wirkten ähnlich den Höhenrudern eines Flugzeuges, um es zum Steigen oder Sinken zu bringen. Sobald das Boot an die Oberfläche kam, konnten die Dieselmotoren angelassen und ihre Auspuffgase benutzt werden, das Wasser aus den Tauchtanks auszublasen und das Boot viel leichter und schwimmfähiger zu machen.

Der Trimm- oder Gleichgewichtszustand eines Ubootes verdient ganz besondere Aufmerksamkeit. Er kann bis auf Teile eines Pfundes reguliert werden, und das Gehen auch nur eines Mannes von einem Ende des Bootes zum anderen genügt, ihn durcheinanderzubringen. Das ist der Grund, warum so viel Konzentration benötigt wird, wenn das Boot unter Wasser ist, besonders beim Schnorcheln. Das Schießen von Torpedos, sagen wir eines Dreierfächers, bedeutet, daß das Boot plötzlich vier bis fünf Tonnen leichter ist und sofort zu steigen beginnt. Der Leitende Ingenieur muß deshalb Wasser in das Boot pumpen, um ein Gegengewicht zu schaffen und das Auftauchen zu vermeiden. Ein Uboot ist so kompliziert, daß es nahezu unmöglich ist, einen genau ausgeglichenen Trimmzustand zu erreichen. In der Regel wird das Boot auf geringen Untertrieb getrimmt. Wenn es in getauchtem Zustand gestoppt liegen bleiben würde, begänne das Boot langsam zu sinken wie jedes andere Gewicht. Die Elektromotoren werden benutzt zum Vortrieb des Bootes, um das zu vermeiden. Nur wenige Propellerumdrehungen sind nötig, um das Boot mit den Tiefenrudern auf der gewünschten Tiefe zu halten. Deswegen ist es gefährlich, das Boot getaucht zu halten, wenn die Batterien erschöpft sind.

Die Dieselmotoren, die hauptsächliche Antriebsanlage eines konventionellen Ubootes, können nicht benutzt werden, sobald es unter der Wasseroberfläche ist, da sie zum Betrieb Luft genötigen. Sie müssen in dem Augenblick abgestellt werden, in dem die Lufteintritte geschlossen werden. Zur gleichen Zeit wird ein Paar starke E-Motoren angestellt, um das Boot anzutreiben. Diese Motoren erhalten ihren Strom von großen Batterien im Gewicht von mehreren Tonnen, aber in der Wirkungsweise ähnlich einer Autobatterie. Bei Überwasserfahrt konnten die Dieselmotoren dazu benutzt werden, die E-Motoren zu drehen, die dann als Generatoren wirkten, um Strom zu erzeugen und die Batterien aufzuladen.

Diese Batterien regelten den Betrieb auf einem Uboot in noch anderer Weise als nur in der Begrenzung seiner Unterwasserausdauer. Die Ubootbesatzungen durften nur an Deck rauchen, weil die Batterien ein Gemisch von Wasserstoff- und Sauerstoffgasen ausströmten, wenn sie geladen werden. Das ist nicht schädlich, aber es ist die gleiche Mischung, die Gasexplosionen in Haushalten verursacht!

Wenn Seewasser in die Batterien gelangt und sich mit der Schwefelsäure mischt, entsteht Chlorgas. Dieses erstickende Gas ist äußerst giftig und das Schreckgespenst der Ubootfahrer, da sein Auftreten ihnen keine andere Wahl läßt als aufzutauchen und das Boot durchzulüften. Diese Maßnahme konnte aber gänzlich unratsam sein, wenn oben über Wasser der Gegner auf das Boot wartete.

Die Hauptwaffe des Ubootes war der Torpedo. Der war in Wirklichkeit selber ein kleines Miniatur-Uboot. Vorne am Torpedo war ein Gefechtskopf mit Sprengstoff, der hintere Teil enthielt einen elektrischen Motor, der ihn antrieb. Frühere Torpedos wurden mit Preßluft angetrieben, aber sie wurden von den anderen abgelöst, nachdem der Krieg begann. Beim Auftreffen auf das Ziel konnte der Gefechtskopf auf verschiedene Weise zur Detonation gebracht werden, je nachdem um welchen Torpedotyp es sich handelte. Es konnte nicht leicht passieren, daß ein Torpedo innerhalb des Ubootes explodierte, weil eine Sicherung vorhanden war, die den Torpedo erst »scharf« machte, nachdem er eine bestimmte Strecke im Wasser gelaufen war.

Im Anfang waren die Uboot-Jäger nicht mehr ent-

Zehn Tage später ... 14. Mai 1945.
Das erste Uboot, U 858, ergibt sich Streitkräften der Vereinigten Staaten. Das amerikanische Enterkommando geht soeben an Bord.

wickelt als die Uboote. Tatsächlich war ihre Ausrüstung in vielerlei Weise der der Uboote unterlegen. Vor dem Aufkommen von *Radar* waren die Zerstörer vollständig vom Sichten abhängig, um aufgetauchte Uboote zu entdecken. Sobald ihr Ziel getaucht war, konnten sie es nur mit ihrem *Asdic* orten. Dieses Gerät sandte einen Ton-Impuls aus, der für die Männer im Uboot wie ein metallisches »Ping« klang. Die Schallwelle wurde von jedem Gegenstand auf ihrem Ausbreitungswege reflektiert und vom *Asdic* aufgenommen. Bei Kontakt konnte die Peilung einer Ubootposition auf einer Skala abgelesen und die Entfernung aus der Zeit, die das Schallecho auf dem Wege zum und vom Ziel gebraucht hatte, errechnet werden. Das Gerät war unwirksam, wenn das Uboot an oder nahe der Oberfläche war, und es wurde ungenau, wenn der U-Jäger zu nahe an das Ziel herankam.[1] Das »Ping« wurde auch von Walen, Fischschwärmen, Unterschieden in der Wassertemperatur oder im Salzgehalt des Wassers reflektiert oder abgelenkt. Deshalb war beträchtliche Übung erforderlich, um das Gerät mit Aussicht auf Erfolg zu bedienen. Sobald der Jäger ein Uboot geortet hatte, galt es anzulaufen und Wasserbomben zu werfen. Die »Pings« des *Asdic,* Fahrtänderungen und das Aufschlagen

[1] Das liegt daran, daß auf geringe Entfernung die Unterscheidung zwischen Impuls und Echo schwierig wird, weil der Zeitabstand dazwischen zu kurz ist.

Oben: Typ VII C-Boote laufen nach Wilhelmshaven zur Übergabe ein.

Unten: Hamburg, Uboot-Bunker in Finkenwerder mit der Elbe; im Hintergrund Blankenese und der Süllberg (ganz links). Viele Besatzungen trotzten dem Befehl zur Übergabe und versenkten ihre Boote, wie im Vordergrund zu sehen ist.

23. Mai 1945. (Verhaftung der Regierung Dönitz). Dr. Speer (links), Reichsminister für Bewaffnung und Munition, mit Großadmiral Karl Dönitz. Dönitz wurde nach Hitlers Selbstmord Staatsoberhaupt.

der Wasserbomben auf die Wasseroberfläche konnten im Uboot gehört werden. Das gab ihm einen kleinen Zeitraum, in dem es die Fahrt vermehren und der größten Druckwelle ausweichen konnte. Es sind Uboote bekannt, die solchen Wasserbombenangriffen über mehr als 24 Stunden entkommen sind, obgleich eine Zahl zwischen 100 und 300 oder mehr Wasserbomben auf sie geworfen wurden.

Nichts ist mehr nervenzerreißend als bei einem solcher Angriffe der nehmende Teil zu sein. Das Licht ging aus, das Boot wurde durchgeschüttelt, Gegenstände flogen umher, Glas der Meßinstrumente zerbrach, Geschirr ging in Stücke, Nerven nutzten sich ab. Es war nicht möglich, zu sehen oder zu wissen, wann die nächste Serie kam – ob sie das Ende brachte oder ob das Boot sie aushalten würde. Die Männer bewahrten ihre Haltung, indem sie Wetten eingingen, wie viele Wasserbomben geworfen werden würden.

Wasserbomben wurden entweder einfach aus einem Gestell herausgerollt oder mit einem besonderen Wasserbombenwerfer in größere Entfernung geschleudert. Wenn sie einfach über Bord geworfen

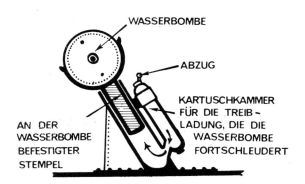

wurden, mußte das Schiff eine ziemlich hohe Fahrt laufen, um zu vermeiden, daß es selber von der darauf folgenden Explosion erfaßt wurde, die einen Zerstörer leicht zerbrechen konnte. Später wurden während des Krieges besondere, nach voraus schießende Konstruktionen wie »Hedgehog« und »Squid« eingeführt. Sie erwiesen sich als erfolgreicher als die konventionelle Wasserbombe. Ihr Vorteil war, daß eine Anzahl davon zu gleicher Zeit geworfen werden konnte. Sie explodierten nur beim Auftreffen, so daß der *Asdic*-Kontakt nicht durch unnütze Detonationen abriß.

Abzeichen

Einige Abzeichen wurden in dieses Buch aufgenommen, weil sie für die Identifizierung von Ubooten auf alten Fotos dienlich sind. Manche von ihnen haben eine bunte Entstehungsgeschichte, der ohne persönliche Kenntnis des einzelnen Bootes schwer nachzuspüren wäre. Zum Beispiel hatte U 201 einen Schneemann auf den Turm gemalt, weil der Name des Kommandanten Schnee war und infolgedessen das Boot »Schneemanns-Boot« genannt wurde. Auch das Ritterkreuz um seinen Hals hat eine besondere Bedeutung – es wurde hinzugemalt, nachdem Adalbert Schnee den Orden erhalten hatte. U 99 hatte ein Hufeisen auf beiden Seiten des Kommandoturmes. Sie waren von der Ankerkette vom Grunde des Hafens hochgeholt worden. Da sie als Glückszeichen galten, erhielten sie einen gelben Anstrich und wurden am Boot angebracht; daher stammt der Name »Das goldene Hufeisen«. Für einige Boote, z. B. U 108 und U 208, wurden die Kosten durch öffentliche Spenden aufgebracht, und sie trugen das Wappen ihrer Patenstädte Danzig und Köln.

Die Abzeichen waren entweder ein besonderes Kennzeichen des einzelnen Bootes, oder alle Boote derselben Flottille trugen ein ähnliches Merkmal. Darüber gab es keine genauen Regeln. Eine Flottille konnte das Abzeichen eines berühmten Bootes übernehmen. Der »schnaubende Stier« zum Beispiel wurde zunächst von U 47 geführt und später von allen Booten der 7. U-Flottille übernommen.

Einige der Kennzeichen wurden freihändig an den Turm gemalt, aber die Boote mit komplizierteren Sinnbildern oder die, die keinen Mal-»Künstler« an Bord hatten, besaßen eine große Schablone. Es muß betont werden, daß die Abzeichen oft neu gemalt werden mußten und es dabei erstaunliche Abweichungen in Einzelheiten gab. Nach den Befehlen der Kriegsmarine sollten die Abzeichen vor dem Auslaufen zu einer Unternehmung entfernt werden; das scheint aber nicht streng überwacht worden zu sein, denn manche der Boote trugen auch auf Feindfahrt stolz ihre Abzeichen.

Abzeichen dürfen nicht mit »taktischen Zeichen« verwechselt werden, die zur leichteren Unterscheidung der Boote bei Übungen der Marine angebracht wurden. Diese Zeichen waren gewöhnlich einfache geometrische Figuren.

Nicht abgebildete Abzeichen:
Wappen von Köln: U 208
Wappen von Duisburg: U 73
Wappen von Düsseldorf: U 557
Wappen von Salzburg: U 205
Wappen von Innsbruck: U 202
Wappen von Nürnberg: U 453
Nixe mit Pfeil und Bogen: U 332
Edelweiß: U 124
Vier Spielkarten-Asse: U 107
Schwarzer Teufel: U 552
Schwarzer Kater mit »3 ×« darunter: U 564
Deutscher Reichsadler mit Hakenkreuz: U 132
Stahlhelm mit darüber gekreuzten Schwertern, umrahmt von einem Eichenlaubkranz: U 123
Springender Bock mit einem Stern darunter: U 67
Eine Reihe von Flaggen und eine lachende Kuh: U 69
Wikingerschiff mit einem Wal: U 83
Weißer Schwan: U 178

U 25, Korvettenkapitän Schütze.

U 9, Oberleutnant zur See (später Kapitän zur See) W. Lüth.

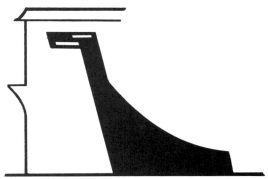

U 404.

U 47 unter dem Kommando von Günther Prien. Später von der 7. U-Flottille benutzt.

U 108 (Wappen von Danzig).

U 201 unter dem Kommando von Adalbert Schnee.

U 99 unter dem Kommando von Otto Kretschmer.

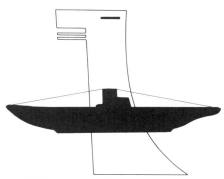

U 270 an der Vorderseite des Turmes.

U 763 im Jahre 1944.

U 100 Kptlt. J. Schepke.

U 130 Korv. Kapt. Kals.

U 271 Kptlt. Barleben, an der Vorderseite des Turmes.

Abzeichen der 9. U-Flottille.

U 106.

U 97 (Kapitänleutnant U. Heilmann)

U 216, an der Vorderseite des Turmes.

U 537, an der Vorderseite des Turmes.

U 505.

U 163, an der Seite des Turmes.

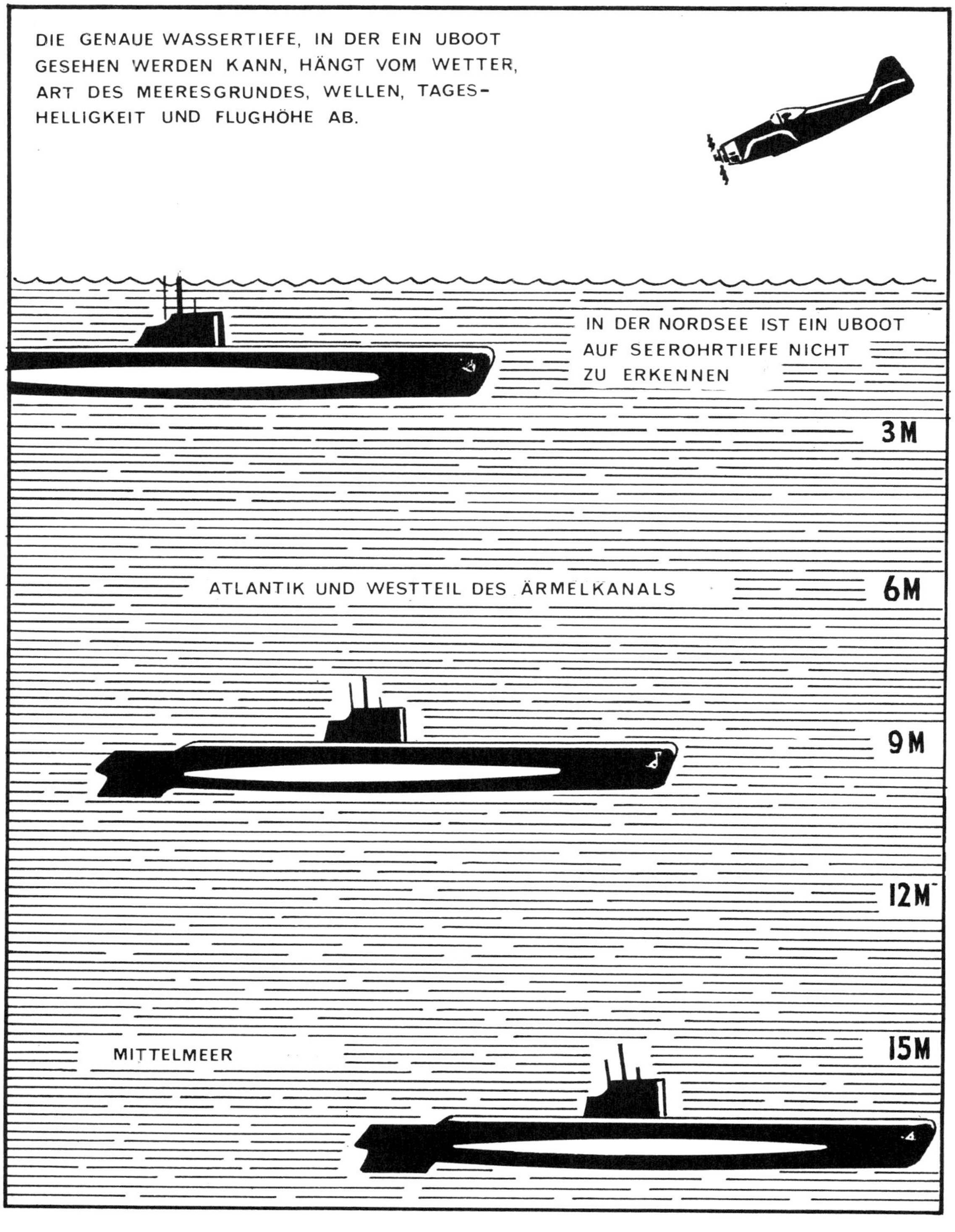

DIE GENAUE WASSERTIEFE, IN DER EIN UBOOT
GESEHEN WERDEN KANN, HÄNGT VOM WETTER,
ART DES MEERESGRUNDES, WELLEN, TAGES-
HELLIGKEIT UND FLUGHÖHE AB.

IN DER NORDSEE IST EIN UBOOT
AUF SEEROHRTIEFE NICHT
ZU ERKENNEN

3M

ATLANTIK UND WESTTEIL DES ÄRMELKANALS

6M

9M

12M

MITTELMEER

15M

Abkürzungen und Fachausdrücke

AA – »Anti aircraft«, englische Bezeichnung für Flieger- oder Flugzeugabwehr (Fla).

Admiralität – »Admiralty«, britisches Marineministerium, das Gegenstück zur deutschen »Marineleitung« im Reichswehr- bzw. (ab 1935) zum »Oberkommando der Kriegsmarine« (OKM) im Reichskriegsministerium.

AGRU Front – *A*usbildungs*gru*ppe für *Front*-Uboote, bis 1944 in Hela, später in Bornholm, zuletzt in Eckernförde.

A.O. – Artillerie-Offizier.

Aphrodite – deutsche Erfindung zur Täuschung (»foxing«) britischer Radar-Geräte. Das Gerät reflektierte Radar-Impulse. Vergl. Thetis und Kapitel 7.

Asdic – Anfangsbuchstaben des »*A*llied *S*ubmarine *D*etection *I*nvestigation *C*ommittee«, das ein Gerät zum Aufspüren von getauchten Ubooten mittels Unterwasser-Schallimpulsen (»Ping«) entwickelte. *Aktive* Schallortung, in Amerika als »Sonar« bezeichnet (»Sound« im Unterschied zu Radar-»Radio«) gegenüber *passiver* Schallbeobachtung (Horchen). Vergl. Radar.

ASV – Anfangsbuchstaben des ersten britischen Radar-Gerätes in Flugzeugen: »*A*ir to *S*urface *V*essel« – Luft/Überwasserfahrzeug –, arbeitete auf einer ähnlichen Wellenlänge wie die deutschen Funkmeßgeräte.

Bachstelze – Tarnname für den Gleit-Hubschrauber »FA 300« von Focke-Achgelis, der von über Wasser fahrenden Ubooten zur Vergrößerung ihrer Sichtweite geschleppt wurde.

B.d.U. – Befehlshaber der Unterseeboote.

Biscaya-Kreuz – Tarnname für die erste, von Ubooten benutzte Antenne zum Erfassen von Radar-Strahlungen. Bestand aus einem primitiven, roh zusammengezimmerten Holzkreuz mit außen herumgewickeltem Draht.

Bold – deutsche Erfindung eines zur Täuschung des *Asdic* (siehe dort) dienenden Gerätes (»Foxer«), das die Unterwasserschall-Impulse (»Pings«) reflektierte und die Ortung des Ubootes erschwerte. Vergl. Aphrodite, Thetis und Kapitel 7.

BRT – Brutto-Register-Tonne. *Raum*maß (2,83 cbm) für die Größenvermessung von Handelsschiffen. Die Zahl der *Netto*-Registertonnen gibt dagegen die Größe des Schiffes nach Abzug der Räume für Maschinenanlage, Unterkunft der Besatzung usw. an. Das Raummaß hat mit *Gewichts*angaben über Wasserverdrängung (bei Kriegsschiffen) oder Ladefähigkeit nichts zu tun.

Coastal Command – »Küstenkommando«, der zum Einsatz von Landstützpunkten und -flugplätzen über See bestimmte Teil der Royal Air Force (RAF).

Destroyer – »Zerstörer«, ein ursprünglich zur Bekämpfung von kleineren Booten (Torpedobootszerstörer) gebauter Typ eines schnellen, mittelgroßen Kriegsschiffes. Hat sich im Laufe der Entwicklung infolge seiner vielseitigen Verwendbarkeit zur Bekämpfung von Schnellbooten und Ubooten, zur Aufklärung, zum Angriff auf Überwasserschiffe und zum Geleitschutz gegen Uboote und Flugzeuge zu einem Mehrzwecktyp entwickelt.

Dräger – Name einer deutschen Firma, die u.a. Tauchrettungsgeräte für Uboote und Luftreinigungsanlagen entwickelt hat.

DT- oder DeTe-Gerät – Abkürzung für »*De*zimeter-*Te*lefonie-Gerät«, Tarnname und Bezeichnung zur Verschleierung des Verwendungszweckes für das erste, seit 1934 in Deutschland entwickelte »Funkmeß«-Gerät, das die von Hochfrequenzimpulsen bis zur Rückkehr von reflektierenden Objekten benötigte Zeit zum Messen ihrer Entfernung benutzte. Gleiches Prinzip wie bei Radar.

Einbaum – Spitzname für die Uboote vom Typ II (wegen ihrer geringen Größe).

E-Maschine – Elektrischer Motor oder Generator.

Escort – »Begleitung, Schutz«, englischer Sammelname für alle zum Geleit und zur Sicherung von Handels- oder Kriegsschiffgruppen bestimmten oder verwendeten Geleit- und Schutzfahrzeuge und -verbände.

F.d.U. – Führer der Unterseeboote.

Fla – *Fl*ieger- (oder *Fl*ugzeug-)*A*bwehr, meist in Verbindung mit *K*anone (»Flak«). Vergl. *AA*.

Flottille – ein Verband kleinerer Kriegsschiffe (vom Zerstörer abwärts), der organisatorisch und/oder taktisch unter gemeinsamer Führung zusammengefaßt ist.

Flugzeugträger – »Aircraft Carrier« oder kurz »Carrier« – ein großes Kriegsschiff, das Rad- oder Land-Flugzeuge mitführt, die entweder mit eigener Kraft vom Flugdeck oder mittels Katapult gestartet werden. Man unterscheidet schwere (Angriffs-), mittlere und Geleit-(Flugzeug-)Träger; letztere waren, mit dazu besonders geeigneten Flugzeugen ausgerüstet, ein Hauptkampfmittel in der Abwehr von Ubooten.

Front-Uboot – ein zum Einsatz bei Feindunternehmungen bestimmtes Uboot im Unterschied zu Schul-, Erprobungs- und Versuchs-Booten.

FuMB – *Fu*nk*m*eß-*B*eobachtungsgerät zum Erfassen von Funkmeß-(Radar-)Strahlungen.

FuMO – *Fu*nk*m*eß-*O*rtungsgerät, ein durch eigene Impulsausstrahlungen (aktiv) ortendes Funkmeßgerät.

Funkmeß – siehe unter »DT-Gerät« und »Radar«.

Funkpeiler – Gerät zum Peilen (Ermitteln der Himmelsrichtung vom eigenen Standort zu einem anderen Objekt) der Sendestelle von Funkwellen.

Funk(wesen) – alle mit der drahtlosen Übermittlung von Signalen aller Art mittels elektromagnetischer Wellen zusammenhängenden wissenschaftlichen und technischen Angelegenheiten. im Englischen generell mit »radio« bezeichnet.

Geleitzug – ein durch Kriegsschiffe gesicherter Verband von Handels- oder Transportschiffen, der wirksameren Schutz gegen Uboote und Flugzeuge gewährt als die Alleinfahrt. Vergl. Konvoi.

Hedgehog – »Igel«, eine von der Royal Navy entwickelte Waffe, mit der eine größere Zahl von Unterwasser-Sprengkörpern gestreut in Vorausrichtung von einem Überwasserfahrzeug geschleudert werden konnte. Im Unterschied zu Wasserbomben, die in Abhängigkeit vom Druck der Wassertiefe, auf die sie sanken, gezündet wurden, detonierten diese Sprengkörper nur beim Auftreffen auf ein Ziel, d. h. ein Uboot.

HF/DF – Sprachgebrauch »Huff Duff«, Anfangsbuchstaben von »High Frequency Direction Finder« – Hochfrequenz-Peiler, d. h. Kurzwellen-Peiler –. Ein von den Alliierten entwickeltes Gerät, mit dem, über die bereits bestehenden Möglichkeiten zum Peilen von Langwellensendern hinaus, die Sendestellen von – durch die Uboote benutzten – Kurzwellensignalen unverzüglich eingepeilt werden konnten. – Ein Peiler ist kein *Ortungs*gerät (vergl. dort), da er von den zu einer Orts-Bestimmung benötigten zwei Koordinaten nur eine, nämlich die Richtung ermittelt.

Hilfskreuzer – ein Handelsschiff, das im Kriege nach Einbau von Waffen und mit militärischer Besatzung zur Unterstützung der aktiven Flotte herangezogen wird, z. B. zum Kreuzerkrieg.

HMS – »His/Her Majesty's Ship«, jedes Kriegsschiff der britischen Marine, der »Royal Navy«.

HMAS – desgl. der australischen Marine.

HMCS – desgl. der kanadischen Marine.

HMIS – desgl. der indischen Marine.

Hohentwiel – eine deutsche Funkmeß-Antenne, die wie eine Matratze aussah. (Eine Seite diente als FuMO – [siehe dort], die andere als FuMB-Antenne – siehe dort.)

Hundekurve – der Weg, den ein Hund läuft, wenn er hinter einem sich bewegenden Ziel herläuft, d. h. ohne Vorhalt. Einen ähnlichen Kurs steuerte ein Uboot beim Angriff, so daß es während der ganzen Zeit dem Gegner nur seine schmalste Silhouette zeigte.

I.W.O. – Erster Wachoffizier (Eins W.O.)

II.W.O. – Zweiter Wachoffizier (Zwo W.O.)

Kalipatrone – Teil eines Atemgerätes, das Kohlendioxyd absorbiert.

Kleinkampfmittel – Kleine, von ganz wenigen (1 bis 3) Männern bediente Waffen zur Seekriegführung.

Kleinst-Uboot – gehört zu den Kleinkampfmitteln, z. B. Typ »Seehund«.

Knoten (Kn) – Die Geschwindigkeit von Schiffen wird in Knoten gemessen. 1 Knoten entspricht einer Seemeile pro Stunde. 1 Seemeile (Sm) ist 1852 m lang und damit ca. 200 m länger als eine (englische) Landmeile.

Konvoi – »Convoy«, ein in Kolonnen zusammengefaßter Geleitzug von Handelsschiffen.

Leigh Light – ein leuchtstarker, unter den Tragflächen von Flugzeugen angebrachter Scheinwerfer.

L.I. – Leitender Ingenieur, der für die Bedienung der Antriebs- und Stromversorgungsanlagen und der Hilfsmaschinen eines Kriegsschiffes verantwortliche Offizier.

Löwe – mit Respekt und Achtung gebräuchlicher Spitzname von Dönitz.

Metox – ein Radar-Beobachtungsgerät (FuMB).

Milchkuh – Spitzname für den großen Uboot-Versorger (Typ XIV).

Naxos – ein Radar-Beobachtungsgerät (FuMB).

Ob.d.M. – Oberbefehlshaber der Kriegsmarine.

OKM – Oberkommando der Kriegsmarine.

OKW – Oberkommando der Wehrmacht.

Operation Deadlight – Stichwort für die Maßnahmen, durch die deutsche Uboote nach dem Kriege im Atlantik versenkt wurden.

Ortung – Ortsbestimmung eines Ziels, zu der (in einer Ebene) mindestens zwei Koordinaten benötigt werden, im allgemeinen Peilung (vergl. dort) und Entfernung. Siehe auch HF/DF.

Peilung – Ermitteln der Richtung vom eigenen Standort zu einem anderen Objekt. Vergl. Funkpeiler.

Prisenordnung – im Londoner Protokoll vom 3. Sept. 1936 festgelegte Vereinbarung der Nationen mit Interessen am Seeverkehr über die im Falle eines Krieges anzuwendenden Regeln der Seekriegführung gegen die Handelsschiffahrt.

RAF – »Royal Air Force«, die Königlich Britische Luftwaffe.

Radar – Abkürzung aus »Radio Detecting and Ranging«. Siehe Kapitel 7.

Reichsmarine – Teil der *Reichswehr* von 1919 bis 1935.

Rotterdam-Gerät – deutsche Bezeichnung des britischen Panorama-Radargerätes. Siehe Kapitel 7.

Royal Navy – die Königlich Britische Marine.

Rudel-Taktik – von der neuen deutschen Uboot-Waffe durch Dönitz entwickelte Taktik, aufgespürte Geleitzüge (Konvois, siehe dort) nicht mit einem einzelnen Uboot anzugreifen, sondern sie zu verfolgen (»Fühlung zu halten«), weitere Uboote nach Funksignalen des Fühlunghalters heranzuschließen zu lassen und dann in Gruppen (»Rudeln«) anzugreifen. Zwecke der Rudeltaktik: Zersplitterung der Konvoi-Sicherung (»Escort«, siehe dort) bessere Angriffs- und Erfolgsmöglichkeiten der Uboote.

Schnorchel – Atemrohr an Tauchermasken, Ausdruck übernommen für das ausfahrbare Luftrohr zur Frischluftzufuhr und zur Abführung der Auspuffgase (Diesel) auf Ubooten.

Seekuh – Spitzname für die großen Fern-Uboote (Typ IX).

Sehrohr – Periskop; bei Unterwasserfahrt ausfahrbares Fernrohr zum Beobachten des Sichtkreises über der Wasseroberfläche. Im Sprachgebrauch »Spargel« genannt.

Sehrohrtiefe – Tauchtiefe eines Ubootes, aus der das – ausgefahrene – Sehrohr über die Wasseroberfläche hinausragt.

S-(Sender-)Gerät – Deutsches aktives Unterwasserschall-Ortungsgerät, das nach dem gleichen Prinzip wie das britische *Asdic* und das amerikanische *Sonar*-Gerät (siehe dort), jedoch mit höheren Tonfrequenzen (im Ultra-Schallbereich) zur Entfernungs- und Richtungsbestimmung von Unterwasserzielen diente.

SKL – Kurzbezeichnung der deutschen *Seekriegsleitung*.

Sonar – Amerikanische Bezeichnung für ein aktives Unterwasserschall-Ortungsgerät, vergl. Asdic.

Spatz – Spitzname für eine Rettungsboje, mit der die Uboote im Frieden ausgerüstet waren.

Squid – eine Waffe der Royal Navy, mit der Unterwasser-Sprengkörper von einem U-Jäger in Vorausrichtung geworfen werden konnten. Eine Weiterentwicklung des »Hedgehog«, siehe dort.

Tauchboot – ein zu vorübergehendem Tauchen befähigtes Überwasserfahrzeug. Richtigerweise hätten die »Unterseeboote« so genannt werden müssen. Wirkliche »Unterwasserboote«, die ständig in getauchtem Zustande operieren konnten, kamen erst durch Neuentwicklungen während des Krieges zur praktischen Ausführung.

Tauchretter – ein Gerät zur Rettung aus gesunkenen Ubooten. Siehe Foto in Kapitel 5, S. 77.

Tender – Stabs-, Begleit- und Versorgungsschiff für kleinere Kriegsschiffe (Uboote, Schnellboote), z. T. mit Unterkunftseinrichtungen für deren Besatzungen, die auf ihren kleinen Booten sehr beengt untergebracht sind.

Thetis – deutsche Erfindung zur Täuschung (»foxing«) britischer Radar-Geräte. Radar-Impulse wurden von dem Gerät reflektiert und täuschten das Vorhandensein eines Ubootes vor. Vergl. Aphrodite und Kapitel 7.

Torpedoboot – T-Boot; ein kleines, mit Torpedos als Hauptbewaffnung ausgerüstetes Überwasser-Kriegsschiff. In der deutschen Marine wurde diese Bezeichnung beibehalten, obgleich nach der Entwicklung größerer Typen wieder kleinere Boote mit Motorantrieb gebaut und »Schnellboote« genannt wurden. Die Royal Navy bezeichnete solche Boote als »Motor-Torpedoboote« (MTB). Vergl. Zerstörer (Torpedoboot-Zerstörer).

Torpedoerprobungskommando (TEK) – Ein militärisches Kommando für die Erprobung neu entwickelter Torpedos und Torpedoanlagen unter kriegsmäßigen Bedingungen.

Torpedoversuchsanstalt (TVA) – Die Institution der Reichs- und Kriegsmarine für Entwicklung neuer Torpedos und Torpedoanlagen.

Trimmtauchen – Probetauchen eines Ubootes zum Ermitteln der für den Gleichgewichtszustand benötigten Trimmung.

Truppentransporter – ein Kriegsschiff, zumeist erst bei Beginn eines Krieges umgebautes Handelsschiff (Passagierdampfer), zum Transport von Soldaten und Truppenverbänden über See.

UA – ein von Deutschland für die Türkei gebautes Uboot vom Typ »Batiray«, das nicht ausgeliefert wurde. Stattdessen wurde es für die Kriegsmarine als »UA« in Dienst gestellt.

UAA – *U*nterseeboots-*A*usbildungs-*A*bteilung.

UAS – *U*nterseeboots-*A*bwehr-*S*chule.

UB – Deutsche Bezeichnung für das aufgebrachte britische Uboot HMS »Seal«.

Uboot – Die aus der ursprünglichen Bezeichnung »Unterseeboot« entstandene Kurzform ist so in den allgemeinen Sprachgebrauch übergegangen, daß sie im Deutschen zu einem festen, in einem Wort geschriebenen Begriff geworden ist. Die englische Bezeichnung »Submarine« wird zwar allgemein auf Boote aller Nationen angewandt, für die deutschen Boote hat sich aber in zwei Kriegen der Name »U-Boats« zu einem festen Begriff gewandelt.

U-Jäger – Ein besonders für die Uboot-Jagd geeignetes und mit entsprechenden Geräten ausgestattetes Überwasserfahrzeug.

ULD – *U*boot-*L*ehr-*D*ivision.

USAF – Die (als besonderer Teil der Streitkräfte bestehende) Luftwaffe der Vereinigten Staaten: »US Air Force«. Außerdem besaß die US-Armee eigene »Heeresflieger« – USAAF, »US Army Air Force« – ebenso wie die US-Marine ihre eigenen »Marineflieger« – USNAF, »US Naval Air Force« – hatte. Letztere waren in erster Linie für die Bekämpfung von Ubooten eingesetzt.

USCG – »US Coast Guard«, die dem Verkehrsministerium unterstehende Küstenwach-Organisation der Vereinigten Staaten, die im Kriege an die Marine angegliedert wurde.

USS – »United States Ship«, jedes Kriegsschiff der Marine der Vereinigten Staaten, der »US Navy«.

U-Schule – Unterseebootschule.

U-Schulflottille – Unterseeboot-Schulflottille.

UHF – »Ultra High Frequency«, Ultrahochfrequenz, gleichbedeutend mit Ultra-Kurzwelle – UKW.

VHF – »Very High Frequency«, sehr hohe Frequenz, gleichbedeutend mit sehr kurzer Wellenlänge.

Wasserbombe – Kurzwort »Wabo«, ein faßähnlich aussehender Unterwasser-Sprengkörper mit sehr starker Ladung, der durch sein Gewicht mit konstanter Geschwindigkeit im Wasser sinkt und bei Erreichen einer vorher eingestellten Wassertiefe durch den Wasserdruck gezündet wird. Auftreffen auf ein Ziel (Uboot) löst keine Zündung aus, sondern ausschließlich der Druck in der variablen, vorher bestimmten Tiefe. Die schwere Detonation kann ein Uboot beschädigen oder vernichten, wirbelt aber auch für längere Zeit das Wasser auf und macht sowohl aktive als auch passive Unterwasserschall-Messungen unmöglich. Im Englischen: »Depth Charge«. Vergl. »Hedgehog« und »Squid«.

Wehrmacht – Bezeichnung der gesamten deutschen militärischen Streitkräfte, die aus dem Heer, der Luftwaffe und der Kriegsmarine bestanden, seit 1935. Vergl. Reichsmarine und Reichswehr. (Die Waffen-SS kämpfte zwar im Rahmen des Heeres, blieb aber eine eigene, neben der Wehrmacht stehende Organisation).

Western Approaches – »Westliches Vorfeld«, das Seegebiet westlich der britischen Inseln, durch die die Seewege in den Ärmelkanal und zu den an der Westküste Englands gelegenen Häfen führen (nördlich und südlich von Irland).

Wintergarten – Gebräuchliche Spitznamen-Bezeichnung für die hinter dem Kommandoturm von Ubooten angebaute Geschützplattform bzw. -plattformen.

Wolfpack – »Rudel« im Englischen.

Zaunkönig – Tarnname für den mit akustischem Suchkopf das Ziel selbsttätig ansteuernden neu entwickelten deutschen Torpedo »T 5«.

Zentrale – Der Raum im Inneren eines Ubootes unterhalb des (Kommando-)Turmes, in dem sich sämtliche Steuerungsapparaturen für Kurs- und Tiefensteuerung, Trimmen, Tauchen und Auftauchen u. a. des Bootes befinden. Im Englischen: »Control Room«.

Zerstörer – »Torpedoboot-Zerstörer«. Siehe unter Destroyer und Torpedoboot.

»Z«-Plan – Plan des Oberkommandos der Kriegsmarine für den Aufbau der deutschen Flotte bis 1944/45, der nach Zustimmung Hitlers von ihm am 27. Januar 1939 in die höchste Dringlichkeitsstufe vor den beiden anderen Wehrmachtteilen und vor dem Export eingestuft wurde.

Literaturverzeichnis

Air Ministry: Bomber Command – Sept. 39 to July 41. London: His Maj.'s Stat. Off. 1941.

Air Ministry: U-Boats 1939–1945. Vol. 1–4. London: His Maj.'s Stat. Off.

Almann, Karl: Ritter der sieben Meere. Rastatt: Pabel 1963.

Bley, Curt: Geheimnis Radar. Aus: »Die Welt« vom 28.2.1948.

Bonnett, Stanley: The Price of Admiralty. London: Hale 1968.

Brennecke, Jochen: Jäger – Gejagte! 4. Aufl. Herford: Koehler 1973.

Brickhill, Paul: The Dam Busters. London: Pan Books 1956.

Brookes, Ewart: The Gates of Hell. London: Jarrolds 1960.

Busch, Harald: So war der U-Boot-Krieg. Bethel: Gieseking 1957.

Cousins, Geoffrey: The Story of Scapa Flow. London: Fred. Muller 1965.

Cowburn, Philip: The Warship in History. London: Macmillan 1966.

Dönitz, Karl: Zehn Jahre und zwanzig Tage. 4. Aufl. Frankfurt a. M.: Bernard & Graefe 1967.

Dönitz, Karl: An die Kriegsmarine. Aus: »Hamburger Fremdenblatt« vom 1.1.1944.

Frank, Wolfgang: Prien greift an. Hamburg: Köhler 1942.

Frank, Wolfgang: Die Wölfe und der Admiral. 4. Aufl. Oldenburg: Stalling 1965.

Giese, Fritz: Die deutsche Marine 1920–1945. Frankfurt a. M.: Bernard & Graefe 1956.

Giessler, Helmuth: Der Marine-Nachrichten- und Ortungsdienst. München: Lehmann 1971.

Gretton, Sir Peter: Convoy Excort Commander. 3. ed. London: Cassell 1964.

Gröner, Erich: Die Schiffe der deutschen Kriegsmarine und Luftwaffe 1939 – 45 und ihr Verbleib. 7. Aufl. München: Lehmann 1972.

Gröner, Erich: Die deutschen Kriegsschiffe 1815–1945. Bd 1. 2. München: Lehmann 1966–68.

Grunberger, Richard: Das zwölfjährige Reich. München: Molden 1972.

Haupt, Werner: Der Afrikafeldzug 1941–1943. Von Werner Haupt und J. K. W. Bingham. Dorheim/H.: Podzun 1968.

Hawkins, Doris M.: Atlantic Torpedo. o. O.: Cedric Chivers 1969.

Herzog, Bodo: Die deutschen U-Boote 1906–1945. München: Lehmann 1959.

Herzog, Bodo: Sechzig Jahre deutsche U-Boote 1906–1966. München: Lehmann 1968.

Herzog, Bodo: U-Boote im Einsatz 1939–1945. Dorheim/H.: Podzun 1970.

Hitler, Adolf: Tagesbefehl an die deutschen Soldaten. Aus: »Hamburger Fremdenblatt« vom 1.1.1944.

Illingsworth, Frank: North of the Circle. o. O.: Hodge 1957.

Imperial War Museum: A Catalogue of the records of the Reichsministerium für Rüstung und Kriegsproduktion. London 1969.

Irving, David: The Destruction of Convoy PQ 17. London: Cassell 1968.

Jackson, Robert: Strike from the Sea. London: Barker 1970.

Karweina, Günther: Geleitzug PQ 17. Hamburg: Mosaik-Verl. 1964.

Knox, Collie K.: Atlantic Battle. London: Methuen 1941.

Kurzak, Heinz: German U-Boat Construction. Aus: U. S. Naval Inst. Proc. Jg. 1955, Nr 4.

Lenton, H. T.: German Submarines. London: Macdonald 1965. = Navies of the Second World War. Vol. 1. 2.

Lipscomb, F. W.: Historic Submarines. New York: Praeger 1970.

Macintyre, Donald: The Battle of the Atlantic. London: Batsford 1961.

Macintyre, Donald: The Naval War against Hitler. London: Batsford 1971.

Mason, David: U-Boats. o. O. u. J. = Purnell's History of the Second World War.

Merrington, A. J.: Ship Repairing and Shipyard Problems in the Invasion of Europe. Aus: Inst. Naval Archiv. Vol. 90 (1948).

Mielke, Otto: Der Heldenkampf um Narvik. Berlin: Steiniger 1940.

Mordal, Jacques: 25 Jahrhunderte Seekrieg. München: Rütten & Loening 1963.

Peillard, Léonce: Affäre Laconia. Stuttgart: Neff 1963.

Pocock, Rowland F.: German guided Missiles. London: Allan 1967; New York: ARCO 1967.

Porten, Edward P. von der: The German Navy in World War II. London: Parker 1969.

Poolman, Kenneth: The Catafighters. London: Kimber 1970.

Prien, Günther: U-Boat Commander. London: Wingate-Baker 1969.

Prochnow, Günter: Unterseeboote. München: Schild-Verl. 1969. = Deutsche Kriegsschiffe in zwei Jahrhunderten. Teil 4.

Raeder, Erich: Struggle for the Sea. London: Kimber 1959.

Raeder, Erich: Mein Leben. Bd 1. 2. München: Schild-Verl. 1956.

Robertson, Terence: Der Wolf im Atlantik. 5. Aufl. Wels: Welsermühl-Verl. 1966.

Rössler, Eberhard: U-Boottyp XXI. München: Lehmann 1967.

Rössler, Eberhard: U-Boottyp XXIII. München: Lehmann 1967.

Rohwer, Jürgen und *Gerhard Hümmelchen:* Chronik des Seekrieges 1939–1945. Oldenburg: Stalling 1968.

Rohwer, Jürgen und *Hans-Adolf Jacobsen:* Entscheidungsschlachten des Zweiten Weltkrieges. Frankfurt a. M.: Bernard & Graefe 1960.

Rohwer, Jürgen: Profile Warship No. 8. U 107. Windsor: Profile Publications 1971.

Rohwer, Jürgen: U-Boote. Oldenburg: Stalling 1962.

Rohwer, Jürgen: Die U-Boot-Erfolge der Achsenmächte 1939 bis 1945. München: Lehmann 1968.
Roskill, Stephen Wentworth: Das Geheimnis um U 110. Frankfurt a. M.: Bernard & Graefe 1960.
Roskill, Stephen Wentworth: Royal Navy. Oldenburg: Stalling 1960.
Roskill, Stephen Wentworth: The War at Sea 1939–1945. Vol. 1–3. London: Her Maj.'s Stat. Off. 1954–56.
Ruge, Friedrich: Der Seekrieg 1939–1945. 2. Aufl. Stuttgart: Koehler 1962.
Salewski, Michael: Die deutsche Seekriegsleitung 1935–1945. Bd 1 u. 3. Frankfurt a. M.: Bernard & Graefe. 1970, 1973.
Schofield, B. B.: Russian Convoys. London: Batsford 1964.
Science and Industry Museum: The Story of the U 505. Chicago 1969.
Selinger, Franz: German Midget Submarines. Aus: U. S. Naval Inst. Proc. Jg. 1958, Nr 3.
Shelford, W. O.: Subsunk. The Story of Submarine Escape. London: Harrap 1960.
Shirer, William: Aufstieg und Fall des Dritten Reiches. Köln: Kiepenheuer & Witsch 1961.
Smith, Peter: Pedestal – The Malta Convoy. London: Kimber 1970.
Spachmann, Franz: Versuchskommando 456, Marine Rundschau 3. Berlin/Frankfurt: Mittler & Sohn 1970.
Speer, Albert: Erinnerungen. Berlin: Propyläen Verl. 1969.
Spooner, A.: In Full Flight. London: Macdonald 1965.
Stafford, E. P.: The Far and the Deep. London: Barker 1968.
Starks, J. F.: German U-Boat Design and Production. Aus: Inst. Naval Archiv. Vol. 90 (1948).
Steinert, Marlis G.: Capitulation 1945. London: Constable 1945.
Strawson, John: Hitler as Military Commander. London: Batsford 1971.
Tödtli, Valentin: Kriegsschiffe. Zürich: Verl. Züricher Zeitung. o. J.
Trevor-Roper, Hugh Redwald: Hitler's War Directives 1939–1945. London: Pan Books 1966.
Waters, John M.: Blutiger Winter 1942–43. Wels: Welsermühl-Verl. 1970.
Watson-Watt, Robert: Three Steps to Victory. London: Odhams 1957.
Werner, Herbert A.: Die eisernen Särge. Hamburg: Hoffmann & Campe 1970.
Winton, John (Hrsg.): The War at Sea 1939–1945. Lo Hutchinson 1967.
Winton, John (Hrsg.): The War incorporating War pictoria während des Krieges herausgegebene Zeitschrift. o. O bis 1945.
Winton, John (Hrsg.): German Midget Submarines. Aus: M Ship. Vol. 26 (1945), Nr 306.
Winton, John (Hrsg.): A Modern German Submarine. Aus: Mc Ship. Vol. 26 (1945), Nr 306.
Winton, John (Hrsg.): Shipyard and Engine Works in Kiel. Au Motor Ship. Vol. 26 (1945), Nr 308.

Nicht veröffentlichtes Material

Altesellmeier, E.: Verschiedene Briefe, geschrieben zwischen 1945 und 1949.
Führerhauptquartier: Einige Sondermeldungen; auf Tonband.
Frauen, H. O.: Kopie eines Briefs über U 377 vom 6. 10. 1946 an E. Altesellmeier.
Köhl, Fritz: Verschiedene Berichte über technische Einzelheiten. Verschiedene Berichte über seine Uboot-Erlebnisse.
Köhler, Otto: Kopie eines Briefes über U 377 vom 18. 11. 1946 an E. Altesellmeier.
Notizen über deutsche Uboot-Typen.
Notizen über deutsches Radar 1938.
Berichte über geheime Wetterstationen in der Arktis.
Ausführlicher Bericht über deutsche Uboot-Verluste während des Zweiten Weltkriegs.
Lehmann-Willenbrock: Brief an Frau H. Mallmann (H. Fletcher) über den Untergang von U 377.
Mallmann (Mrs. H. Fletcher): Kopie des Briefes an E. Altesellmeier über die Rückkehr von F. Kiemle aus dem Kriegsgefangenenlager mit dem Bericht über die letzten Tage von Brest und des Stabes der 9. Uboot-Flotille.
Nitschke, Karl-Heinz: Kopie des Briefes vom 9. 12. 1946 über U 377 und Radar.
O. K. M.: Karte von Spitzbergen; Fotokopie von O. Köhler.

DIE KRIEGSMARINE IN WORT UND BILD

Erminio Bagnasco
Uboote im Zweiten Weltkrieg
Das umfassende Nachschlagewerk über die Ubootwaffe im Zweiten Weltkrieg. Es dokumentiert über 2500 Unterseeboote, vom Mini-Tauchboot 38 bis zu den Ubootkreuzern aller Nationen, mit Daten, Fakten, Zeichnungen, Bildern und umfassenden Tabellen.
304 Seiten, 554 Abbildungen, Großformat, gebunden,
78,- Bestell-Nr. 01252

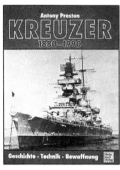

Seekrieg im Bild 1939 bis 1945
Während des Zweiten Weltkrieges wurde von allen Seiten das Geschehen auf See umfassend fotografisch festgehalten. Für die Berichterstattung ebenso wie zur dienstlichen Dokumentation. Dieser ungewöhnliche Bildband enthält viele vergessene Eindrücke der Jahre zwischen 1939 und 1945. So anschaulich erfaßt, wie nur in der Foto-Reportage und im Großformat möglich.
192 Seiten, 273 Abbildungen, gebunden,
26,- Bestell-Nr. 10742

Antony Preston
Kreuzer 1880–1990
Geschichte, Technik und Bewaffnung wegweisender Kreuzer-Konstruktionen der letzten 100 Jahre. Der Autor analysiert zahlreiche Einsätze in denen Kreuzer eine tragende Rolle spielten und stellt die Kreuzertypen international vor.
192 Seiten, 228 Fotos, Zeichnungen und Karten, 16 farbig, gebunden,
49,- Bestell-Nr. 01322

Alexandre Korganoff
Prien gegen Scapa Flow
Diese ungekürzte Sonderausgabe dokumentiert den Nachtangriff des deutschen Bootes „U 47" unter Kapitänleutnant Günter Prien auf den schwerbewachten britischen Stützpunkt am 14. Oktober 1939. Nach Kriegstagebüchern und privaten Unterlagen wird ein atemberaubendes Unternehmen aufgezeigt.
228 Seiten, 65 Abbildungen, gebunden, als Sonderausgabe nur
22,- Bestell-Nr. 10497

Heinz Schön
Die KdF-Schiffe und ihr Schicksal
Die eindrucksvolle Bild- und Textdokumentation der „Kraft-durch-Freude"-Schiffe und ihres Schicksals. Sie vermittelt ein Kapitel deutscher Seegeschichte und zeigt politische Hintergründe und Zusammenhänge.
256 Seiten, 352 Abbildungen, geb.,
59.- Bestell-Nr. 01192

M.J. Whitley
Zerstörer im Zweiten Weltkrieg
Eine detaillierte Darstellung jedes einzelnen der rund 2500 Schiffe, die im Einsatz der am Krieg beteiligten Mächte standen wie auch der neutralen Länder: Bau, Bewaffnung, Abmessungen, Technik, Indienststellung, Einsätze und Verbleib.
328 Seiten, 479 Fotos und Seitenrisse, gebunden,
88,- Bestell-Nr. 01426

Heinz Schön
Die „Gustloff"-Katastrophe
Der umfassende Bericht eines Überlebenden. Von drei russischen Torpedos getroffen, sank am 30. Januar 1945 das mit Flüchtlingen überladene KdF-Schiff bei 18 Grad unter Null in der Ostsee. 5348 Menschen, darunter 3000 Kinder, fanden den Tod. Nur 1252 Menschen überlebten diese Nacht. Einer von ihnen: Autor Heinz Schön.
516 Seiten, 350 Abbildungen, geb.,
49,- Bestell-Nr. 01027

M.J. Whitley
Deutsche Kreuzer im Zweiten Weltkrieg
Mit dieser Chronik liegt die kompetenteste Arbeit über die schweren Kreuzer unter der Reichskriegsflagge vor. Über 250 Seiten und 175 Fotografien, Zeichnungen und Karten beschreiben die Geschichte der Kreuzer, vom Zeichenbrett bis zum Untergang.
212 Seiten, 175 Abb. und Zeichnungen, Karten, Diagramme, Großformat, geb.,
66,- Bestell-Nr. 01207

Der Verlag für Marine
Postfach 10 37 43 · 7000 Stuttgart 10

Motorbuch Verlag

BESTSELLER ALS UNGEKÜRZTE SONDERAUSGABEN

E.P. von der Porten
Die Deutsche Kriegsmarine im Zweiten Weltkrieg
Als ungekürzte Sonderausgabe – das Standardwerk über die Kriegsmarine. Klar und übersichtlich: das Geschehen, die Hintergründe und Ursachen. Ein umfassender Bildteil ergänzt die überaus lebendige Darstellung der Geschichte der Reichs- und Kriegsmarine vom Wiederaufbau bis zum Ende des Zweiten Weltkrieges.
300 Seiten, 40 Abbildungen, gebunden,
29,- Best.-Nr. 01148

J.P. Mallmann-Showell
Das Buch der Deutschen Kriegsmarine 1935–1945
In der umfangreichen Literatur über die deutsche Kriegsmarine im Zweiten Weltkrieg fehlte bisher eine zusammenfassende Darstellung, die sowohl über den Aufbau, die Organisation, die Schiffe und Stützpunkte als auch über die wesentlichen Ereignisse berichtet.
248 Seiten, 255 Abbildungen, gebunden,
29,- Best.-Nr. 10880

Helmut Euler
Als Deutschlands Dämme brachen
Der spektakulären britischen Angriffe auf die Möhne-, Eder-, Sorpe-Talsperren, die das Ruhrgebiet versorgten, kosteten viele Menschenleben, konnten die Produktionstätigkeiten jedoch kaum beschränken. Eine der erschütterndsten Dokumentationen zur Zeitgeschichte.
226 Seiten, 130 Abbildungen, gebunden,
28,- Best.-Nr. 10367

Alexander McKee
Der Untergang der Heeresgruppe Rommel
Caen 1944
Minuziös schildert diese Sonderausgabe die verschiedenen Phasen in der Schlacht um die Normandie. Nach Augenzeugenberichten deutscher, britischer und kanadischer Soldaten aufgezeichnet, entsteht ein authentisches Bild von den heftigen Invasionskämpfen im Sommer 1944.
292 Seiten, 100 Abbildungen, gebunden,
22,- Best.-Nr. 01094

Alfred Price
Luftschlacht über Deutschland
Diese Dokumentation gibt den umfassenden Einblick in die Luftangriffe der Alliierten und die Abwehraktionen auf deutscher Seite. Die reich bebilderte Schilderung der taktischen und strategischen Bombenangriffe auf das Reichsgebiet und die deutsche Abwehr.
216 Seiten, 187 Abbildungen, gebunden,
25,- Best.-Nr. 10354

Mano Ziegler
Raketenjäger Me 163
Ein Tatsachenbericht von einem, der überlebte. Trotz der Dramatik des Geschehens um diese Piloten und ihre Maschinen ist keine Seite dieses Buches Fantasie. So hat auch dieser illustrierte Tatsachenbericht weit über seinen ungemein spannungsgeladenen Inhalt hinaus echten dokumentarischen Wert, denn er schildert in zusammenhängender Form zum ersten Mal die Flüge, bei denen Menschen die Grenze der Schallmauer erreichten.
248 Seiten, 95 Abbildungen, gebunden,
22,- Best.-Nr. 10372

Kenneth Munson
Die Weltkrieg-II-Flugzeuge
Alle Flugzeuge der kriegführenden Mächte. Eine Präsentation der bekannten und unbekannten Flugzeuge der am Zweiten Weltkrieg beteiligten Nationen mit allen wichtigen Daten und bis ins Detail in Wort und Bild.
462 Seiten, 350 Abbildungen, gebunden,
28,- Best.-Nr. 10302

Toliver / Constable
Das waren die Deutschen Jagdflieger-Asse 1939–1945
Die amerikanischen Autoren des Bestsellers „Holt Hartmann vom Himmel" gehen hier den teilweise phänomenalen Abschußzahlen deutscher Jagdflieger nach. Denn unter diesen gab es 105 Piloten, die über 100 Luftsiege errangen.
417 Seiten, 60 Abbildungen, gebunden,
29,- Best.-Nr. 10193

Der Verlag für Marine
Postfach 10 37 43 · 7000 Stuttgart 10

Motorbuch Verlag